PRODUCTOS FINANCIEROS BÁSICOS Y SU CÁLCULO

PRODUCTOS FINANCIEROS BÁSICOS Y SU CÁLCULO

Rafael Domingo Martínez Carrasco

Productos financieros básicos y su cálculo

© Rafael Domingo Martínez Carrasco

ISBN: 978-84-8454-979-6
Depósito legal: A–438-2010

Edita: Editorial Club Universitario Telf.: 96 567 61 33
C/ Decano, n.º 4 – 03690 San Vicente (Alicante)
www.ecu.fm   e-mail: ecu@ecu.fm

Printed in Spain
Imprime: Imprenta Gamma Telf.: 965 67 19 87
C/ Cottolengo, n.º 25 –03690 San Vicente (Alicante)
www.gamma.fm
gamma@gamma.fm

A mis hijos,
Jaime y Ana.

PRESENTACIÓN

Este Manual está basado en la experiencia docente del autor. El enfoque didáctico de las operaciones de cálculo financiero, así como la secuencia de presentación de los diferentes temas, están especialmente orientados a servir de ayuda al aprendizaje de los conceptos de esta materia. Las operaciones más complejas se abordan de una manera progresiva, intentando hacer fácil lo difícil, y los ejercicios, material imprescindible en la enseñanza de las operaciones financieras, aparecen resueltos con múltiples comentarios explicativos.

Se ha dividido este Manual en diferentes bloques temáticos, comenzando por una introducción al sistema financiero, de manera que el lector comience a familiarizarse con algunos conceptos que se abordarán en temas sucesivos. El hilo conductor de este trabajo son los productos financieros y, por ello, los siguientes bloques temáticos pretenden analizarlos con detalle, diferenciando los activos y los pasivos financieros.

El estudio de las matemáticas financieras en este Manual se aborda desde un punto de vista práctico. Estas operaciones de cálculo son una herramienta imprescindible en el análisis financiero y por ello los diferentes temas de matemáticas financieras se van engarzando como instrumentos de cálculo de los diferentes productos financieros estudiados. Y todo ello no se presenta de una forma aleatoria. Los temas prácticos son una consecuencia del estudio de los diferentes temas conceptuales, orientados siempre a la enseñanza gradual de los procedimientos matemáticos.

Al final de este Manual se presentan una serie de ejercicios propuestos con solución y ejercicios resueltos comentados, los cuales engloban todos los contenidos prácticos abordados, de manera que permitan al lector practicar sus conocimientos sobre cada uno de los temas.

Espero sinceramente que este Manual sirva al propósito para el que fue concebido: servir de ayuda al lector en el aprendizaje de los productos y operaciones financieras de una forma práctica y amena.

Benidorm, a 8 de agosto de 2009
EL AUTOR

BLOQUE I: INTRODUCCIÓN AL SISTEMA FINANCIERO

TEMA 1: LA ACTIVIDAD FINANCIERA

> 1. CONCEPTO DE ACTIVIDAD FINANCIERA
> 2. LA FUNCIÓN FINANCIERA EN LA EMPRESA
> 3. NATURALEZA DE LA FUNCIÓN FINANCIERA DE LA EMPRESA
> 4. EVOLUCIÓN DE LAS FINANZAS
> 5. EL OBJETIVO DE LA EMPRESA
> 6. ESTRUCTURA FINANCIERA. LOS RECURSOS FINANCIEROS

1. CONCEPTO DE ACTIVIDAD FINANCIERA

La financiación de la empresa consiste en obtener los recursos necesarios para adquirir la estructura que se ha proyectado.

De la misma forma que una empresa desarrolla con más o menos rigor su actividad productiva, ha de desarrollar una actividad financiera planificada que le permita asegurarse los recursos necesarios.

La obtención de los recursos puede hacerse mediante dos vías: recursos propios (los generados por la propia empresa, por sus beneficios no distribuidos, y las aportaciones de los socios) y recursos ajenos (obtenidos en el mercado de capitales). Pero la consecución de uno y otro se puede hacer por diferentes vías, por lo que la combinación de posibilidades es muy numerosa.

La actividad financiera se puede descomponer en:

- Definición de las condiciones financieras, así como de la política de cobros y pagos.

- Obtención de los recursos en los mercados financieros.

- Programación y coordinación de los presupuestos de la empresa, sobre todo a medio y largo plazo.

- Administración de la tesorería y liquidez de la empresa.

- Determinación de la política de dividendos y autofinanciación.

La capacidad financiera de una empresa, esto es, la capacidad para obtener recursos económicos, vendrá determinada, fundamentalmente, por:

- La posesión de bienes materiales o inmateriales que ofrecer como garantía.
- La existencia de un proyecto de futuro, un plan de viabilidad, suficientemente avalado y que sirva como garantía.

Cuando una empresa necesita financiación externa ha de contar con una o mejor ambas garantías: presente y futura.

2. LA FUNCIÓN FINANCIERA EN LA EMPRESA

La función financiera en la empresa proporciona las herramientas tendentes a interpretar los hechos que ocurren en el mundo financiero y su incidencia en la empresa, como así también reconocer situaciones que antes eran irrelevantes y pueden traer aparejado consecuencias graves, en una época de cambios constantes en el mundo.

El fin perseguido por la teoría financiera se encuadra en las denominadas decisiones básicas:

- **Decisiones de inversión**: implican planificar el destino de los ingresos netos de la empresa (flujos netos de fondos) a fin de generar utilidades futuras.
- **Decisiones de financiación**: persiguen encontrar la forma más rentable de obtener el dinero necesario, tanto para iniciar un proyecto de inversión, como para afrontar una dificultad coyuntural.
- **Decisiones de distribución de utilidades**: tienden a repartir los beneficios en una proporción tal que origine un rédito importante para los propietarios de la empresa, y a la vez, la valoración de la misma.

Una combinación óptima de las tres decisiones genera el mayor valor de la empresa para sus dueños.

3. NATURALEZA DE LA FUNCIÓN FINANCIERA DE LA EMPRESA

Una empresa es un conjunto de personas con un objetivo común, y que para su logro utiliza recursos naturales, humanos, informáticos, servicios, capital, etc. Si la empresa tiene fines de lucro, el objetivo es la obtención de beneficios. Es decir, que hay una organización, dentro de la cual se desenvuelve la función financiera de la empresa.

El enfoque del análisis de las finanzas de la empresa ha cambiado a través del tiempo; en la actualidad, el objetivo de la función financiera es la "maximización" del valor de la empresa para sus dueños.

Decisiones básicas de la función financiera de la empresa		
Inversión	Asignación de capitales y flujos netos de fondos futuros y su evaluación, con el fin de generar utilidades	Debido a que los beneficios futuros no se conocen con certeza, es inevitable que en las propuestas de inversión exista el riesgo. Por ello deben evaluarse en relación con el rendimiento y riesgo esperados, porque estos son los factores que afectan a la valoración de la empresa en el mercado. También forma parte de la decisión de inversión la determinación de reasignar el capital cuando un activo ya no justifica, desde el punto de vista económico, el capital comprometido en él

Financiamiento	Obtención y evaluación de fondos para la realización de proyectos en marcha o proyectos futuros	La preocupación del administrador financiero es determinar cuál es la mejor combinación de financiamiento o estructura de capital
Distribución de utilidades	Proporción de beneficios que se repartirán entre los dueños de la empresa y los que permanecerán como utilidades retenidas, tendentes a la valoración de la empresa	Incluye el porcentaje de los beneficios a pagar a los accionistas mediante dividendos en efectivo, la estabilidad de los dividendos absolutos en relación con una tendencia, dividendos en acciones y división de acciones, así como la readquisición de acciones

4. EVOLUCIÓN DE LAS FINANZAS

Las finanzas, consideradas durante mucho tiempo como parte de la economía, surgieron como un campo de estudios independiente a principios del siglo XX. En su origen se relacionaron solamente con los documentos, instituciones y aspectos de procedimiento de los mercados de capitales.

Poco después, en los años veinte del mismo siglo, las innovaciones tecnológicas y las nuevas industrias provocaron la necesidad de mayor cantidad de fondos, impulsando el estudio de las finanzas para destacar la liquidez y el financiamiento de las empresas. La atención se centró más bien en el funcionamiento externo que en la administración interna. Se intensificó el interés en los valores, en especial las acciones comunes, convirtiendo al banquero inversionista en una figura de especial importancia para el estudio de las finanzas corporativas del período.

La depresión de los treinta obligó a centrar el estudio de las finanzas en los aspectos defensivos de la supervivencia, la preservación de liquidez, las quiebras, las liquidaciones y reorganizaciones. Las tendencias conservadoras dominaban, dando mayor importancia a que la empresa mantuviera una sólida estructura financiera. Los abusos cometidos con el endeudamiento, en especial las deudas relacionadas con las empresas de servicios públicos, quedaron al descubierto al desplomarse muchas empresas. Estos fracasos, junto con la forma fraudulenta en que fueron tratados numerosos inversionistas, hicieron crecer la demanda de regulaciones. Éstas incrementaron la información financiera que las empresas debían dar a conocer, y esto a su vez hizo que el análisis financiero fuera más amplio, ya que el analista podía comparar las condiciones financieras y el desempeño de diversas empresas.

Durante la década de los cuarenta las finanzas siguieron el enfoque tradicional que se había desarrollado durante las décadas anteriores. Se analizaba la empresa desde el punto de vista de alguien ajeno a ella, como pudiera ser un inversionista, pero sin poner énfasis en la toma de decisiones.

A mediados de la década de los cincuenta adquirieron importancia el presupuesto de capital y las consideraciones relacionadas con el mismo. Nuevos métodos y técnicas para seleccionar los proyectos de inversión de capital condujeron a un marco para la distribución eficiente del capital dentro de la empresa. El administrador financiero tenía a su cargo el total de fondos de la empresa, analizando cada una de las posibles inversiones de manera individual y determinando cuáles merecían o no mantenerse en el tiempo, con base en criterios de análisis más o menos objetivos.

Posteriormente aparecieron sistemas complejos de información aplicados a las finanzas, lo que posibilitó la realización de análisis financieros más disciplinados y provechosos. La era electrónica afectó profundamente los medios que emplean las empresas para realizar sus operaciones bancarias, pagar sus cuentas, cobrar el dinero que se les debe, transferir efectivo, determinar estrategias financieras, manejar el riesgo cambiario, etc. Se idearon modelos de valoración para utilizarse en la toma de decisiones financieras. Lo más destacado de la década de los sesenta fue el desarrollo de la *teoría de la cartera de activos* (Markowitz – 1960, posteriormente perfeccionada por Sharpe, Lintner, Fama y otros) y su aplicación ulterior a la administración financiera. Esta teoría explica que el riesgo de un activo individual no debe ser juzgado sobre la base de las posibles desviaciones del rendimiento que se espera, sino en relación con su contribución marginal al riesgo global de una cartera de activos. Según el grado de correlación de este activo con los demás que componen la cartera, el activo será más o menos arriesgado.

En la década de 1980, hubo importantes avances en la valoración de las empresas en un mundo donde reina la incertidumbre. Se le ha colocado una creciente atención al efecto que las imperfecciones del mercado tienen sobre el valor. La información económica permite obtener una mejor comprensión del comportamiento que en el mercado tienen los documentos financieros. La noción de un mercado incompleto, donde los deseos de los inversionistas de tipos particulares de valores no se satisfacen, coloca a la empresa en el papel de llevar a cabo la comercialización de tipos especiales de derechos financieros.

En los años noventa, las finanzas han tenido una función vital y estratégica en las empresas. El gerente de finanzas se ha convertido en parte activa: la generación de la riqueza. Para determinar si genera riqueza debe conocerse quiénes aportan el capital que la empresa requiere para tener utilidades. Esta se convierte en la base del coste de oportunidad, con respecto al cual se juzgará el producto, la inversión y las decisiones de operación.

Otra realidad de los noventa es la globalización de las finanzas. A medida que se integran los mercados financieros mundiales en forma creciente, el administrador de finanzas debe buscar el mejor precio de las fronteras nacionales y a menudo con divisas y en mercados internacionales, con la complejidad que esto supone.

Los factores externos influyen cada día más en el administrador financiero: desregulación de servicios financieros, competencia entre los proveedores de capital y los proveedores de servicios financieros, volatilidad de las tasas de interés y de inflación, variabilidad de los tipos de cambio de divisas, reformas impositivas, incertidumbre económica mundial, problemas de financiamiento externo, excesos especulativos y los problemas éticos de ciertos negocios financieros.

Actualmente, la globalización es ya un hecho, acrecentado por la incorporación del euro como moneda de cambio en la Unión Europea y los nuevos avances tecnológicos, lo cual ha abierto aún más las posibilidades financieras de las empresas.

En indudable ya que el inicio del nuevo milenio será recordado financieramente por la crisis económica mundial, consecuencia de los excesos cometidos desde finales del siglo anterior, donde el acceso a la financiación externa por parte de la empresa se ve dificultado por la falta de confianza de los mercados financieros. Es posible que esta situación suponga, para los años venideros, un punto de inflexión en la economía mundial.

En resumen, el estudio de las finanzas evolucionó desde el estudio descriptivo de su primera época, hasta las teorías normativas de los análisis rigurosos actuales. Han dejado de ser un campo preocupado fundamentalmente por la obtención de fondos para abarcar la administración de activos, la asignación de capital y la valoración de empresas en un mercado global.

5. EL OBJETIVO DE LA EMPRESA

El objetivo de la empresa es acrecentar al máximo los valores de los accionistas. El valor está representado por el precio de mercado de las acciones comunes de la empresa, el cual, a su vez, es un reflejo de las decisiones de ella, relacionadas con la inversión, el financiamiento y los dividendos. La idea es adquirir activos, cuyo rendimiento esperado supere su coste, para financiarse con estos instrumentos, donde hay ventajas especiales, impuestos, etcétera, y adoptar una política de dividendos significativa para los accionistas.

Pero los objetivos de la administración pueden ser distintos de los que tienen los accionistas de la empresa. En una organización la tenencia de las acciones puede estar distribuida de manera tan amplia que los accionistas ni siquiera puedan llegar a formular proyectos propios y mucho menos controlar o influir sobre la administración. Esta situación permite a la administración actuar de acuerdo con sus propios intereses, y no en favor de los intereses de los accionistas.

6. ESTRUCTURA FINANCIERA. LOS RECURSOS FINANCIEROS

La estructura financiera de la empresa está determinada en su balance, concretamente en el pasivo. El pasivo detalla los recursos financieros obtenidos por la empresa, mientras que el activo refleja el uso o destino que se la ha dado a esos recursos.

ACTIVO	PASIVO
ACTIVO NO CORRIENTE	PATRIMONIO NETO
ACTIVO CORRIENTE	EXIGIBLE A L.P.
	EXIGIBLE A C.P.

Las fuentes de financiación pueden clasificarse según expresa el siguiente cuadro:

RECURSOS PROPIOS (PATRIMONIO NETO)
- Aportación propietarios (Capital)
- Beneficios y primas de emisión (Reservas)
- Aportaciones institucionales (Subvenciones)
- Resultados ejercicios anteriores (Remanente)
- Beneficios del ejercicio (Resultados)

RECURSOS AJENOS (EXIGIBLE)

A LARGO PLAZO (EXIGIBLE L.P.)
- Créditos a l.p.
- *Leasing*
- Empréstitos/Obligaciones

A CORTO PLAZO (EXIGIBLE C.P.)
- Descuento comercial
- Proveedores
- Préstamos a c.p.
- *Factoring*

La elección de una u otra fuente de financiación dependerá de:

- **El destino que se le dará a los fondos**: por ejemplo, no sería conveniente financiar el activo fijo (activo no corriente) con el exigible a corto plazo.

- **Las condiciones del mercado de capitales**: el coste de las diferentes fuentes de financiación es muy variable, así como la posibilidad de obtención de una u otra.

- **El rendimiento que se espera obtener con dichos fondos**: una financiación adecuada exige que el coste de la financiación sea inferior a los beneficios obtenidos en la aplicación de esos fondos.

TEMA 2: EL SISTEMA FINANCIERO

1. CONCEPTOS GENERALES
2. ESTRUCTURA DEL SISTEMA FINANCIERO ESPAÑOL
3. EL BANCO DE ESPAÑA O BANCO CENTRAL
4. LA BANCA PRIVADA Y LAS CAJAS DE AHORRO
5. OBJETIVOS DEL SISTEMA FINANCIERO
6. LAS OPERACIONES BANCARIAS

1. CONCEPTOS GENERALES

Podemos definir el sistema financiero como el conjunto de mediadores entre ahorradores e inversores, cuya finalidad es ofrecer a los ahorradores las satisfactorias condiciones de seguridad, liquidez y rendimiento para que el ahorro se canalice a través del sistema y pueda ser ofrecido a los demandantes de recursos en las adecuadas condiciones de cantidad, plazo y precio, para ser provechosamente aplicado al proceso de producción y distribución de bienes y servicios.

En el sistema financiero, la financiación fluye de los sujetos o sectores con ahorro excedente hacia los que precisan financiación para hacer frente a sus planes de inversión. No obstante, una parte de los flujos financieros recorren un camino inverso: aportan financiación a entidades que captan ahorro para volverlo a prestar. Esta labor de canalización de fondos la realizan los denominados *intermediarios financieros*.

Las ventajas que ofrecen los intermediarios financieros se deriva, principalmente, de las economías de escala, al operar con grandes cantidades de fondos:

-Abaratamiento de la obtención de la información, indispensable para invertir con seguridad y rentabilidad.

-Diversificación de riesgos, al operar con gran volumen en sus inversiones.

-Escalonar los vencimientos de sus operaciones, variando el plazo de los activos financieros que intermedian y ofreciendo a prestamistas y prestatarios operaciones con vencimientos muy variados.

-Manejo de importes más altos que la mayoría de los prestamistas, y, en la captación de recursos, admiten importes más bajos.

Sin embargo, estas ventajas no impiden que se puedan plantear una serie de problemas. Uno de los problemas más acuciantes es el hecho de que las ventajas anteriores favorecen la concentración y las interrelaciones de los intermediarios financieros, de tal forma que se puede llegar a situaciones próximas al monopolio, encareciendo el coste de intermediación o que se canalice una parte de la financiación hacia sus intereses.

2. ESTRUCTURA DEL SISTEMA FINANCIERO ESPAÑOL

La estructura del sistema financiero en la economía se caracteriza por la naturaleza y diversidad de instituciones de crédito que la integran.

A nivel general, se distinguen tres tipos de estructuras:

1.- Un primer tipo que presenta una baja participación de las instituciones financieras en el total de los activos financieros emitidos, un reducido coeficiente de intermediación bancaria y una preeminencia clara de la banca comercial sobre las demás entidades. Esta estructura suele prevalecer en las primeras etapas de crecimiento.

2.- El segundo tipo se parece al anterior, pero se diferencia en que las entidades de crédito oficial y la intervención del Estado desempeñan un papel igual o superior al del sector privado.

3.- El tercer tipo, que coincide con la estructura de los países desarrollados, se caracteriza por una elevada participación de las entidades de financiación en el total de los activos financieros, un menor peso de la banca y una mayor diversificación de las instituciones e instrumentos de crédito, así como por un alto coeficiente de intermediación financiera.

El paso a una estructura del tercer tipo es lo que se denomina *desarrollo y modernización financiera*. Signos de modernización y desarrollo son:

- La diversificación de instituciones de crédito y la aparición de entidades especializadas.

- La ampliación del número y clases de instrumentos financieros.

- El aumento de la participación de los activos emitidos por las instituciones de financiación en el total de activos de la economía.

- El elevado coeficiente de intermediación financiera. Cuanto más elevado sea, mayor será la separación entre los procesos de ahorro e inversión y mayores las economías de escala que se pueden alcanzar.

El sistema financiero español se puede subdividir en tres grandes subsistemas:

1.- Subsistema *Banca Universal* integrado por:

    * Banca Comercial.
    * Cajas de Ahorro.
    * Cooperativas de crédito.

2.- Subsistema *Financiación Especializada* integrado por:

    * Financiación de inversión: Banco Hipotecario de España, Sociedades de Crédito Hipotecario.
    * Financiación a la exportación: Banco Exterior de España.
    * Financiación Agraria: Banco de Crédito Agrícola y Cajas Rurales.
    * Financiación a Entidades Públicas Locales: Banco de Crédito Local.
    * Intermediarios financieros no bancarios: Entidades de financiación, *factoring* y *leasing*.
    * Sistema de aval: Sociedades de Garantía Recíproca.

3.- Subsistema *Inversiones Financieras* integrado por:

    * Sociedades de Inversión y Fondos de Inversión.

3. EL BANCO DE ESPAÑA O BANCO CENTRAL

El nombre de Banco de España es concedido en 1856 al Banco Español de San Fernando, que, aun siendo de propiedad privada, recibe carácter oficial.

Las facultades del Banco de España quedan delimitadas por el Decreto-ley de Nacionalización y Reorganización de 1962. En este Decreto, el Banco de España queda tanto orgánica como operativamente en dependencia del Ministerio de Hacienda. En 1974 se inicia un proceso de liberalización del sistema financiero, debido a la necesidad de una mayor independencia en el desarrollo de una política monetaria activa. Este movimiento liberalizador le ha ido dotando, progresivamente, de una mayor autonomía con respecto a la Administración del Estado.

La Ley Reguladora de los Órganos Rectores del Banco de España, de 21 de junio de 1980, recoge la autonomía del Banco de España, al definirlo como "una Entidad de Derecho Público, con personalidad jurídica propia y plena capacidad pública y privada que, para el cumplimiento de sus fines, actuará con autonomía con respecto a la Administración del Estado". Es en esta misma Ley donde se recogen las funciones del Banco de España, al preceptuar: "El Banco de España tendrá a su cargo la puesta en circulación de la moneda metálica y la emisión de los billetes de curso legal, y administrará y regulará la circulación de monedas y billetes de acuerdo con las necesidades de la economía; prestará gratuitamente los servicios financieros de la Deuda Pública y los demás de Tesorería del Estado; actuará como Banco de bancos; centralizará las reservas metálicas y de divisas y el movimiento de los cobros y pagos con el exterior, y desarrollará en sus vertientes interior y exterior la política monetaria de acuerdo con los objetivos generales del Gobierno, instrumentándola del modo que considere más adecuado para el cumplimiento de los fines a alcanzar, en especial el de salvaguardar el valor del dinero. Asimismo, el Banco de España ejercerá las funciones relativas a la disciplina e inspección de las entidades de crédito y ahorro en él registradas y cualesquiera otras que le encomienden las leyes".

Antes de la incorporación de España a la Unión Monetaria, había que cumplir la exigencia europea de independencia de los diferentes bancos centrales ante los respectivos gobiernos, sobre todo en la fijación de los tipos de interés. Por tanto, el Banco de España no dependía ya del Gobierno Español para estas funciones.

Desde la constitución de la Unión Monetaria y la aparición del EURO, la figura del Banco Central Europeo eclipsa parte de las funciones que venía ejerciendo el Banco de España. De hecho, es en el Banco Central Europeo donde se determina el tipo de interés del dinero, así como la emisión de moneda. El Banco de España sigue teniendo el resto de funciones.

4. LA BANCA PRIVADA Y LAS CAJAS DE AHORROS

A. La Banca Privada

La Ley de Ordenación Bancaria de 1946, en su artículo 37, define la Banca Privada de la siguiente manera: "Ejercen el comercio de Banca las personas naturales o jurídicas que, con habitualidad y ánimo de lucro, reciben del público, en forma de depósito irregular o en otras análogas, fondos que aplican por cuenta propia a operaciones activas de crédito y a otras inversiones, con arreglo a las leyes y a los usos mercantiles, prestando además por regla general a su clientela servicios de giro, transferencia, custodia, mediación y otras en relación con los anteriores, propios de la comisión mercantil".

Las funciones que realiza la Banca Privada podemos clasificarlas en tres grandes bloques:

> 1.- *El Banco como prestador de servicios:* incluimos la domiciliación de recibos, domiciliación de nóminas, domiciliación de pensiones, recaudación de seguros sociales, recaudación de impuestos, tarjetas 4B, tarjetas Visa, tarjetas Mastercard, tarjetas Visa-Premier (oro), cheques Gasóleo-B, cheques de viaje, cajas de alquiler, servicio de depósito y administración de títulos, cheques bancarios, cheques de cuenta corriente y cheques conformados, transferencias, caja nocturna, informes comerciales, etc.

> 2.- *El Banco como proveedor de dinero*: descubiertos en cuenta, descuento comercial, descuento financiero, pólizas de préstamo, pólizas de crédito, préstamos y créditos con garantía real, préstamos y créditos a interés variable, certificación de obras, etc.

> 3.- *El Banco como garante de cobro:* avales, créditos documentarios a la exportación, etc.

B. Las Cajas de Ahorros

El Real Decreto 1298/1986 considera a las Cajas de Ahorro como Entidades de Crédito, al igual que la Banca Privada, identificada plenamente con ella en su marco operativo, siendo la única diferencia la naturaleza jurídica de las mismas.

Las Cajas de Ahorro son fundaciones que en lo relativo a su actividad realizan las mismas operaciones que la Banca Privada, a excepción de que carecen de capital. Han de apoyarse en la acumulación de reservas y en la emisión de empréstitos.

Una vez que las Cajas han atendido las exigencias impuestas por la legislación en cuanto a la constitución adecuada de reservas propias, el resto de los beneficios se destinan a la obra benéfico-social, que comprende actividades culturales, docentes, asistenciales, sanitarias y de investigación.

Desde 1988 se establece la total libertad de apertura de oficinas por las Cajas de Ahorro fuera del territorio de su Comunidad Autónoma, acabando con la situación de desventaja con que se encontraban las Cajas con respecto a la Banca Privada.

C. Las Cooperativas de Crédito

Su objetivo social es servir las necesidades financieras de sus socios y de terceros mediante el ejercicio de las actividades propias de las entidades de crédito.

Las Cooperativas de Crédito son entidades con una doble naturaleza. Son sociedades cooperativas y, por tanto, sometidas a la legislación general vigente sobre cooperativas, esto es, a la Ley General de Cooperativas, y además son entidades de crédito.

Las Cooperativas de Crédito se clasifican en:

> a) *Cajas Rurales o Cooperativas de Crédito Agrícola*: están promovidas por cooperativas del campo y sociedades agrarias y sólo pueden financiar a la agricultura, ganadería, sector forestal y pesquero y actividades que mejoren las condiciones de vida en el ámbito rural. Estas Cajas se constituyen en el grupo más importante del sector.

b) *Cooperativas de Crédito Profesionales y Populares*: su origen se encuentra en asociaciones y cooperativas gremiales y profesionales.

Dentro del ámbito de sus actividades, y en el plano de la captación de pasivo, la equiparación con las cooperativas de crédito y la Banca Privada es total, pudiendo captar depósitos de terceros y realizar con ellos y con sus socios todo tipo de operaciones pasivas. Las operaciones activas se realizan con sus socios. No obstante, y a partir de la Ley General de Cooperativas, se permite a estas entidades el realizar operaciones activas con terceros no socios hasta un máximo del 15% de sus recursos totales.

5. OBJETIVOS DEL SISTEMA FINANCIERO

El sistema financiero persigue dos objetivos básicos:

- ✓ Captar los recursos financieros sobrantes (ahorro) procedentes de las familias, las empresas y la administración pública ofreciendo como contrapartida un interés por sus depósitos y una seguridad de reembolso, así como posibles servicios adicionales como el cobro y pago de recibos, cambios de divisas, etc.

- ✓ Satisfacer las necesidades de fondos de sus clientes (créditos, préstamos, descuento de efectos, etc.) exigiéndoles el pago de unos intereses y una garantía de solvencia.

Por tanto, los bancos, cajas de ahorro y cooperativas de crédito (entidades financieras bancarias) reciben dinero del público que posteriormente aplican por cuenta propia en las concesiones de créditos, préstamos, descuento de efectos, etc. Además, realizan operaciones que suponen un servicio a sus clientes como custodia de valores, mediación, servicios administrativos, etc.

Todas estas operaciones se denominan operaciones bancarias.

6. LAS OPERACIONES BANCARIAS

Las operaciones bancarias se pueden clasificar en 3 grupos:

1. **Operaciones pasivas**: captación de fondos (ahorro) de los clientes.

2. **Operaciones activas**: concesión de financiación como créditos, préstamos, descuento de efectos, etc.

3. **Operaciones de servicios**: en estas operaciones, la entidad bancaria no adopta una posición acreedora o deudora ante sus clientes sino que se ofrecen servicios como custodia de documentos, cambio de divisas, servicios administrativos, etc.

BLOQUE II: LOS PASIVOS FINANCIEROS

TEMA 3: LOS PASIVOS FINANCIEROS

---

1. CONCEPTO DE PASIVO FINANCIERO
2. TIPOS DE PASIVOS FINANCIEROS

---

1. CONCEPTO DE PASIVO FINANCIERO

Comentamos en el tema anterior que las entidades financieras canalizan el flujo de dinero desde los ahorradores hacia los que necesitan financiación. Dicho de otra forma, canalizan los excedentes de liquidez de las familias y empresas para ofrecer financiación a otras familias y empresas que lo necesitan. Esquemáticamente podemos representarlo como sigue:

Se llama pasivo financiero a aquellos productos que suponen una captación de recursos del mercado, esto es, los excedentes de liquidez. El propio nombre de "pasivo" puede llevarnos a error, ya que realmente estos recursos son "activo" para las empresas y familias que los ponen a disposición de las entidades financieras. Pero vistos desde la óptica de la entidad financiera, ésta capta unos fondos que tiene obligación de devolver cumpliendo determinados requisitos, o sea, son "pasivo" (deudas, obligaciones) para las entidades financieras.

Los pasivos financieros son de muy diversa índole, intentando abarcar todas las posibilidades de captación de recursos. Efectivamente, las entidades financieras, aprovechando las economías de escala, pueden ofrecer variados productos que atraigan a los ahorradores con excesos de liquidez, tanto a empresas como a familias, con diferentes rentabilidades, plazos e importes.

Todo ello es importante por dos razones fundamentales:

- Cuanto más dinero tenga una entidad financiera más podrá prestar. Por ello, necesita captar del mercado la mayor parte de los ahorros.

- Cuanto menor sea el coste de los recursos captados, a más bajo coste podrá ofrecer los recursos que el mercado necesita.

Para que todo este mecanismo funcione es imprescindible abarcar la mayor parte posible del mercado. De hecho, la banca moderna se caracteriza por reducidos márgenes de intermediación pero un elevado volumen de operaciones.

2. TIPOS DE PASIVOS FINANCIEROS

Básicamente, los pasivos financieros podemos clasificarlos como sigue:

- Cuentas corrientes

- Cuentas de ahorro

- Depósitos a plazo fijo

Todos ellos serán analizados con más detalle en temas posteriores. Pero ahora cabría añadir, tal y como comentamos anteriormente, que a pesar de la aparente poca variedad de los pasivos financieros, éstos pueden presentar diversas características con objeto de atraer a todo tipo de ahorradores.

Así, dentro de las cuentas corrientes, encontramos: cuentas remuneradas o no remuneradas, cuentas por tramos (supercuenta).

Dentro de las cuentas de ahorro, encontramos además: cuentas ahorro joven, cuentas ahorro infantil, cuentas de ahorro por tramos remunerados, etc.

En los depósitos a plazo encontramos aún mayor variedad, pues el plazo se podrá adaptar a cualquier exigencia, la remuneración puede ser muy diversa (desde un tipo de interés fijo, indexado, variable, hasta bienes materiales como vajillas, electrodomésticos, etc.) y el importe exigido es muy flexible.

Como vemos, productos que buscan captar el mayor número de clientes posible.

TEMA 4: LAS CUENTAS CORRIENTES Y DE AHORRO

1. LAS CUENTAS BANCARIAS
2. EL CHEQUE
3. LA LIBRETA DE AHORRO
4. SERVICIOS ASOCIADOS A LAS CUENTAS CORRIENTES
5. SERVICIOS ASOCIADOS A LAS CUENTAS DE AHORRO

1. LAS CUENTAS BANCARIAS

Dentro de las cuentas bancarias podemos considerar, fundamentalmente, las siguientes:

- ✓ Cuentas corrientes a la vista
- ✓ Cuentas de ahorro

Las **cuentas corrientes a la vista** son contratos de depósito de dinero entre una entidad bancaria y un particular o empresa, según el cual el titular realiza ingresos de fondos y la entidad bancaria se obliga a custodiarlos, ponerlos a disposición del cliente y realizar, en definitiva, las operaciones que el cliente requiera con esos fondos. La disposición de fondos se realiza mediante el cheque, que la entidad bancaria proporciona al cliente (talonario de cheques). Las operaciones realizadas en la cuenta se recogen en los llamados **extractos de cuenta**, donde para cada operación se indica la fecha de la misma y la fecha valor (que es la fecha utilizada para el cálculo de intereses).

Las **cuentas de ahorro** se crearon para captar el ahorro de las familias. Son cuentas que suelen tener menos movimientos que las cuentas corrientes y la forma de disponer de los fondos es menos ágil, ya que no existe talonario de cheques y el cliente ha de personarse en las oficinas bancarias. Para ello, cada cliente dispone de una **libreta** o **cartilla de ahorro**, que es donde van apareciendo, en forma de extracto, los movimientos de su cuenta, sirviendo además como identificación de la misma.

El inconveniente principal de las cuentas de ahorro, esto es, falta de agilidad en las transacciones, puede suprimirse mediante otro producto financiero llamado **cuentas de ahorro combinado**, que consiste en una cuenta de ahorro asociada a una cuenta corriente, disponiendo de esta forma de cheques para realizar los pagos, y los servicios combinados de los dos tipos de cuenta.

Tal y como comentamos en el tema anterior, tanto las cuentas corrientes como las cuentas de ahorro presentan diferentes modalidades con objeto de captar el ahorro.

Dentro de las cuentas corrientes encontramos:

- Cuentas no remuneradas: no aportan ningún tipo de interés para el dinero depositado por el titular. A cambio, suelen tener pocos o ningún gasto (comisiones), ni por mantenimiento ni por operaciones realizadas, dentro de ciertos límites.

- Cuentas remuneradas: ofrecen un tipo de interés, habitualmente bajo, para el dinero depositado en ellas. Este tipo de interés puede ser fijo o variable según el interés del mercado.

- Supercuentas o cuentas de alta rentabilidad: son cuentas corrientes remuneradas con un tipo de interés según tramos, o sea, a mayor saldo medio durante un período (habitualmente tres meses) mayor interés. Suelen presentar algún tipo de requerimiento por parte de la entidad, como por ejemplo, no permitir saldos negativos, o un saldo mínimo determinado o no disponer de determinados servicios.

Dentro de las cuentas de ahorro podemos encontrar:

- Cuentas de ahorro joven: destinada a jóvenes, hasta cierto límite de edad (dependiendo de cada entidad financiera, pero habitualmente hasta 26 ó 30 años), para potenciar el ahorro de este sector de la población, ofreciendo una alta rentabilidad (teniendo en cuenta que es una cuenta de ahorro).

- Cuentas de ahorro infantil: destinada a los padres y familiares de menores de edad (normalmente, menores de 14 años), sin comisiones y con un interés algo más elevado que las cuentas de ahorro habituales.

- Cuentas de ahorro remuneradas por tramos: según el saldo medio en cada período, ofrece diferente tipo de interés (más elevado cuanto mayor sea el saldo medio).

- Cuentas de ahorro para pensionistas: destinada a mayores de 60 ó 65 años, con escasas o nulas comisiones.

Además, las cuentas corrientes y las de ahorro pueden ser:

- **Individuales:** en caso de un único titular.
- **Colectivas:** cuando existen varios titulares. Éstos pueden crear la cuenta de forma indistinta (cualquiera de los titulares puede disponer de los fondos y sólo se necesita, por tanto, una firma) o mancomunada (es imprescindible la firma de todos los titulares para poder disponer de los fondos). En caso de cuentas para menores de edad o con incapacidad de obrar serán sus padres o tutores los responsables de sus cuentas.

En las cuentas pueden aparecer también los autorizados por el titular. Estas personas autorizadas pueden realizar ciertas transacciones pero no son los titulares de las cuentas.

2. EL CHEQUE

Podemos entender por tal el título-valor por el que una persona, *librador* (el titular de la cuenta corriente), que tiene provisión de fondos a su disposición en poder de otra, *librado* (la entidad financiera), da a éste la orden de pagar al *tenedor* legítimo del documento una cantidad determinada de dinero con cargo a aquellos fondos.

La Ley Cambiaria y del Cheque establece que la emisión del mismo supone la creación del título por el librador y su entrega al tenedor.

El cheque implica un mandato puro y simple de pagar una cantidad determinada, sin que valga estipular intereses, y prevaleciendo, en caso de diferencia, la cantidad escrita en letra y dentro de ésta, si se expresan varias cantidades, la menor.

```
BANCO RIENDO
C/ La Prisa, 99                        CCC  0901 0202 25 0213655645
ALBACETE                               IBAN ES02 0901 02020 2502 1365 5645

                                       Eur. _____(1)_____ €

Páguese por este cheque a _____(2)_____
Euros                    (3)_____


Plaza_____(4)_____ de _____ de _____

Nº M 5.5285.365.25

                                                        (5)
```

(1) Se expresa la cifra en euros, con dos decimales. Si fuera cifra sin decimales, por ejemplo, 200 euros, se escribirá 200,00. A continuación se recomienda escribir grafismos (guiones, barras, etc.) para evitar que se pueda añadir ninguna cifra.

(2) Aquí aparecerá el nombre del tenedor (a quien se entrega el cheque como pago). Es posible escribir "**al portador**", lo cual indicará que quien lo presente en la entidad financiera podrá cobrarlo. O bien, podríamos hacer un cheque **nominativo**, indicando nombre y apellidos o bien razón social (nombre de empresa) del tenedor.

(3) Se escribirá la cifra en letras, incluyendo los céntimos de euro. En el ejemplo anterior de 200,00 € escribiríamos: "doscientos euros con cero céntimos". A continuación es conveniente incluir guiones o barras para evitar que se pueda añadir nada más.

(4) Se escribe el lugar de emisión y la fecha de emisión.

(5) El librador ha de firmar el cheque en este espacio.

Hay que resaltar que el cheque es pagadero a la vista. Quiere esto decir que, independientemente de la fecha que aparezca en él, el tenedor podrá presentarlo para hacerlo efectivo en cualquier momento. Aunque existen unos plazos para hacer efectivo el cheque sin que éste pierda su fuerza jurídica: 15 días naturales desde su fecha de emisión si el cheque es emitido en España y pagadero en España; 20 días naturales si es emitido en la UE y pagadero en España; 60 días naturales si es emitido fuera de la UE y pagadero en España.

Además de las modalidades vistas hasta ahora (nominativos o al portador) el cheque se puede entregar:

- **Para abonar en cuenta**: aparece esta expresión en la cara del cheque cruzándolo. Esto no permite que el cheque sea pagado en efectivo, sino que el tenedor debe ingresarlo en su cuenta para poder cobrarlo.

- **Cheque cruzado**: los efectos son similares al anterior, aunque no idénticos. Consiste en dos barras paralelas en la cara del cheque, cruzándolo. Esto indica que el cheque sólo puede ser cobrado en efectivo si el tenedor es cliente de la entidad financiera librada. En caso contrario, deberá ingresarlo en su cuenta.

BANCO RIENDO
C/ La Prisa, 99   CCC 0901 0202 25 0213655645
ALBACETE   IBAN ES02 0901 02020 2502 1365 5645

                                                             Eur. _____(1)_____ €

Páguese por este cheque a _____(2)_____
Euros   (3)

PARA ABONAR EN CUENTA

Plaza_____(4)_____ de _____ de _____

Nº M 5.5285.365.25

                                          (5)

(CHEQUE CRUZADO)

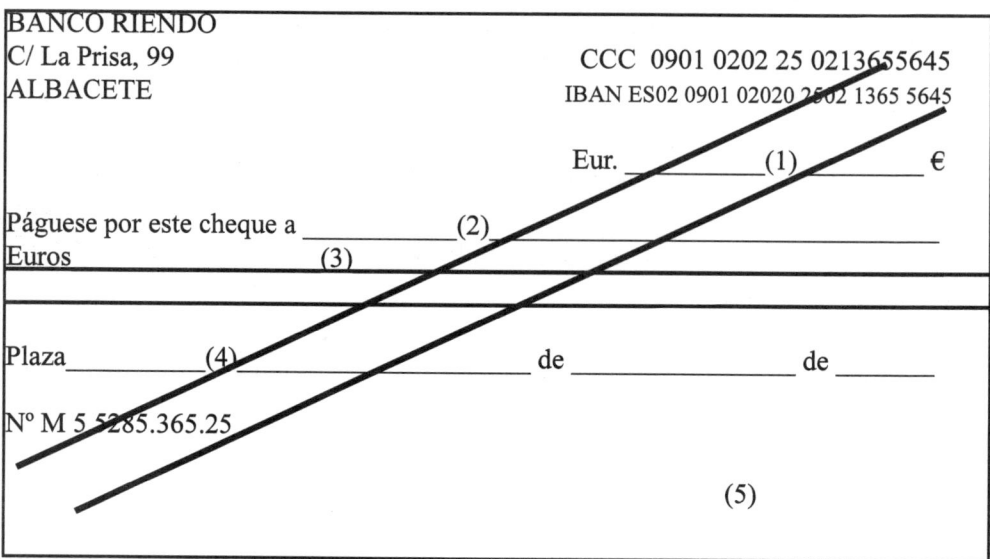

BANCO RIENDO
C/ La Prisa, 99
ALBACETE

CCC 0901 0202 25 0213655645
IBAN ES02 0901 02020 2502 1365 5645

Eur. _____ (1) _____ €

Páguese por este cheque a _____ (2) _____

Euros   (3)

Plaza _____ (4) _____ de _____ de _____

Nº M 5 5285.365.25

(5)

En el caso de cheque nominativo, para abonar en cuenta o cruzado, el tenedor deberá firmar en el reverso del mismo, indicando su número de identificación (DNI, etc.).

3. LA LIBRETA DE AHORRO

También llamada coloquialmente **cartilla de ahorro**. Es menos versátil que el cheque puesto que para disponer de los fondos es necesario acudir a una entidad financiera. La libreta de ahorro está especialmente destinada a captar el ahorro de las familias. Éstas no realizan grandes transacciones, excepto las compras habituales. Al disponer de tarjetas asociadas a la cuenta de ahorro, los pagos mediante la misma agilizan las operaciones. La propia libreta de ahorro sirve de extracto de las operaciones realizadas.

4. SERVICIOS ASOCIADOS A LAS CUENTAS CORRIENTES

Las cuentas corrientes suelen llevar asociados una serie de servicios financieros que pueden o no, dependiendo del contrato celebrado, suponer gastos por comisiones al titular de la misma. Como ejemplos podemos citar:

- Domiciliación de recibos: electricidad, agua, teléfono, alquiler, etc.

- Domiciliación de nóminas: ingreso de los importes de las nóminas en la cuenta.

- Tarjetas de débito: permite realizar pagos a través de las mismas contra el saldo de la cuenta corriente.

- Tarjetas de crédito: funcionan igual que las tarjetas de débito pero permiten aplazar los pagos, bien a fecha concreta, o bien realizar pagos de cuantía establecida hasta cancelar el crédito. Todo ello lleva asociado un tipo de interés prefijado, que suele ser alto.

- Banca telefónica o por internet: es posible realizar las transacciones a través de una llamada telefónica o bien a través de internet.

- Transferencias: órdenes de pago a un tercero realizadas directamente desde la cuenta corriente.

Además de estos servicios, las cuentas corrientes pueden tener un coste por comisiones bancarias debido a la llamada comisión por mantenimiento, que debe reflejarse en el contrato celebrado con la entidad.

5. SERVICIOS ASOCIADOS A LAS CUENTAS DE AHORRO

Actualmente, los servicios asociados a una cuenta de ahorro son los mismos que los referidos a las cuentas corrientes. Existen variaciones y diferentes exigencias dependiendo del tipo de cuenta de ahorro y de cada entidad financiera.

TEMA 5: CAPITALIZACIÓN Y DESCUENTO

1. OPERACIONES FINANCIERAS DE CAPITALIZACIÓN Y DES-
CUENTO
2. CAPITALIZACIÓN SIMPLE Y COMPUESTA
3. DESCUENTO SIMPLE Y COMPUESTO

1. OPERACIONES FINANCIERAS DE CAPITALIZACIÓN Y DESCUENTO

Uno de los conceptos más importantes a la hora de adentrarnos en las Matemáticas Financieras es el del TIEMPO. Esta variable hay que considerarla como una secuencia, y podemos, en el cálculo, trasladarnos del presente al futuro, o del futuro al presente. Bajo este punto de vista, podemos dividir nuestro análisis en dos vertientes:

Capitalización: consiste en calcular a cuánto equivale en el *futuro* un capital del *presente*.

Descuento: consiste en calcular cuánto vale en el *presente* un capital del *futuro*.

2. CAPITALIZACIÓN SIMPLE Y COMPUESTA

Dependiendo de la acumulación o no de intereses, existen dos formas de capitalización:

- ***Capitalización simple***: esta forma de capitalizar no acumula intereses, o sea, los intereses de los subperiodos no entran a formar parte de la capitalización.

  Ejemplo: supongamos que, mediante capitalización simple, prestamos un capital de 1.000,00 € a 6 meses, con un interés mensual del 1%.

Solución: podemos considerar que el interés total de la operación es del 6% (1% x 6 meses). Por tanto, el interés será de 60 €, más el 1.000,00 € que prestamos, deben devolvernos 1.060,00 €.

- *__Capitalización compuesta__*: aquí los intereses acumulados se vuelven a capitalizar.

   Ejemplo: supongamos el mismo ejemplo anterior, pero con capitalización compuesta.

   Solución: el interés del primer mes será de 10,00 € (1% sobre 1.000,00 €). El interés del segundo mes será de 10,10 € (1% sobre 1.010,00 €). El interés del tercer mes será de 10,201 € (1% sobre 1.020,10 €). El cuarto, de 10,303 € (1% sobre 1.030,301 €). El quinto de 10,406 € (1% sobre 1.040,604 €). Y el sexto, de 10,51 € (1% sobre 1.051,01 €). En total, la suma de estos intereses más el capital inicial, arrojan una suma de 1.061,52 €. (Hemos mantenido hasta 3 decimales con los importes para apreciar más claramente la diferencia).

3. DESCUENTO SIMPLE Y COMPUESTO

Aquí ocurre exactamente igual que en capitalización, dado que el descuento consiste, precisamente, en actualizar un importe del futuro (o sea, ya capitalizado).

En la realidad empresarial el descuento compuesto no se utiliza en la práctica. Las operaciones de descuento se consideran siempre con descuento simple.

Hay que destacar en este caso que, a diferencia de la capitalización, cuando hablamos de descuento no nos referiremos a intereses, sino a tasa de descuento (veremos en el tema del descuento que no son lo mismo).

- *__Descuento simple__*: esta forma de descuento no acumula tasas de descuento, o sea, las tasas de descuento de los subperíodos no entran a formar parte del descuento.

   Ejemplo: supongamos que, mediante descuento simple, queremos descontar un capital futuro de 1.000,00 € a 6 meses, con una tasa de descuento mensual del 1%, para conocer cuál es su importe actual.

Solución: podemos considerar que la tasa de descuento total de la operación es del 6% (1% x 6 meses). Por tanto, el descuento será de 60,00 €, que restamos a los 1.000,00 € del futuro, con lo que su valor actual es de 940,00 €.

- _**Descuento compuesto**_: aquí la tasa de descuento se va aplicando sobre el importe que queda después de restar los descuentos anteriores ya realizados.

    Ejemplo: supongamos el mismo ejemplo anterior, pero con descuento compuesto.

    Solución: el descuento del primer mes será de 10,00 € (1% sobre 1.000,00 €). El descuento del segundo mes se calcula sobre 990,00 € (ya descontados los 10,00 € anteriores) y será de 9,90 € (1% sobre 990,00 €). El descuento del tercer mes será de 9,801 € (1% sobre 980,10 €). El cuarto, de 9,70299 € (1% sobre 970,299 €). El quinto de 9,6059601 € (1% sobre 960,59601 €). Y el sexto, de 9,509900499 € (1% sobre 950,9900499 €). Al final, queda un importe de 941,4801494 €. (Hemos mantenido los decimales para apreciar más claramente la diferencia).

TEMA 6: CÁLCULOS CON EL MÉTODO HAMBURGUÉS

| 1. LIQUIDACIÓN DE CUENTAS BANCARIAS |
| 2. EL MÉTODO HAMBURGUÉS |

1. LIQUIDACIÓN DE CUENTAS BANCARIAS

La liquidación de la cuenta bancaria consiste en calcular los intereses producidos por la misma en función de los saldos.

En las cuentas corrientes y de ahorro, las entidades bancarias ofrecen un tipo de interés para los saldos positivos muy bajo (entre 0,25% y 2%, aproximadamente) y otro interés más alto para los saldos negativos (entre 15% y 20%, aproximadamente).

Para realizar los cálculos necesitamos saber los saldos y el tiempo (en días) que se mantiene, separando los saldos positivos (a favor del cliente) de los negativos (a favor de la entidad bancaria). Se utiliza el llamado **método hamburgués**.

2. EL MÉTODO HAMBURGUÉS

La liquidación de cuentas suele realizarse de forma trimestral, así que se tendrán en cuenta los saldos desde el primer día del trimestre hasta el último.

Veamos un ejemplo de extracto bancario:

FECHA	CONCEPTO	MOVIMIENTOS		FECHA VALOR	SALDO
		DEBE	HABER		
01/10	Saldo anterior				4.000,00
01/10	Pago cheque n.º 1	600,00		01/10	3.400,00
04/10	Ingreso efectivo		1.000,00	05/10	4.400,00
12/10	Transferencia 25	5.000,00		12/10	-600,00
15/10	Reintegro		1.600,00	16/10	1.000,00
25/10	Ingreso efectivo		1.500,00	26/10	2.500,00
28/10	Pago cheque n.º 5	500,00		27/10	2.000,00

Supongamos que en esta cuenta la liquidación es mensual, aplicando un 0,25% de interés para los saldos acreedores (positivos, a favor del cliente) y un 15% para los saldos deudores (negativos, a favor del banco).

Como el cálculo se realiza por los saldos diarios, vamos a expresar los saldos con el número de días que se ha mantenido, teniendo en cuenta que la fecha a utilizar es la fecha-valor.

SALDO	DÍAS
3.400,00	4
4.400,00	7
-600,0	4
1.000,00	10
2.500,00	1
2.000,00	5 (hasta 31/10)

El paso siguiente es multiplicar el saldo por los días, dividiendo por 100, separando los saldos deudores de los acreedores. Esto se conoce como **números comerciales**, acreedores y deudores:

- Suma de números acreedores: 3.400,00x4/100 + 4.400 00x7/100 + 1.000,00x10/100 + 2.500,00x1/100 + 2.000,00x5/100 = 669,00
- Suma de números deudores: 600,00x4/100 = 24,00

Los números comerciales no se redondean, sino que se expresan con todos sus decimales.

Una vez que tenemos las sumas de números acreedores y deudores, sólo queda aplicar a cada una el tipo de interés que como vimos, es diferente. El tipo de interés se multiplica en tanto por cien (no se divide por 100) ya que hemos dividido por 100 al calcular los números comerciales, pero sí se divide

por 365 ya que el interés está expresado en años.
Intereses acreedores: 669,00x0,25/365 = 0,49
Intereses deudores: 24,00x15/365 = 0,99

Por último, se calcula el resultado de la liquidación restando ambos intereses:

0,49-0,99 = -0,50 €. En este caso, ha resultado un interés a pagar de 0,50 €.

EJERCICIOS TEMA 6

1. Realizar la liquidación de la siguiente cuenta bancaria para el mes de junio, sabiendo que el interés acreedor es del 0,50% y el deudor del 16%.

FECHA	CONCEPTO	MOVIMIENTOS		FECHA VALOR	SALDO
		DEBE	HABER		
01/06	Saldo anterior				1.000,00
01/06	Cobro cheque n.º 1		2.000,00	01/06	3.000,00
05/06	Ingreso efectivo		1.000,00	06/06	4.000,00
10/06	Transferencia 2	6.000,00		12/06	-2.000,00
14/06	Devolución		3.000,00	15/06	1.000,00
23/06	Ingreso efectivo		2.000,00	24/06	5.000,00
27/06	Pago cheque n.º 3	1.000,00		26/06	4.000,00

2. Realizar la liquidación de la siguiente cuenta bancaria para el mes de febrero (28 días), sabiendo que el interés acreedor es del 0,30% y el deudor del 18%.

FECHA	CONCEPTO	MOVIMIENTOS		FECHA VALOR	SALDO
		DEBE	HABER		
01/02	Saldo anterior				2.000,00
01/02	Pago cheque n.º 11	5.000,00		01/02	-3.000,00
03/02	Ingreso efectivo		4.000,00	04/02	1.000,00
14/02	Transferencia 25	1.000,00		14/02	0,00
15/02	Recibo	600,00		15/02	-600,00
24/02	Ingreso efectivo		2.000,00	25/02	1.400,00
26/02	Pago cheque n.º 12	1.000,00		26/02	400,00

3. Realizar la liquidación de la siguiente cuenta bancaria para el mes de noviembre, sabiendo que el interés acreedor es del 0,40% y el deudor del 15%.

FECHA	CONCEPTO	MOVIMIENTOS		FECHA VALOR	SALDO
		DEBE	HABER		
01/11	Saldo anterior				4.000,00
01/11	Pago cheque n.º 27	2.000,00		01/11	2.000,00
06/11	Ingreso efectivo		1.000,00	07/11	3.000,00
13/11	Transferencia 43	2.000,00		12/11	1.000,00
16/11	Recibo domiciliado	3.000,00		16/11	-2.000,00
20/11	Ingreso efectivo		3.500,00	21/11	1.500,00
26/11	Pago cheque n.º 28	500,00		26/11	1.000,00

TEMA 7: LOS DEPÓSITOS A PLAZO

---

1. CONCEPTO DE IMPOSICIÓN A PLAZO FIJO
2. TIPOS DE IMPOSICIONES A PLAZO FIJO

---

1. CONCEPTO DE IMPOSICIÓN A PLAZO FIJO

Las **imposiciones a plazo fijo** son contratos de depósito donde los clientes se comprometen a mantener unos fondos sin disponer de ellos hasta su vencimiento. A cambio, la entidad financiera le ofrece un interés superior al que obtendría en una cuenta corriente o de ahorro.

Las imposiciones a plazo suponen un efectivo entregado a una entidad financiera que no podrá utilizarse durante un plazo determinado de tiempo (contratado con la entidad) a cambio de recibir unos intereses pactados.

Contra la cuenta de la imposición a plazo fijo no es posible realizar pagos ni domiciliaciones.

Los intereses recibidos (que suelen calcularse de forma trimestral y se ingresan en una cuenta bancaria, aunque esto depende el contrato celebrado), conllevan una retención del 19% para el Impuesto sobre la Renta de las Personas Físicas (IRPF).

2. TIPOS DE IMPOSICIONES A PLAZO FIJO

Las imposiciones a plazo fijo presentan una gran variedad de formas:

- En cuanto al plazo: a partir de 1 mes, es posible contratar a cualquier plazo que interese al titular.

- Materialización de los intereses: puede ser en dinero o en especie, esto es, productos determinados (electrodomésticos, vajillas, mantelerías, etc.). En este último caso, el interés recibido es el propio producto, que se entrega al titular en el momento de realizar la imposición. Para ello, se exige un determinado depósito de dinero a un plazo también prefijado.

- Forma de pago de intereses: suele ser trimestral y se ingresa en una cuenta de ahorro o corriente asociada. Pero es posible encontrar otras modalidades.

- Tipo de interés aplicado: puede ser a interés fijo o bien a interés variable según el mercado, tomando como referencia algún índice bancario (EURIBOR, es el más utilizado).

- Disponibilidad de los fondos: en la mayoría de imposiciones a plazo fijo es posible disponer de los fondos de forma anticipada, pero ello suele suponer una penalización en los intereses devengados. Algunos depósitos, en cambio, se ofertan sin penalización, mientras que otros impiden disponer de los fondos de forma anticipada.

- Vencimiento de la imposición: en la gran mayoría de casos, a su vencimiento, si no hay comunicación por parte del titular, la imposición se prorroga de forma automática al mismo plazo, pero con el interés que en ese momento esté ofertando la entidad financiera. En otros casos, los menos frecuentes, sin comunicación expresa del titular no se prorroga la imposición y se ingresa el dinero en la cuenta asociada a la misma.

- Instrumentalización del depósito: las imposiciones a plazo fijo se documentan en libretas. Pero existen los llamados **certificados de depósito** que son resguardos o documentos (no libretas) entregados a cambio de un depósito a plazo fijo, emitidos por las entidades financieras y que pueden transmitirse por endoso en cualquier momento. Es un instrumento más ágil en cuanto a su transmisión pero poco utilizado por las familias por la necesidad de custodiar celosamente el documento.

TEMA 8: CÁLCULOS EN CAPITALIZACIÓN SIMPLE

1. LA CAPITALIZACIÓN SIMPLE
2. CÁLCULO DE LOS INTERESES EN CAPITALIZACIÓN SIMPLE
3. CÁLCULO DEL CAPITAL INICIAL
4. CÁLCULO DEL TIEMPO

1. LA CAPITALIZACIÓN SIMPLE

Como ya sabemos, la Capitalización consiste en calcular a cuánto equivale en el futuro un capital del presente.

También hemos comentado anteriormente que en la Capitalización simple no se acumulan los intereses, o sea, los intereses de los subperíodos no entran a formar parte de la capitalización.

La capitalización simple suele utilizarse cuando el plazo (tiempo) de la operación es como mucho 1 año.

2. CÁLCULO DE LOS INTERESES EN CAPITALIZACIÓN SIMPLE

Como sabemos, el interés viene habitualmente expresado para un año. Por tanto, debemos prorratear el tiempo. O sea, si el tiempo es de 4 meses, hemos de considerar la parte que esos 4 meses están dentro de un año (4/12). Si el tiempo es de 50 días, haremos lo mismo (50/365). Hay que hacer notar aquí que el año comercial se considera de 360 días, con lo que el cálculo anterior quedaría en 50/360.

Por tanto, para calcular el interés, habremos de multiplicar el capital (Co) por el interés en tanto por uno (o sea, dividido por 100) y por el tiempo.

I = Co x (i/100) x t (si "t" está expresado en años)

$I = Co \times (i/100) \times (t/12)$ (si "t" está expresado en meses)

$I = Co \times (i/100) \times (t/360)$ (si "t" está expresado en días)

Para facilitar los cálculos, a partir de ahora llamaremos "i" al interés en tanto por uno.

Si queremos conocer a cuánto asciende en total el capital con sus intereses (Cn), sumaremos los intereses al capital inicial:

$Cn = Co + I$

$Cn = Co + (Co. i. t)$

$Cn = Co (1 + i. t)$

Ejemplo 1: depositamos un capital de 2.000,00 € a 9 meses, con un interés simple anual del 10%.

Solución 1: queremos saber a cuánto asciende el total que nos devolverán dentro de 9 meses. Por ello:

$Cn = Co (1 + i. t)$

$Cn = 2.000 (1 + (10/100).(9/12))$

$Cn = 2.150,00$ €

Ejemplo 2: ¿cuál será el capital final correspondiente a 4.000,00 € en capitalización simple, durante 3 meses, con un interés mensual del 0,4%?

Solución 2: como el interés y el tiempo están expresados en la misma unidad de medida (meses), no cabe realizar ningún ajuste temporal en la fórmula.

$Cn = Co (1 + i. t)$

$Cn = 4.000 (1 + (0,4/100).3)$

$Cn = 4.000. 1,012$

Cn = 4.048,00 €

3. CÁLCULO DEL CAPITAL INICIAL

Cuando tenemos el resto de datos y queremos conocer el capital inicial, despejaremos de la fórmula anterior la incógnita "Co":

Cn = Co (1 + i. t)

Cn / (1 + i. t) = Co

Ejemplo: se obtiene un capital final de 5.200,00 € después de 90 días en capitalización simple, con un interés anual del 10%, ¿cuál fue el capital inicial?

Solución: como el tiempo está expresado en días y el interés es anual, dividiremos "t" entre 365.

Cn = Co (1 + i. t/365)

5.200 = Co (1 + 0,10. 90/365)

Podemos calcular todo el paréntesis. De esta forma:

5.200 = Co. 1,0246575

Co = 5.200 / 1,0246575

Co = 5.074,8664

La solución es 5.074,87 € (redondeamos al alza cuando el tercer decimal sea 5 o superior).

4. CÁLCULO DEL TIEMPO

Cuando queremos calcular el tiempo necesario que ha de mantenerse un determinado capital para convertirse en otra cantidad final, dado un cierto tipo de interés, debemos despejar nuestra incógnita (en este caso, el tiempo) de la fórmula.

$Cn = Co (1 + i. t)$

$Cn / Co = 1 + i. t$

$(Cn / Co) – 1 = i. t$

$((Cn / Co) – 1) / i = t$

Ejemplo: ¿durante cuánto tiempo será necesario mantener un capital de 3.000,00 € para que se convierta en 3.300,00 € con un interés simple del 6% anual?

Solución: como podría interesarnos conocer el tiempo en días, nuestra incógnita "t" la dividiremos entre 365 y despejamos:

$Cn = Co (1 + i. t/365)$

$3.200 = 3.000 (1 + 0,06. t/365)$

$3.300 / 3.000 = (1 + 0,06. t/365)$

$1,1 = (1 + 0,06. t/365)$

$1,1 – 1 = 0,06. t/365$

$0,1 = 0,06. t/365$

$0,1 / 0,06 = t/365$

$1,666666667 = t/365$

$1.666666667. 365 = t$

$608,33 = t$

Por tanto, la solución será 608 días (redondeamos por defecto, ya que los decimales no llegan a 0,5).

Nota: es conveniente, en los cálculos, utilizar suficientes decimales y sólo redondear al final. Si se trata de euros, redondearemos a dos decimales. Si se trata de días, sin decimales.

A la misma solución podríamos haber llegado haciendo los cálculos en años, pero utilizando la fórmula

Cn = Co (1 + i. t)

En este caso, la solución sería t = 1,666666667 años. Para pasarlo a meses, multiplicamos por 12 y para pasarlo a días, multiplicaremos por 365. Otra forma de presentar el resultado es manteniendo el número entero (en este caso, el 1) y el resultado sería 1 año + los decimales multiplicados por 12, por tanto 8 meses y si quedaran decimales, los multiplicaríamos por 30 para obtener los días restantes. En nuestro ejemplo, la solución sería 1 año y 8 meses.

Ejemplo: ¿cuántos años, meses y días son 3,23656 años?

Solución: el número entero significa los años, por tanto, 3 años. Los decimales se multiplican por 12 (0,23656 x 12 = 2,83872), por tanto, 2 meses (volvemos a utilizar el número entero) y para los días, multiplicamos los decimales restantes por 30 (0,83872 x 30 = 25,1616), por tanto, 25 días (el resto de decimales los despreciamos porque no utilizaremos medidas de tiempo inferior al día). La solución es 3 años, 2 meses y 25 días.

5. CÁLCULO DEL INTERÉS ANUAL

Para calcular el interés anual, dados el resto de parámetros, procederemos de la misma forma indicada para calcular el tiempo, sólo que ahora nuestra incógnita será la "i".

Cn = Co (1 + i. t)

Cn / Co = 1 + i. t

(Cn / Co) – 1 = i. t

((Cn / Co) – 1) / t = i

Ejemplo: ¿qué tipo de interés simple se habrá aplicado a una operación en la que un capital de 4.000,00 € se ha convertido en 4.100,00 € al cabo de 5 meses?

Solución: como el tiempo está expresado en meses y el interés en años, dividiremos la t entre 12

$$Cn = Co \ (1 + i. \ t/12)$$

$$4.100 = 4.000 \ (1 + i. \ 5/12)$$

$$4.100 \ / \ 4.000 = (1 + i. \ 5/12)$$

$$1,025 = (1 + i. \ 5/12)$$

$$1,025 - 1 = i. \ 5/12$$

$$0,025 = i. \ 5/12$$

$$0,025. \ 12 \ / \ 5 = i$$

$$0,3 \ / \ 5 = i$$

$$0,06 = i$$

Para expresar el resultado, como se trata del interés, multiplicaremos por 100 para obtener el porcentaje, siempre con dos decimales. Así, la solución será el 6,00% de interés.

EJERCICIOS TEMA 8

1. Calcular el capital final correspondiente a 2.000,00 € impuesto al 4% de interés simple anual durante 8 meses. **Sol.: 2.053,33 €.**

2. Si después de 3 meses nos dan 3.030,00 € al 4% de interés simple anual, ¿cuál fue el capital inicial? **Sol.: 3.000,00 €.**

3. ¿Qué tipo de interés simple anual nos han aplicado en una operación a 6 meses en la que se impuso un capital de 2.000,00 € y obtuvimos al final 2.080,00 €? **Sol.: 8,00%.**

4. ¿Cuánto tiempo necesitamos mantener una imposición al 8% de interés simple anual para conseguir 2.120,00 € si la imposición inicial es de 2.000,00 €? **Sol.: 9 meses.**

5. Calcular el capital final correspondiente a 5.000,00 € impuesto al 3% de interés simple anual durante 90 días. **Sol.: 5.036,99 €.**

6. Si después de 120 días nos dan 4.400,00 € al 5% de interés simple anual, ¿cuál fue el capital inicial? **Sol.: 4.328,84 €.**

7. ¿Qué tipo de interés simple anual nos han aplicado en una operación a 180 días en la que se impuso un capital de 6.000,00 € y obtuvimos al final 6.180,00 €? **Sol.: 6,08%.**

8. ¿Cuánto tiempo necesitamos mantener una imposición al 8% de interés simple anual para conseguir 2.120,00 € si la imposición inicial es de 2.000,00 €? **Sol.: 9 meses.**

9. Calcular el capital final correspondiente a 8.000,00 € impuesto al 0,5% de interés simple mensual durante 6 meses. **Sol.: 8.240,00 €.**

10. Si después de 3 meses nos dan 2.100,00 € al 0,3% de interés simple mensual, ¿cuál fue el capital inicial? **Sol.: 2.081,27 €.**

TEMA 9: CÁLCULOS EN CAPITALIZACIÓN COMPUESTA

| 1. LA CAPITALIZACIÓN COMPUESTA |
| 2. EL DESCUENTO COMPUESTO |
| 3. CAPITALIZACIÓN COMPUESTA EN TIEMPO FRACCIONADO |
| 4. TANTO ANUAL EQUIVALENTE (TAE) |
| 5. CÁLCULO DEL INTERÉS EN CAPITALIZACIÓN COMPUESTA |
| 6. CÁLCULO DEL TIEMPO EN CAPITALIZACIÓN COMPUESTA |

1. LA CAPITALIZACIÓN COMPUESTA

Recordemos la fórmula de capitalización simple:

$$Cn = Co \, (1 + i. \, t)$$

Si en ella consideramos que el "t" es un año, no sería necesario que apareciera en la fórmula (ya que sería 1). Por tanto, podemos decir que el capital final que se obtiene a 1 año con un interés "i" es:

$$Cn = Co \, (1 + i)$$

Supongamos ahora, en capitalización compuesta, que prestamos un capital "Co" a 3 años, con un interés "i". Al final del primer año, C1, el capital total, será:

$$C1 = Co \, (1 + i)$$

Al final del segundo año, C2, como el interés se acumula y también se capitaliza, ya que estamos en capitalización compuesta, tendremos:

$$C2 = C1 \, (1+i)$$

Como ya sabemos que $C1 = Co\ (1+i)$, sustituimos:

$C2 = Co\ (1 + i)\ (1+i)$

$C2 = Co\ (1 + i)^2$

Al final del tercer año, C3, el capital total a percibir, será:

$C3 = C2\ (1+i)$

Sustituyendo C2 por su valor:

$C3 = Co\ (1 + i)^2\ (1+i)$

$C3 = Co\ (1 + i)^3$

Por lo tanto, podemos decir que el capital final correspondiente a un capital Co, con un interés anual de "i", a "n" años, será:

$Cn = Co\ (1 + i)^n$

Ejemplo: imponemos en un plazo fijo a 5 años un capital de 1.000,00 €, con un interés anual de 4%.

Solución:

$Cn = 1.000\ (1 + (4/100))^5$

$Cn = 1.216,65$

2. EL DESCUENTO COMPUESTO

Apenas se utiliza la fórmula de descuento, aunque siguiendo la lógica anterior sería:

$Co = Cn\ (1 - d)^n$

Sin embargo, sí se utiliza frecuentemente la fórmula llamada de "descuento matemático", que consiste en la misma forma de capitalización, pero despejando Co. Recordemos la fórmula de capitalización compuesta:

$$Cn = Co (1 + i)^n$$

Como en el descuento queremos saber cuál es el capital HOY (Co) que corresponde a uno del futuro (Cn), nuestra incógnita es Co. Si lo despejamos de la fórmula anterior nos quedaría:

$$Co = \frac{Cn}{(1 + i)^n}$$

Ejemplo: ¿cuánto dinero habrá que entregar en capitalización compuesta para obtener 3.500,00 € en 5 años, con un interés anual del 4%?

Solución: nos piden claramente Co. Por tanto, aplicamos la fórmula de capitalización compuesta y despejamos la incógnita.

$$Cn = Co (1 + i)^n$$

$$3.500 = Co (1 + 0,04)^5$$

$$Co = 3.500 / (1,04)^5$$

$$Co = 3.500 / 1,216652902$$

$$Co = 2.876,74 €$$

3. CAPITALIZACIÓN COMPUESTA EN TIEMPO FRACCIONADO

Si utilizamos la fórmula de capitalización compuesta, pero calculándola en función de un interés para un período inferior al año (mensual, trimestral, etc.), hemos de partir de lo que se llama TANTO ANUAL CONVERTIBLE o TANTO DE INTERÉS NOMINAL (TIN) que expresaremos por (J_m). Este tanto anual convertible es un interés anual que habremos de dividir por los subperíodos (m) en los que dividimos el año (m sería 12 si se calcula mensualmente, 4 si fuera trimestral, etc.). De esta forma obtendríamos el interés para el subperíodo, que lo llamaremos (i_m).

$$i_m = \frac{J_m}{m}$$

Si aplicamos ahora la fórmula de capitalización compuesta, pero utilizando (i_m), tendremos:

$$Cn = Co\,(1 + i_m)^{n.m}$$

Donde "n.m" representa el total de períodos, o sea, el número de años por la cantidad de subperíodos en que se divide el año. Por tanto, si se trata de una operación a 5 años mensual, tendremos 5.12 = 60 períodos. Si se trata de una operación a 4 años trimestral, 4.4 = 16 períodos.

Ejemplo: obtener el capital final correspondiente a 5.000,00 € actuales, en capitalización compuesta a 6 años, con cálculo de intereses trimestral y un interés anual convertible o nominal (TIN) del 6%.

Solución: en primer lugar calcularemos i_m, utilizando la fórmula que conocemos. Sabemos que m=4 por ser trimestral.

$$i_m = \frac{J_m}{m}$$

$$i_m = \frac{0,06}{4}$$

$$i_m = 0,015$$

A continuación aplicaremos la fórmula de capitalización compuesta por subperíodos:

$$Cn = Co\,(1 + i_m)^{n.m}$$

$Cn = 5.000 (1 + 0,015)^{6.4}$

$Cn = 5.000 (1,015)^{24}$

$Cn = 5.000. \, 1,429502812$

$Cn = 7.147,51 €$

4. TANTO ANUAL EQUIVALENTE (TAE)

El TAE es el tipo de interés anual que equivale a un (i_m) por subperíodos. O sea, consiste en calcular un interés anual que, aplicado a una capitalización compuesta, también por períodos anuales, permite obtener el mismo capital final que una capitalización por subperíodos a un tanto (i_m). Si comparamos las siguientes fórmulas:

$Cn = Co (1 + i)^n$

$Cn = Co (1 + i_m)^{n.m}$

Podemos deducir:

$Co (1 + i)^n = Co (1 + i_m)^{n.m}$

Como Co se repite a los dos lados de la igualdad:

$(1 + i)^n = (1 + i_m)^{n.m}$

Hacemos ahora la raíz enésima en ambos términos:

$(1 + i) = (1 + i_m)^m$

despejamos la "i", que es precisamente el TAE:

$$\boxed{i = (1 + i_m)^m - 1}$$

Esta fórmula nos permite calcular el TAE que corresponde a un tanto (i_m) o J_m.

Ejemplo 1: calcular el TAE correspondiente a un tanto anual convertible del 9%, capitalizado por trimestres.

Solución 1: en primer lugar calcularemos i_m:

$$i_m = \frac{J_m}{m}$$

$$i_m = \frac{0,09}{4}$$

$$i_m = 0,0225$$

Ahora aplicamos la fórmula del TAE:

$i = (1 + i_m)^m - 1$

$i = (1 + 0,0225)^4 - 1$

$i = 1,093083319 - 1$

$i = 0,093083319$

Como se trata de expresar un interés mediante un porcentaje, multiplicaremos por 100 el resultado:

$i = 9,31\%$

Por tanto, el TAE es el 9,31%.

Nota: el interés conviene expresarlo con dos decimales.

Ejemplo 2: ¿cuál será el capital final correspondiente a 5.000,00 € actuales, en una operación a 5 años, trimestral, con un TAE del 5%?

Solución 2: es una operación de capitalización a tiempo fraccionado. Como nos indican el TAE y hemos de utilizar "i_m" en la fórmula, primero habrá que calcular i_m:

$i = (1 + i_m)^m - 1$

$0,05 = (1 + i_m)^4 - 1$

$1 + 0,05 = (1 + i_m)^4$

$1,05 = (1 + i_m)^4$

Para despejar i_m, necesitamos utilizar raíces, o lo que es lo mismo, potencias fraccionadas ($x^{1/y}$):

$1,05^{1/4} = 1 + i_m$

$1,012272234 = 1 + i_m$

$1,012272234 - 1 = i_m$

$i_m = 0,012272234$

Una vez conocido i_m, aplicaremos la fórmula de capitalización compuesta con tiempo fraccionado:

$Cn = Co (1 + i_m)^{n.m}$

$Cn = 5.000 (1 + 0,012272234)^{5.4}$

$Cn = 5.000 (1,012272234)^{20}$

$Cn = 5.000. 1,276281552$

$Cn = 6.381,407758$

Redondeando,

$Cn = 6.381,41 €$

5. CÁLCULO DEL INTERÉS EN CAPITALIZACIÓN COMPUESTA

Podríamos necesitar calcular el interés en una capitalización compuesta, dados el resto de datos. En ese caso, habría que despejar nuestra incógnita, la "i", de la fórmula:

$Cn = Co\,(1 + i)^n$

O bien, "i_m" de esta otra

$Cn = Co\,(1 + i_m)^{n.m}$

Para ello, necesitaremos hacer raíces. Vamos a verlo con dos ejemplos.

Ejemplo 1: ¿a qué interés compuesto se habrá capitalizado 4.000,00 € si se obtiene 5.000,00 € después de 5 años?

Solución 1: utilizaremos la fórmula de capitalización compuesta y despejaremos "i":

$Cn = Co\,(1 + i)^n$

$5.000 = 4.000\,(1 + i)^5$

$5.000 / 4.000 = (1 + i)^5$

$1,25 = (1 + i)^5$

$(1,25)^{1/5} = 1 + i$

$1,045639553 = 1 + i$

$i = 1,045639553 - 1$

$i = 0,045639553$

Multiplicamos por 100 y redondeamos a dos decimales:

$i = 4,56\ \%$

Nota: elevar a una fracción, como es el caso de 1/5 en el ejemplo, es como aplicar la raíz 5ª. Las calculadoras científicas suelen expresar esta función como $x^{1/y}$. Pero siempre habrá que atender a las especificaciones de cada calculadora.

Ejemplo 2: ¿qué TAE y qué TIN se habrá aplicado a una operación en la que un capital de 6.000,00 € se ha convertido en 9.000,00 € durante 6 años, si se calculan los intereses mensualmente?

Solución 2: como es una operación a tiempo fraccionado aplicaremos la fórmula:

$$Cn = Co \, (1 + i_m)^{n.m}$$

Y despejaremos primero i_m:

$$9.000 = 6.000 \, (1 + i_m)^{6.12}$$

$$9.000 / 6.000 = (1 + i_m)^{72}$$

$$1,5 = (1 + i_m)^{72}$$

$$(1,5)^{1/72} = 1 + i_m$$

$$1,005647346 = 1 + i_m$$

$$1,005647346 - 1 = i_m$$

$$i_m = 0,005647346$$

Este será el interés mensual. Como nos piden el TAE, aplicaremos su fórmula para calcularlo:

$$i = (1 + i_m)^m - 1$$

$$i = (1 + 0,005647346)^{12} - 1$$

$$i = 1,069913194 - 1$$

$i = 0,069913194$

Multiplicamos por 100 y redondeamos:

$i = 6,99\ \%$
Por tanto, el TAE es el 6,99%.
Para calcular el tanto anual convertible (TIN), aplicaremos la fórmula:

$$i_m = \frac{J_m}{m}$$

$$0,005647346 = \frac{J_m}{12}$$

$$J_m = 0,005647346 \cdot 12$$

$$J_m = 0,067768152$$

Multiplicado por 100 y redondeado, el TIN será el 6,78%.

6. CÁLCULO DEL TIEMPO EN CAPITALIZACIÓN COMPUESTA

En este caso, la incógnita será "n", que habrá que despejar de la fórmula

$Cn = Co\,(1 + i)^n$

O bien, de:

$Cn = Co\,(1 + i_m)^{n.m}$

Para ello, necesitaremos utilizar logaritmos. Podemos utilizar tanto logaritmos en base 10 (función "log" en las calculadoras científicas) o logaritmos neperianos (función "ln"). Es importante señalar que una vez utilizado uno de los logaritmos, debe utilizarse el mismo tipo de logaritmo en todo el cálculo.

Veámoslo con unos ejemplos.

Ejemplo 1: ¿cuánto tiempo será necesario mantener un capital de 4.000,00 € para obtener 5.000,00 € con un interés anual del 6%?

Solución 1: se trata de una operación anual, con lo que utilizaremos la fórmula de capitalización compuesta:

$Cn = Co (1 + i)^n$

$5.000 = 4.000 (1 + 0,06)^n$

$5.000 / 4.000 = (1,06)^n$

$1,25 = (1,06)^n$

$Log\ 1,25 = log\ (1,06)^n$

$Log\ 1,25 = n.\ log\ 1,06$

Hemos utilizado logaritmo en base 10, pero el resultado sería el mismo utilizando logaritmos neperianos. Como vemos, la particularidad de los logaritmos es que el exponente puede pasar multiplicando, lo cual es necesario para poder despejar "n". Ahora calculamos ambos logaritmos:

$0,096910013 = n.\ 0,025305865$

$n = 0,096910013 / 0,025305865$

$n = 3,829547538$

En número entero expresará los años, 3.

Multiplicamos por 12 los decimales (0,829547538 x 12 = 9,954570456). De nuevo, el número entero expresa los meses, 9. Multiplicamos por 30 los decimales (0,954570456 x 30 = 28,63711368). El número entero expresa los días, 29, ya redondeado.

La solución, por tanto, es 3 años, 9 meses y 29 días.

Ejemplo 2: ¿durante cuánto tiempo se habrá mantenido un capital de 6.000,00 € para convertirse en 6.900,00 €, con un tanto anual convertible del 6%, capitalizado por meses?

Solución 2: nos encontramos con una capitalización a tiempo fraccionado. En primer lugar calculamos "i_m":

$$i_m = \frac{J_m}{m}$$

$$i_m = \frac{0,06}{12}$$

$$i_m = 0,005$$

Ahora, despejaremos "n" de la fórmula:

$Cn = Co\,(1 + i_m)^{n.m}$

$6.900 = 6.000\,(\,1 + 0,005)^{n.12}$

$6.900 / 6.000 = (\,1,005)^{n.12}$

$1,15 = (\,1,005)^{n.12}$

$Ln\,1,15 = \ln\,(\,1,005)^{n.12}$

$Ln\,1,15 = n.\,12.\,\ln\,1,005$

$0,139761942 = n.\,12.\,0,004987541$

$0,139761942 = n.\,0,059850498$

$n = 0,139761942 / 0,059850498$

$n = 2,335184279$

Como la operación se realiza con cálculos mensuales, tiene sentido expresar la solución en meses. Para ello, multiplicamos el resultado por 12 (2,335184279 x 12 = 28,02221135). Redondeando, la solución es 28 meses.

A la misma solución se habría llegado si dejamos "n.m" como incógnita, es decir, sin cambiar la "m" por 12, despejando, por tanto, "n.m" como una única incógnita.

EJERCICIOS TEMA 9

1. Realizamos una imposición a plazo fijo de 3 años por importe de 5.000,00 €, con un interés del 4% anual. ¿Cuánto recibiremos dentro de 3 años? **Sol.: 5.624,32 €.**

2. Compramos unos bonos del Estado por 12.000,00 €. Después de 5 años recibiremos 15.000,00 €. ¿Qué tipo de interés se habrá aplicado a la operación? **Sol.: 4,56%.**

3. Queremos invertir en renta fija 20.000,00 €. Si el tipo de interés es del 5%. ¿Durante cuántos años debemos invertir ese dinero para obtener 24.000,00 €? **Sol.: 3 años, 8 meses y 25 días.**

4. Nos compramos un coche cuyo coste total es de 3.500,00 €. Entregamos una entrada de 500,00 € y el resto lo financiamos a 2 años, tras los cuales pagaremos todo el importe financiado más los intereses. Nos aplican un tanto nominal anual del 9%, pero los intereses se calculan mensualmente. ¿Cuánto habremos de entregar pasados los dos años? **Sol.: 3.589,24 €.**

5. ¿Cuál es el TAE de la operación anterior? **Sol.: 9,38%.**

6. Si recibimos 2.300,00 € por un capital invertido a plazo fijo durante 4 años, al 4% de interés, ¿cuánto dinero invertimos inicialmente? **Sol.: 1.966,05 €.**

7. Si imponemos 5.000,00 € a 4 años, a un tanto mensual del 0,5%, ¿cuánto dinero recibiremos después de los 4 años? **Sol.: 6.352,45 €.**

8. ¿Cuál será el TAE correspondiente a un interés mensual del 0,4%? **Sol.: 4,91%.**

9. Compramos 100 Obligaciones del Estado de 200,00 € cada una, a 5 años, con un interés del 4%, a cobrar junto con el reembolso. ¿Cuánto recibiremos en el momento del reembolso? **Sol.: 24.333,06 €.**

10. Después de 3 años nos reembolsan unos bonos del Estado por un total de 4.200,00 €, intereses incluidos. Si la operación se realizó al 3% de interés anual, ¿cuánto dinero invertimos inicialmente? **Sol.: 3.843,59 €.**

BLOQUE III: LOS ACTIVOS FINANCIEROS

TEMA 10: LOS ACTIVOS FINANCIEROS

---

1. CONCEPTO DE ACTIVO FINANCIERO
2. TIPOS DE ACTIVOS FINANCIEROS

---

1. CONCEPTO DE ACTIVO FINANCIERO

Podemos definir los activos financieros como aquellos productos y operaciones en las que las entidades de crédito realizan una entrega de efectivo a sus clientes, manteniendo con ellos una posición de derecho de cobro de dichos fondos, además de intereses y comisiones.

Por tanto, las entidades financieras canalizan el flujo de fondos entregándolos a los clientes que necesitan financiación, a cambio de unos intereses.

2. TIPOS DE ACTIVOS FINANCIEROS

Las entidades financieras ofrecen gran variedad de activos financieros a aquellas personas o entidades que los necesitan, para poder satisfacer de forma específica estas necesidades de fondos.

Entre otros, podemos destacar los siguientes:

- ➤ *Descubiertos en cuenta:* son un activo financiero de corta duración, donde se permite al cliente excederse del disponible en su cuenta corriente. Los intereses que se aplican son muy elevados.

- ➤ *Descuento comercial:* consiste en adelantar al cliente el importe de sus derechos de cobro instrumentalizados en letras de cambio o pagarés, descontándole los intereses en función del tiempo que falte hasta su vencimiento, más unas comisiones.

➢ *Préstamos:* son cantidades destinadas a la financiación de las familias o empresas a cambio de una prestación de intereses pactados. Estos intereses pueden ser fijos o variables. En este último caso, el interés variable se corresponderá con un índice (suele ser el EURIBOR) más un diferencial.

➢ *Pólizas de crédito:* son créditos de disposición gradual, esto es, cuentas donde se permite disponer hasta la cuantía pactada en contrato funcionando como una cuenta corriente. El cliente pagará intereses, calculados habitualmente de forma trimestral, por la cantidad dispuesta y unas comisiones sobre la parte no dispuesta. Suelen realizarse a un plazo máximo de un año, renovables.

➢ *Préstamos y créditos con garantía real:* es el caso de las hipotecas, donde la garantía de los mismos viene representada por el bien inmueble hipotecado.

➢ *Leasing:* el *leasing* financiero consiste en proveer al cliente de los fondos necesarios para adquirir bienes de inversión a cambio de unas cuotas (habitualmente mensuales), donde la última cuota es la opción de compra.

➢ *Certificación de obras:* son una forma de financiar la construcción de inmuebles, otorgando préstamos en función de la fase de realización de las obras, previamente certificadas.

En los próximos temas analizaremos con detalle algunos de estos activos financieros.

TEMA 11: EL DESCUENTO COMERCIAL

> 1. LOS EFECTOS COMERCIALES
> 2. LA LETRA DE CAMBIO
> 3. EL PAGARÉ
> 4. EL DESCUENTO DE LAS LETRAS DE CAMBIO Y PAGARÉS

1. LOS EFECTOS COMERCIALES

Los efectos comerciales son documentos de cobro con vencimiento aplazado utilizados en la práctica comercial. O sea, son medios de pago/cobro futuro.

Se instrumentaliza en:

- Letras de cambio

- Pagarés

Vamos a analizar cada uno de ellos.

2. LA LETRA DE CAMBIO

La Letra de Cambio puede ser definida como la orden escrita de una persona a otra requiriéndola para que pague en cierto tiempo y determinado lugar una cierta cantidad cuyo pago deberá hacerse a determinada persona o a quien, como endosatario de la orden, se presente como tenedor legítimo del documento.

Por *emisión* de la letra de cambio entendemos la transmisión o entrega del título ya creado por el librador al tomador. Los requisitos para la emisión de la letra de cambio son:

1.- La denominación de la letra de cambio, inserta en el texto del título y expresada en el idioma empleado para su redacción.

2.- El mandato puro y simple de pagar una suma determinada en euros o moneda extranjera convertible admitida a cotización.

3.- El nombre de la persona que ha de pagar: *librado*.

4.- La indicación del vencimiento.

5.- El lugar donde se ha de efectuar el pago.

6.- El nombre de la persona a quien se ha de hacer el pago o a cuya orden se ha de efectuar: *tomador*.

7.- La fecha y el lugar en que se libra la letra.

8.- La firma del que emite la letra: *librador*.

No obstante, el artículo 2 de la presente Ley Cambiaria y del Cheque, autoriza la validez de la letra de cambio cuando carezca de alguno de estos requisitos:

a) Cuando el vencimiento de la letra no esté expresado. En este caso se entenderá pagadera a la vista.

b) Cuando falte la designación, junto al nombre del librado, del lugar de pago. Se entenderá por tal el domicilio del librado.

c) Cuando no se indique el lugar de emisión. Adquirirá tal consideración el lugar designado junto al librador.

Como vemos, los elementos personales necesarios en una letra de cambio son el librador, el librado y el tomador.

Así, el artículo 4 de la Ley Cambiaria y del Cheque autoriza el giro de la letra a la orden del propio librador contra el librado. Los librados pueden ser varias personas, físicas o jurídicas, en cuyo caso el mandato de pago del librador se entiende hecho de forma solidaria "para que cualquiera de ellos pague el importe total de la misma".

El *endoso* implica la transmisión de la letra de cambio con todos sus efectos. Los requisitos para practicar un endoso son:

- Forma: debe escribirse en la letra y con la firma del endosante.
- Contenido: el endoso debe ser total y no parcial.

A diferencia del cheque o del pagaré que es emitido por quien debe realizar el pago, en el caso de la letra de cambio es quien debe cobrar quien tiene la iniciativa en el pago.

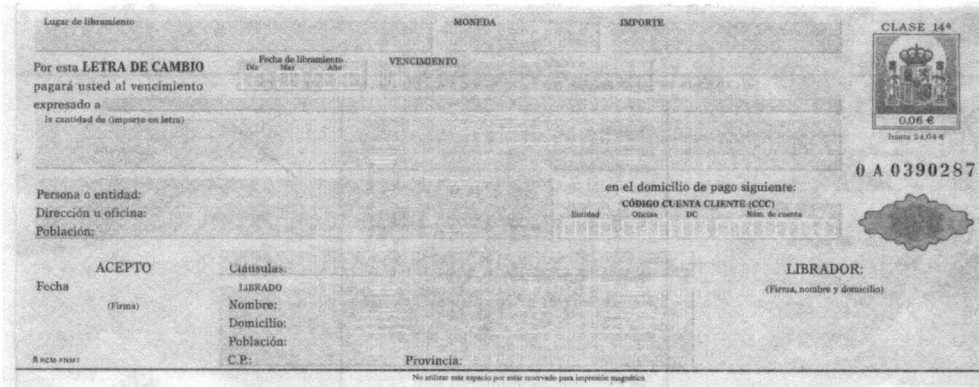

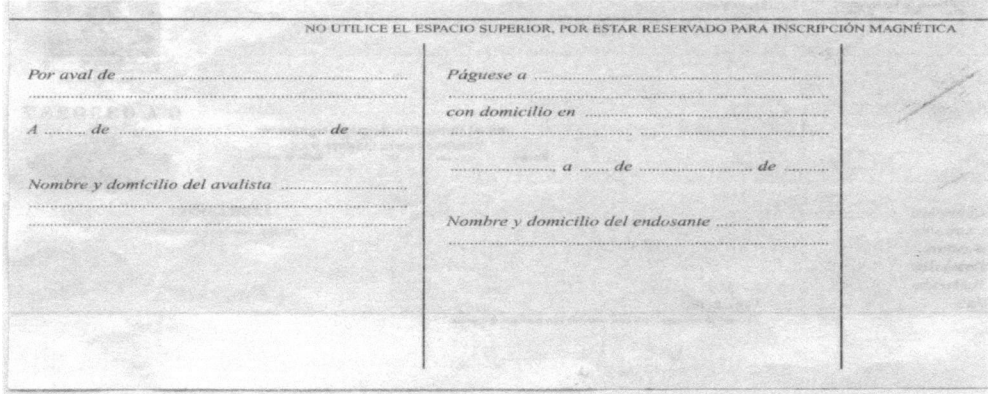

Veamos cómo se cumplimenta cada uno de los apartados.

En cuanto al anverso:

1. Lugar de libramiento: es el lugar de emisión (población).

2. Moneda: expresa la moneda en la que se ha emitido, habitualmente "EURO".

3. Importe: se expresa el importe en cifras. Si son euros, con dos decimales, y siempre iniciando y acabando la cifra con algún signo que impida modificarla (por ejemplo, //1.200,00//).

4. Fecha de libramiento: es la fecha en la que se emite la letra de cambio. Si la letra corresponde a una venta, podríamos expresar la misma fecha que la de la factura correspondiente.

5. Fecha de vencimiento: es la fecha en la que el librado ha de hacer efectivo el importe de la letra de cambio. El vencimiento se puede expresar como una fecha concreta (por ejemplo, 20 de julio de 2015), indicar un número de días desde su libramiento, que se contarán a partir de la fecha de libramiento, que se expresa como "días fecha" (por ejemplo, 60 días fecha); o bien, un número de días desde que el librado acepta el pago, contando a partir de la fecha del "acepto", lo cual se expresa como "días vista" (por ejemplo, 120 días vista).

6. Pagará usted al vencimiento expresado a: indica quién es el tomador de la letra de cambio, o sea, quién será el encargado de presentar la letra para su cobro al librado, habitualmente un banco (con lo cual, indicaremos, por ejemplo, "Banco Lisandro"), o bien puede ser el propio librador, con lo cual indicaremos "librador".

7. La cantidad de: es el importe expresado en cifras, teniendo en cuenta que se indicarán dos decimales si la moneda lo permite (como ocurre con el Euro), colocando además algún signo que impida modificar este importe, como por ejemplo, "--mil doscientos euros con cero céntimos--".

8. En el domicilio de pago siguiente: se indicará, en caso de letras domiciliadas en una cuenta corriente, el nombre de la entidad financiera, el domicilio y oficina, la población y el número completo, con 20 cifras, de la cuenta corriente del librado.

9. Acepto: se indicará la fecha en que el librado acepta pagar la letra de cambio y su firma, o sea, el momento en que se le presenta la letra para que preste su consentimiento de pagarla.

10. Cláusulas: podemos indicar "con gastos" o "sin gastos". En el caso de indicar "con gastos", si la letra de cambio no es atendida por el librado a su vencimiento, el tomador (indicado en el punto 6) la enviará al notario para su "protesto", siendo los gastos correspondientes por cuenta del librador. Si se indica "sin gastos", el librador no se hace cargo de los gastos de protesto y, por tanto, la letra devuelta no será enviada al notario para su protesto.

11. Librado: aquí se indica el nombre, domicilio, población y código postal del librado.

12. Librador: se expresa el nombre y domicilio del librador, además de su firma y sello (si lo tiene).

En cuanto al reverso, aquí aparecerán los avalistas (si los hubiera) y los endosos.

En caso de existir varios endosos y no hubiera espacio en el reverso de la letra de cambio, se puede grapar otra hoja donde se indiquen los sucesivos endosos.

3. EL PAGARÉ

El pagaré tiene un formato similar al cheque y consiste en el compromiso de pago por parte del librador en una fecha determinada de una cantidad de dinero que está en poder de un librado (el banco). Sus efectos son similares a los de la letra de cambio.

BANCO RIENDO
C/ La Prisa, 99
ALBACETE

CCC 0901 0202 25 0213655645
IBAN ES02 0901 02020 2502 1365 5645

Eur. _____ €

Vencimiento: ___, de _____, de ____

Por este pagaré me comprometo a pagar en el vencimiento expresado a: _____

_____

Euros _____

Plaza_____ de _____ de _____

Nº M 9.6825.395.21 20 28

Como podemos apreciar, las diferencias con respecto a un cheque son:

1. Vencimiento: aparece la fecha de vencimiento, mientras que los cheques son pagaderos a la vista.

2. Expresión de "pagaré": aparecerá la palabra "pagaré" en el documento.

El pagaré es cumplimentado por la persona que se compromete a realizar el pago y se lo entregará a aquel que ha de cobrarlo. El poseedor de un pagaré podrá realizar las mismas operaciones que en el caso de letras de cambio, o sea, podrá descontarlo, podrá entregarlo en gestión de cobro o podrá endosarlo, expresándolo en el reverso del pagaré.

4. EL DESCUENTO DE LAS LETRAS DE CAMBIO Y PAGARÉS

Este tipo de operaciones son realizadas, normalmente, por intermediarios financieros, que aunque tienen un elevado coste, ejercen una mayor presión sobre los malos pagadores, evitando un tedioso trabajo administrativo a las empresas. El coste de los servicios bancarios va a depender de dos factores:

- Características de los efectos: dependiendo de si son letras domiciliadas y aceptadas o letras perjudicadas.

- Procedimiento de liquidación: si se realiza el descuento por endoso, si son presentadas únicamente al cobro y si son letras en listado papel o magnético.

La letra puede financiar a la empresa a través de las siguientes modalidades:

1.- *El descuento de efectos*: consiste en la entrega de la letra en descuento a un intermediario financiero, el cual hace efectiva a la empresa el importe de la misma menos el interés de descuento y la comisión bancaria.

El intermediario financiero descuenta el efecto con la cláusula "salvo buen fin". Significa que el librador queda obligado a devolver el dinero anticipado a la entidad financiera en el caso de que el librado no lo atienda a su vencimiento.

2.- *El protesto*: es un acto que acredita la falta de pago de la letra de cambio y permite conservar las acciones cambiarias de regreso, no siendo necesario para ejercer la acción directa del tenedor contra el aceptante o avalista. Debe ser formulado por notario público a instancia del tenedor del efecto.

3.- *El regreso*: es la operación mediante la cual el tenedor del efecto ejercita este derecho contra los endosantes y el librador, en caso de falta de pago o insolvencia del librado.

4.- *El endoso del efecto*: el derecho que lleva el efecto, respaldado por la aceptación del deudor, origina un valor que puede ser objeto de transmisiones indefinidas mediante el endoso.

5.- *La gestión de cobro*: es la operación mediante la cual las empresas remiten los efectos de su cartera a entidades financieras para que éstas los presenten a su vencimiento y abonen el líquido, una vez cobradas, en la cuenta corriente de la empresa, descontado unas comisiones.

TEMA 12: CÁLCULOS DE DESCUENTO SIMPLE

> 1. EL DESCUENTO SIMPLE
> 2. LA EQUIVALENCIA FINANCIERA
> 3. CÁLCULO DE OTROS PARÁMETROS EN EL DESCUENTO
> 4. LAS COMISIONES EN EL DESCUENTO
> 5. ELABORACIÓN DE FACTURAS DE NEGOCIACIÓN
> 6. AGRUPAMIENTO DE VARIOS EFECTOS EN UNO ÚNICO

1. EL DESCUENTO SIMPLE

Ahora se trata de conocer a cuánto equivale HOY un capital del futuro. Por tanto la operación es inversa a la capitalización. Llamaremos ahora "d" al tipo de interés del descuento.

$$D = Cn. \, d. \, t$$

El cálculo es el mismo que en la capitalización, solo que ahora, en lugar de recibir más, al capital del futuro le restaremos el descuento. Suele utilizarse para el descuento de efectos.

$$Co = Cn - D$$

$$Co = Cn - (Cn. \, d. \, t)$$

$$Co = Cn \, (1 - d. \, t)$$

Ejemplo: descontamos un efecto de 2.000,00 € que vence dentro de 60 días, con un tipo de descuento del 12% anual.

Solución:

Co = 2.000 (1 – (12/100).(60/360))

Co = 1.960,00 €

Como vemos, al igual que ocurría en la capitalización simple, cuando el interés (en este caso, descuento) está expresado en forma anual y el tiempo se expresa en meses o días, dividiremos "t" entre 12 ó 360, respectivamente. En este caso, no se suele dividir entre 365, porque se utiliza el llamado año comercial, que considera el año dividido en 12 meses de 30 días, por tanto, 360 días.

2. LA EQUIVALENCIA FINANCIERA

Recordemos las fórmulas de capitalización simple y descuento simple:

✓ Cn = Co (1 + i. t)

✓ Co = Cn (1 – d. t)

Utilizando ambas fórmulas, vamos a comprobar la relación que existe entre la tasa de interés en capitalización y la tasa de descuento. En la segunda fórmula podemos despejar Cn, con lo que las dos fórmulas quedarían:

✓ Cn = Co (1 + i. t)

✓ Cn = Co / (1 – d. t)

Como ambas expresan el mismo valor de Cn, podemos igualarlas:

$$Co (1 + i. t) = Co / (1 – d. t)$$

Anulamos Co, ya que se repite en los dos términos de la igualdad:

$$(1 + i.t) = 1 / (1 – d.t)$$

Y despejamos "i.t":

$$i.t = \cfrac{1}{(1 - d.t)} - 1$$

$$i.t = \cfrac{1}{(1 - d.t)} - \cfrac{(1 - d.t)}{(1 - d.t)}$$

$$i.t = \cfrac{1 - (1 - d.t)}{(1 - d.t)}$$

$$i.t = \cfrac{1 - 1 + d.t}{(1 - d.t)}$$

Despejando ahora "i":

$$\boxed{i = \cfrac{d}{(1 - d.t)}}$$

Esta fórmula nos pone en relación "i" (tasa de interés en capitalización simple) con "d" (tasa de descuento en descuento simple).

Ejemplo: ¿qué tipo de interés corresponde a una tasa de descuento del 8% anual en una operación a 60 días?

Solución: aplicaremos la fórmula antes obtenida:

$$i = \cfrac{d}{(1 - d.t)}$$

$$i = \frac{0{,}08}{(1 - 0{,}08.60/360)}$$

$i = 0{,}08 \,/\, 0{,}9866666667$

$i = 0{,}081081081$

Multiplicamos por 100 y redondeamos, con lo que la solución es $i = 8{,}11$ %.

3. CÁLCULO DE OTROS PARÁMETROS EN EL DESCUENTO

Al igual que hicimos en capitalización simple, podemos calcular cualquier otro parámetro utilizando la fórmula de descuento simple, despejando tal cual vimos en el tema correspondiente a la capitalización simple.

Ejemplo: ¿qué tasa de descuento anual nos habrá aplicado en una operación en la que por un pagaré de 1.200,00 € a 90 días nos han entregado 1.140,00 €?

Solución:

$C_o = C_n (1 - d.\, t)$

$1.140 = 1.200 \,(1 - d.\, 90/360)$
$1.140 \,/\, 1.200 = 1 - d.\, 0{,}25$

$0{,}95 = 1 - d.\, 0{,}25$

$0{,}95 - 1 = -\, d.\, 0{,}25$

$-\, 0{,}05 = -\, d.\, 0{,}25$

$0{,}05 = d.\, 0{,}25$

$d = 0{,}05 \,/\, 0{,}25$

$d = 0{,}2$

Multiplicamos por 100 y la solución es $d = 20\%$.

4. LAS COMISIONES EN EL DESCUENTO

Hasta ahora hemos realizado todas las operaciones sin tener en cuenta las comisiones que aplican las entidades financieras en el descuento. Veamos ahora cómo afecta a los cálculos la aplicación de estas comisiones.

En los descuentos, las entidades financieras utilizan la fórmula de descuento simple vista en este tema. Una vez obtenido el Co, restarán las comisiones correspondientes, que suelen ser un porcentaje aplicado a Cn, con un mínimo en euros.

Ejemplo: ¿cuánto recibiremos por un pagaré de 2.000,00 € a 120 días, con una tasa de descuento del 9% anual, y unas comisiones del 1%, con un mínimo de 25,00 euros?

Solución:

Co = Cn (1 – d. t)

Co = 2.000 (1 – 0,09. 120/360)

Co = 2.000. 0,97

Co = 1.940,00

Ahora restaremos las comisiones, que son el 1% sobre 2.000 (Cn), o sea 20,00 €. Pero como no llega al mínimo, que es 25,00 €, aplicaremos ese mínimo:

1.940 – 25 = 1.915,00 €

Cuando el ejercicio nos ofrezca como dato el importe cobrado hoy al descontar un efecto, deberemos sumar a dicho importe las comisiones, puesto que en el dato ya aparecerían restadas.

Ejemplo: ¿qué tasa de descuento anual no han aplicado en un pagaré de 2.500,00 € a 60 días por el que hemos cobrado 2.400,00 €, sabiendo que las comisiones han ascendido a 40,00 €?

Solución: primero sumaremos las comisiones a los 2.400,00 € para obtener Co y aplicaremos la fórmula de descuento simple:

Co = 2.400 + 40 = 2.440

Co = Cn (1 – d. t)

2.440 = 2.500 (1 – d. 60/360)

2.440 / 2.500 = 1 – d. 0,166666667

0,95 = 1 – d. 0,25

0,976 – 1 = - d. 0,166666667

- 0,024 = - d. 0,166666667

0,024 = d. 0,166666667

d = 0,024 / 0,166666667

d = 0,1439999999

Multiplicamos por 100 y redondeamos.

La solución es d = 14,40%.

5. ELABORACIÓN DE FACTURAS DE NEGOCIACIÓN

En ocasiones no se descuentan los efectos de uno en uno, sino que se acude al banco con un conjunto de ellos, una **remesa de efectos**, agrupados por períodos temporales, para descontarlos conjuntamente en las mismas condiciones generales.

El documento en el que se liquida el descuento de la remesa se denomina factura de negociación.

El proceso de liquidación es el siguiente:

a) Confeccionar la factura con todos los efectos que componen la remesa. En dicha factura se indicará: el importe nominal de cada uno de los efectos, el total de días hasta el vencimiento, el importe de los intereses que se descontarán de cada uno de los efectos (aplicando para ello el tanto de descuento simple que la entidad y el cliente han acordado, en función de los días hasta el vencimiento del efecto) y el importe de las comisiones a aplicar a cada uno de los efectos.

b) Sumar cada una de las tres siguientes columnas:

– Importe nominal.

– Importe intereses.

– Importe comisiones.

c) Si han existido gastos (correo, timbres, etc.) sus importes se consignarán aparte.

El importe líquido resultante de la negociación se obtendrá restando del nominal total de la remesa el montante de todos los gastos habidos (intereses y comisiones más gastos generales como correo y timbres).

Ejemplo:

Se presenta a descuento la siguiente remesa de efectos:

Efecto	Nominal	Días de descuento
A	30.000,00	20
B	20.000,00	25
C	15.000,00	30

Las condiciones del descuento son:

Tipo descuento: 12%.
Comisión: 5% (0,5%), con un mínimo 90,00 euros.
Correo: 6,00 euros/efecto.

Se pide:
Descontar la remesa anterior.

Solución:

Efecto	Nominal	Días	Tipo	Intereses	Porcentaje	Comisión	Correo
A	30.000,00	20	12%	200,00	5%	150,00	6,00
B	20.000,00	25	12%	166,67	5%	100,00	6,00
C	15.000,00	30	12%	150,00	mínimo	90,00	6,00
	65.000,00			516,67		340,00	18,00

Nominal		65.000,00
Interés.	516,67	
Comisión	340,00	
Correo	18,00	
Total gastos		874,67
Efectivo		64.125,33

6. AGRUPAMIENTO DE VARIOS EFECTOS EN UNO ÚNICO

En ocasiones puede ser interesante cambiar varios efectos del mismo librado y mismo librador por uno único. Las posibilidades que se nos ofrecen son:

1. Cambiar los efectos por uno que suponga la suma de todos ellos en cuanto a importe, pero cambiando la fecha de vencimiento por una fecha intermedia.

2. Cambiar los efectos por otro de vencimiento distinto, ajustando el importe.

Veamos estas posibilidades con algunos ejemplos.

Ejemplo 1: un cliente nos debe 2 efectos. Uno de 2.000,00 € a 90 días y otro de 3.000,00 € a 120 días. Queremos cambiarlos por un único efecto de 5.000,00 €. Si la tasa de descuento que nos aplican es del 8% anual, ¿a cuántos días habremos de asignar el vencimiento de ese único cobro?

Solución 1: en primer lugar, calcularemos el Co de los dos efectos que ya existen. La suma de sus respectivos Co será el valor actual (Co) del nuevo efecto.

a)   Co = Cn (1 – d. t)

Co = 2.000 (1 – 0,08. 90/360)

Co = 2.000. 0,98

Co = 1.960,00

b)   Co = Cn (1 – d. t)

Co = 3.000 (1 – 0,08. 120/360)

Co = 3.000. 0,9733333333

Co = 2.920,00

c) La suma de los dos Co será el Co del nuevo efecto (1.960,00 + 2.920,00 = 4.880,00)

Co = Cn (1 – d. t)

4.880 = 5.000 (1 – 0,08. t/360)

4.880 / 5.000 = 1 – 0,08. t/360

0,976 = 1 – 0,08. t/360

0,976 – 1 = - 0,08. t/360

- 0,024 = - 0,08. t/360

0,024 = 0,08. t/360

t = 0,024. 360 / 0,08

t = 108 días

Ejemplo 2: debemos a un proveedor 2 efectos. El primero de 1.000,00 € a 60 días y el segundo de 2.000,00 € a 90 días. El proveedor nos propone canjear estos dos efectos por uno único a 120 días. Si la tasa de descuento es del 6% anual, ¿qué importe habrá de tener ese efecto único?

Solución 2: actuaremos igual que en el caso anterior.

a) $\quad C_o = C_n (1 - d. t)$

$\quad C_o = 1.000 (1 - 0,06. 60/360)$

$\quad C_o = 1.000. 0,99$

$\quad C_o = 990,00$

b) $\quad C_o = C_n (1 - d. t)$

$\quad C_o = 2.000 (1 - 0,06. 90/360)$

$\quad C_o = 2.000. 0,985$

$\quad C_o = 1.970,00$

c) La suma de los dos C_o será el C_o del nuevo efecto (990,00 + 1.970,00 = 2.960,00)

$\quad C_o = C_n (1 - d. t)$

$\quad 2.960 = C_n (1 - 0,08. 120/360)$

$\quad 2.960 = C_n. 0,9733333333$

$\quad C_n = 2.960 / 0,9733333333$

$\quad C_n = 3.041,095891$

Redondeando, el nuevo efecto tendrá un importe de 3.041,10 €.

EJERCICIOS TEMA 12

1. Descontamos un efecto en un banco de 1.000,00 € a 90 días, y sabemos que nos aplicarán un tipo de descuento del 6% anual, además de descontarnos unas comisiones del 1% o 20,00 € mínimo. ¿Cuánto recibiremos ahora? **Sol.: 965,00 €.**

2. Vendemos a un cliente 4.000,00 € a cobrar dentro de 3 meses. El cliente quiere pagar al contado. Si le aplicamos una tasa de descuento del 5% anual, ¿qué descuento por pronto pago haremos? ¿Cuánto nos habrá de pagar ahora? **Sol.: 50,00 € y 3.950,00 €, respectivamente.**

3. Si hacemos un descuento por pronto pago de 100,00 € sobre una operación de 3.000,00 € a 4 meses, ¿qué tipo de descuento anual habremos aplicado? **Sol.: 10,00%.**

4. Por una venta aplazada de 6.000,00 € queremos cobrar 5.800,00 € ahora. Si la tasa de descuento aplicada es del 8% anual, ¿a qué plazo vendíamos inicialmente la mercancía? **Sol.: 5 meses.**

5. Un cliente nos debe 2 efectos. El primero de 2.000,00 € a 6 meses y el segundo de 3.000,00 € a 4 meses. El cliente nos pide canjear estos dos efectos por uno único a 5 meses. Si la tasa de descuento es del 6% anual, ¿qué importe habrá de tener ese efecto único? **Sol.: 5.005,13 €.**

6. Debemos a un proveedor 2 efectos. Uno de 1.000,00 € a 60 días y otro de 2.000,00 € a 90 días. Queremos realizar un único pago de 3.100,00 €. Si la tasa de descuento que nos aplican es del 8% anual, ¿a cuántos días habremos de aceptar el vencimiento de ese único pago? **Sol.: 223 días.**

7. Un amigo nos pide prestado dinero para devolverlo dentro de 6 meses. Como no disponemos ahora de dinero y, sin embargo, tenemos un efecto que vence dentro de 6 meses, decidimos descontarlo en un banco que nos aplica una tasa de descuento del 6% anual. ¿Qué interés cobraremos a nuestro amigo para que la operación no nos cueste nada ni tampoco ganemos con ella? **Sol.: 6,19%.**

8. ¿A cuántos días habremos descontado un efecto de 3.000,00 € por el que hemos cobrado 2.900,00 € con una tasa de descuento anual del 6% y unas comisiones del 1% o 20,00 € mínimo? **Sol.: 140 días.**

9. ¿Qué tipo de descuento anual nos habrán aplicado en una operación en la que hemos descontado un pagaré de 2.000,00 € a 60 días y nos han entregado 1.920,00 €, ya descontadas unas comisiones del 1% o 25,00 € mínimos? **Sol.: 16,50%.**

10. Si al descontar un efecto a 90 días recibimos 2.300,00 €, con una tasa de descuento del 6% anual y unas comisiones del 1% o 20,00 € mínimo, ¿cuál era el importe del efecto? **Sol.: 2.358,97 €.**

TEMA 13: LOS PRÉSTAMOS

---

1. CONCEPTO DE PRÉSTAMO
2. LEYES FINANCIERAS PARA EL CÁLCULO DE PRÉSTAMOS

---

1. CONCEPTO DE PRÉSTAMO

Recibe el nombre genérico de operación de amortización toda operación financiera en la que existe una prestación única y una contraprestación múltiple. Un préstamo es una operación de amortización cuando el prestamista (el que presta) entrega al prestatario (a quien le presta) una cantidad de dinero (prestación única) y éste se compromete a devolverla, con unos intereses pactados, mediante una serie de pagos periódicos (contraprestación múltiple).

Una operación de amortización podría representarse como sigue

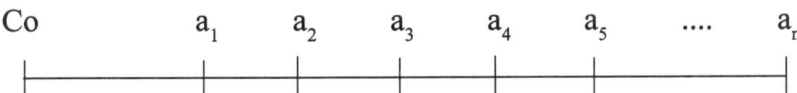

Siendo Co la cantidad prestada y los a_i cada uno de los pagos periódicos en los que se devuelve el préstamo.

2. LEYES FINANCIERAS PARA EL CÁLCULO DE PRÉSTAMOS

Habitualmente se utiliza la capitalización compuesta para el cálculo de los términos, aunque podría utilizarse otra ley financiera.

Podemos apreciar que la sucesión a_i constituye una serie de pagos/cobros, y en ese caso, Co sería la suma del valor actualizado de los mismos.

En el conjunto de a_i se incluyen las cuotas de amortización del capital y las cuotas de interés. Las cuotas de amortización del capital constituyen el valor prestado, o sea, la suma de las cuotas de amortización del capital equivale a Co. Las cuotas de interés responden a la ley financiera en la que se aplica el tipo de interés pactado.

La manera en la que se combinan ambas cuotas para determinar cada uno de los términos a_i da pie a la existencia de diversas fórmulas de operaciones de amortización.

Nosotros vamos a analizar sólo las más usuales en los temas siguientes: sistema americano, sistema francés, sistema alemán y sistema de cuotas de capital constantes.

Toda la información referente a la amortización de capitales puede ser recogida en un cuadro que contenga la información siguiente:

Período	Cuota de interés	Cuota de capital	Cuota total	Capital amortizado	Capital pendiente

La cuota de interés, en cualquier método de amortización, se calcula aplicando el interés, según la ley de capitalización compuesta, habitualmente, al capital pendiente de amortización al inicio del período en cuestión.

La cuota de capital dependerá del método de amortización elegido. La cuota total es la suma de la cuota de interés y la cuota de capital.

El capital amortizado es el total de cuotas de capital amortizadas hasta ese período. El capital pendiente es la diferencia entre el importe inicial del préstamo y el total amortizado hasta ese momento.

Antes de estudiar los préstamos, necesitamos en primer lugar analizar el concepto de renta y su forma de cálculo. Por ello, el tema 14 será una breve introducción al concepto de renta y el tema 15 lo dedicaremos a las rentas constantes (las más usuales). De esta forma, ya estaremos preparados para abordar, en el tema 16, el cálculo de los préstamos.

TEMA 14: INTRODUCCIÓN A LAS RENTAS

| 1. CONCEPTO FINANCIERO DE RENTA |
| 2. ELEMENTOS DE UNA RENTA |
| 3. CLASIFICACIÓN DE LAS RENTAS |

1. CONCEPTO FINANCIERO DE RENTA. DEFINICIONES

En el lenguaje corriente, RENTA es una sucesión de cobros y pagos periódicos, que tiene el carácter de rendimiento de un capital.

En Matemáticas Financieras, el concepto de renta es muy amplio y corresponde a un conjunto de prestaciones monetarias con vencimientos diversos. A cada una de estas prestaciones se les llama PLAZO o TÉRMINO DE LA RENTA, y llamaremos PERÍODO al espacio de tiempo que hay entre dos prestaciones consecutivas.

2. ELEMENTOS DE UNA RENTA

El tratamiento de las rentas en Matemáticas Financieras será el de calcular el valor de la misma en un momento determinado del tiempo. Podremos calcular el Valor Actual de la renta, el Valor Final o realizar una valoración en un momento intermedio.

Para calcular el valor final utilizaremos la ley de capitalización compuesta. Para el cálculo del valor actual utilizaremos la ley del descuento compuesto racional (o matemático). Y para calcular un valor intermedio habremos de utilizar ambas leyes.

3. CLASIFICACIÓN DE LAS RENTAS

Según la naturaleza de sus términos

Ciertas: se conoce la cuantía de la prestación y el momento de vencimiento.

Aleatorias: la cuantía de la prestación o el momento de vencimiento dependen de un suceso aleatorio.

Según los períodos de maduración

Discretas: los períodos están definidos temporalmente (año, mes día, etc.).

Continuas: los períodos tienen una duración infinitesimal, y están definidos por una función.

Según la cuantía de sus términos

Constantes: todos sus términos son del mismo importe.

Variables: los términos van variando. Esta variación puede ser siguiendo una progresión geométrica, aritmética, variables según un polinomio, etc.

Según vencimiento de sus términos

Prepagables: los términos coinciden con el momento inicial de cada período.

Pospagables: los términos coinciden con el momento final de cada uno de los períodos.

Según la duración de la renta

Temporal: con duración finita, determinada.

Perpetua: tienen duración ilimitada.

Según el momento de valoración

Diferida: la valoración se realiza antes del origen o inicio de la renta.

Inmediata: el momento de la Valoración coincide con el origen o inicio de la renta.

Anticipada: la valoración se realiza después de terminada la renta.

Hay que añadir que las rentas tendrán una característica de cada tipo de clasificación. Por tanto, se puede dar un gran número de combinaciones a estudiar con las rentas.

TEMA 15: CÁLCULO DE RENTAS CONSTANTES

1. CONCEPTO DE RENTA CONSTANTE
2. CÁLCULO DEL VALOR ACTUAL DE UNA RENTA POSPAGABLE, TEMPORAL E INMEDIATA
3. CÁLCULO DEL VALOR FINAL DE UNA RENTA POSPAGABLE, TEMPORAL E INMEDIATA
4. RELACIÓN ENTRE EL VALOR ACTUAL Y FINAL DE UNA RENTA POSPAGABLE, TEMPORAL E INMEDIATA
5. CÁLCULO DEL VALOR ACTUAL Y FINAL DE UNA RENTA PREPAGABLE, TEMPORAL E INMEDIATA
6. RELACIÓN ENTRE EL VALOR ACTUAL Y FINAL DE UNA RENTA PREPAGABLE, TEMPORAL E INMEDIATA
7. RENTAS PERPETUAS
8. RENTAS DIFERIDAS
9. RENTAS ANTICIPADAS
10. RENTAS A TIEMPO FRACCIONADO

1. CONCEPTO DE RENTA CONSTANTE

Las rentas constantes son aquellas en las que todos sus términos son de la misma cuantía.

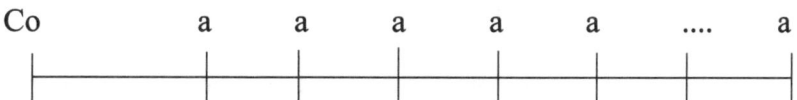

Donde todas las "a" tienen el mismo valor.

2. CÁLCULO DEL VALOR ACTUAL DE UNA RENTA POSPAGABLE, TEMPORAL E INMEDIATA

Renta pospagable es aquella en la que sus términos se sitúan al final de cada período.

Renta temporal es la que tiene una duración determinada.

Renta inmediata es cuando la valoración de la misma se realiza en su origen (para valor actual) o su final (para valor final).

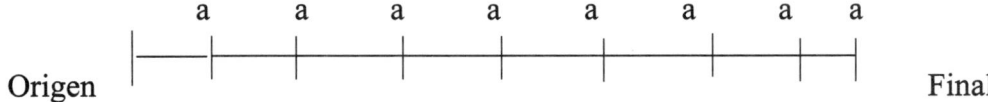

Como vemos, el final de la renta coincide con el último término, y los términos se sitúan al final de cada período. Además, los términos son constantes porque todos son iguales a "a" (cuantía determinada).

Si consideramos que los períodos son de 1 año, y que el tipo de interés es "i", para conocer el valor actual del primer término haremos:

$Cn = Co \ (1 + i)^1$; $Co = a \ / \ (1 + i)^1$

El valor actual del segundo término es:

$Cn = Co \ (1 + i)^2$; $Co = a \ / \ (1 + i)^2$

Y podemos continuar hasta el último término:

$Cn = Co \ (1 + i)^n$; $Co = a \ / \ (1 + i)^n$

Nuestro interés es calcular el valor actual de toda la renta. Por tanto, habremos de sumar el valor actual (Co) de todos los términos. El valor actual de la renta lo representaremos por VA.

Entonces tenemos que:

$VA = a \ / \ (1 + i)^1 + a \ / \ (1 + i)^2 + ... + a \ / \ (1 + i)^n$

Como "a" se repite en todos los términos, podemos sacarla como factor común

$$VA = a \left(1 / (1 + i)^1 + 1 / (1 + i)^2 + ... + 1 / (1 + i)^n \right)$$

Tenemos dentro del paréntesis una progresión geométrica, cuyo primer término es $1 / (1 + i)^1$, último término es $1 / (1 + i)^n$ y la razón es $1 / (1 + i)$.

La suma de una progresión geométrica se puede realizar por la fórmula:

$$\text{Suma} = \frac{\text{Primer término} - (\text{Último término} \times \text{razón})}{1 - \text{razón}}$$

En nuestro caso, esa suma será:

$$\text{Suma} = \frac{1 / (1 + i)^1 - (1 / (1 + i)^n)(1 / (1 + i))}{1 - 1 / (1 + i)}$$

Simplificando la expresión anterior tendríamos:

$$\text{Suma} = \frac{1 - (1 + i)^{-n}}{i}$$

Por tanto, el valor actual de la renta quedará:

$$\boxed{VA = a \; \frac{1 - (1 + i)^{-n}}{i}}$$

Ejemplo:

Pedro Juárez ha obtenido un premio consistente en una renta a 10 años de 1.000,00 € anuales, que las cobrará al final de cada uno de los años, y le ofrecen la posibilidad de cambiarla por una cantidad de dinero hoy. Sabiendo que el IPC estimado medio para los próximos 10 años es del 2%. ¿Cuánto dinero tendrían que ofrecerle hoy por esa renta?

Solución:

$$VA = a \quad \frac{1 - (1 + i)^{-n}}{i}$$

$$VA = 1.000 \quad \frac{1 - (1+0,02)^{-10}}{0,02}$$

$VA = 1.000 \ (\ 0,1796517 \ / \ 0,02)$
$VA = 8.982,59 \ €$

3. CÁLCULO DEL VALOR FINAL DE UNA RENTA POSPAGABLE, TEMPORAL E INMEDIATA

Para calcular el valor final de una renta de estas características habremos de proceder de forma contraria: capitalizando los términos para llevarlos a la fecha de término.

De esta manera, el último término de la renta tendrá un valor final:

$Cn = a$

Ya que el último término coincide con el final de la renta, por tanto no habrá que capitalizarlo.

El penúltimo término tendrá un valor final:

$Cn = a \ (1+i)$

El antepenúltimo:

$Cn = a \ (1+i)^2$

Llegando así hasta el primero:

$Cn = a\,(1+i)^{n-1}$

El valor final de la renta será la suma de los valores finales de todos los términos. Ese valor final lo representaremos por VF.
$$VF = a + a\,(1+i) + a\,(1+i)^2 +... + a\,(1+i)^{n-1}$$

Como "a" se repite en todos los términos, podemos sacarlo factor común:
$$VF = a\,(\,1 + (1+i) + (1+i)^2 +... + (1+i)^{n-1}\,)$$

Tenemos de nuevo una progresión geométrica, de primer término 1, último término $(1+i)^{n-1}$ y razón $(1+i)$. Su suma será:

$$Suma = \frac{1 - (1+i)^{n-1}\,(1+i)}{1 - (1+i)}$$

Simplificando,

$$Suma = \frac{(1+i)^n -1}{i}$$

De esta forma, el valor final de la renta será:

$$\boxed{VF = a\ \frac{(1+i)^{n-1}}{i}}$$

Ejemplo: calcular el valor final de una renta de 2.000,00 € a 5 años, con un interés anual del 6%.

Solución:

$$VF = a\ \frac{(1+i)^n -1}{i}$$

$$VF = 2.000\ \frac{(1+0,06)^5-1}{0,06}$$

VF = 2.000 (0,338225578 / 0,06)

VF = 11.274,19 €

4. RELACIÓN ENTRE EL VALOR ACTUAL Y FINAL DE UNA RENTA POSPAGABLE, TEMPORAL E INMEDIATA

Como vimos, el valor actual de una renta consiste en calcular la suma de todos sus términos en el origen, y el valor final de una renta se calcula sumando todos sus términos en el final.

$a_{n|i}$ | duración de la renta | $s_{n|i}$

Podemos ver claramente que la relación entre el valor final y el valor actual es un problema de capitalización compuesta, de manera que:

$$VF = VA (1+i)^n$$

Ejemplo:
El día 1 de enero del 2003 nos propuso un banco constituir un capital aportando 500,00 € al año durante 10 años, empezando a realizar las aportaciones el 31 de diciembre del 2003 y acabando el 31 de diciembre del 2012. El banco nos garantiza en cada aportación un interés del 4% anual. ¿Cuánto dinero tendremos en esta renta el 31 de diciembre del 2012?

Solución: podemos realizar el cálculo aplicando primero la fórmula de valor actual, multiplicándola luego por $(1+i)^n$:

$$VA = a \ \frac{1 - (1 + i)^{-n}}{i}$$

$$VA = 500 \ \frac{1 - (1+0,04)^{-10}}{0,04}$$

VA = 500 (0,324435831 / 0,04)

VA = 4.055,45 €

Como sabemos que

$$VF = VA (1+i)^n$$

$$VF = 4.055,45 (1+0,04)^{10}$$
$$VF = 6.003,06 \text{ €}$$

5. CÁLCULO DEL VALOR ACTUAL Y FINAL DE UNA RENTA PREPAGABLE, TEMPORAL E INMEDIATA

Una renta prepagable es aquella en la que sus términos coinciden con el inicio de cada período.

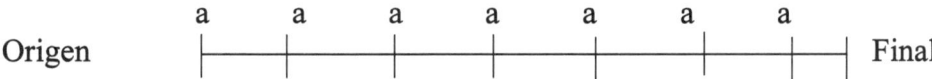

Origen ... Final

Como vemos, el origen coincide con el primer término, mientras que el último término se sitúa al principio del último período, por lo que no coincide con el final de la renta.

Si nos fijamos en la similitud de una renta prepagable con una pospagable apreciamos que los términos de la prepagable están "adelantados" un período con respecto a la pospagable. O sea, si nos situamos en el origen, bastará con actualizar un período cada uno de los términos de una renta pospagable para obtener la prepagable. Con esta idea, podemos decir que una renta prepagable será igual a una pospagable multiplicada por $(1+i)$, o sea, actualizada un período. Vamos a representar el valor actual de una renta prepagable por VA_p, y el valor final de una renta prepagable por VF_p.

Entonces, podemos escribir:
$$VA_p = (1+i) VA$$

y también:
$$VF_p = (1+i) VF$$

De esta forma, las expresiones quedarían:

$$\boxed{VA_p = (1+i) \, a \; \frac{1 - (1 + i)^{-n}}{i}} \qquad y$$

$$VF_p = (1+i)\ a\ \frac{(1+i)^{n-1}}{i}$$

Ejemplo:

Un banco ofrece a sus clientes un tipo de inversión en la que se depositan anualmente, al principio de cada período, unas cantidades de dinero, durante 5 años, con un tipo de interés anual del 3%. Si un cliente decide depositar 500,00 € al año, ¿cuánto tendrá pasados los 5 años?

Solución: nos piden el valor final de una renta prepagable:

$$VF_p = (1+i)\ a\ \frac{(1+i)^n - 1}{i}$$

$$VF_p = (1+0,03).\ 500\ \frac{(1+0,03)^5 - 1}{0,03}$$

$$VF_p = (1,03).\ 500\ (0,159274074 / 0,03)$$

$$VF_p = 2.734,20\ €$$

6. RELACIÓN ENTRE EL VALOR ACTUAL Y FINAL DE UNA RENTA PREPAGABLE, TEMPORAL E INMEDIATA

Al igual que ocurría en las rentas pospagables, la relación es de capitalización, de la siguiente forma:

$$VF_p = (1+i)^n\ VA_p$$

7. RENTAS PERPETUAS

Las rentas perpetuas son aquellas que tienen una duración ilimitada, o sea, tienden al infinito. En este caso no podemos hablar de valor final, ya que este no se conoce.

El cálculo del valor actual de este tipo de rentas coincide con lo ya visto en rentas temporales, solo que "n" es infinito. El valor actual de estas rentas lo expresaremos con VA_∞ en las pospagables, y por $VA_{p\infty}$ en las prepagables.

Si en las fórmulas de una y otra sustituimos "n" por su valor de infinito, tendremos que:

$$VA_\infty = a \ \frac{1 - (1 + i)^{-\infty}}{i}$$

Como la expresión $(1 + i)^{-\infty}$ es igual a 0, nos queda:
$VA_\infty = a.1/i = a / i$
De la misma forma, en caso de prepagable:
$VA_{p\infty} = a (1 + 1/i)$
Ésta última también se podría expresar como:
$VA_{p\infty} = VA_\infty (1+i) = (1+i). a / i$

Ejemplo:
Queremos entregar a un banco cierta cantidad para que nos la devuelva de forma perpetua con un interés del 5% anual, con cobros anuales prepagables de 1.000,00 €, ¿cuánto habrá que entregar hoy al banco?

Solución: es una renta perpetua y prepagable:
$VA_{p\infty} = a (1 + 1/i)$
$VA_{p\infty} = 1.000 (1 + 1/0,05)$
$VA_{p\infty} = 21.000,00$ €

También se podría calcular:
$VA_{p\infty} = (1+i). a / i$
$VA_{p\infty} = (1+0,05). 1.000 / 0,05$
$VA_{p\infty} = 21.000,00$ €

8. RENTAS DIFERIDAS

Una renta se dice "diferida" cuando el momento de valoración se realiza en un período anterior "d" al origen de la renta.

Valoración	Origen	Final
d	n	

Por tanto, parece sencillo concluir que hallar la valoración un período "d" anterior al origen de la renta consistirá en descontar el valor actual (en origen) con un tanto "i" y durante un período "d". Todas las rentas estudiadas hasta ahora pueden calcularse con un diferimiento "d". Por tanto, tendremos los siguientes tipos de rentas constantes y diferidas:

- Renta pospagable, temporal y diferida $VD = (1+i)^{-d} VA$
- Renta prepagable, temporal y diferida $VD_p = (1+i)^{-d} VA_p$
- Renta pospagable, perpetua y diferida $VD_\infty = (1+i)^{-d} VA_\infty$
- Renta prepagable, perpetua y diferida $VD_{p\infty} = (1+i)^{-d} VA_{p\infty}$

Ejemplo: hemos comprado un vehículo por el que pagaremos 3.000,00 € al año durante 5 años, comenzando a pagar dentro de 2 años. El interés anual aplicado es del 8%, ¿cuál es el valor de contado de ese vehículo?

Solución: podemos aplicar en esta renta dos puntos de vista diferentes pero que ofrecen la misma solución. Como el primer pago se realiza dentro de 2 años, podría ser una renta diferida 2 años y prepagable. Pero también se puede calcular como una renta diferida 1 año y pospagable (ya que al ser pospagable, se pagaría al final del año y, por tanto, habrán pasado 2 años). Vamos a calcularlo con base en este segundo punto de vista.

Si la consideramos diferida 1 año y pospagable:

$$VD = (1+i)^{-d} VA$$

$$VD = (1+0,08)^{-1.}\, 3.000\, \frac{1 - (1+0,08)^{-5}}{0,08}$$

$$VD = 0,925925925.\ 3.000.\ (0,319416803 / 0,08)$$

$$VD = 11.090,86\ €$$

9. RENTAS ANTICIPADAS

Son rentas anticipadas aquellas en las que el momento de la valoración se realiza en un período "h" posterior al final de la misma.

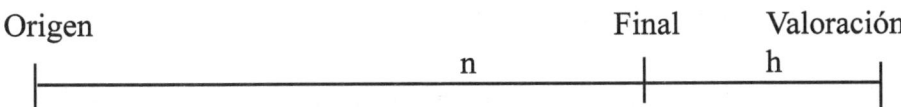

Origen   Final   Valoración

n   h

Como podemos apreciar, la valoración en un período "h" posterior al final de la renta podría obtenerse capitalizando al tanto "i" el valor final de la renta, durante un tiempo "h". De esta forma, tendríamos los siguientes tipos de rentas continuas anticipadas:

- Renta pospagable, temporal y anticipada $VH = (1+i)^h\, VF$
- Renta prepagable, temporal y anticipada $VH_p = (1+i)^h\, VF_p$

En este tipo de rentas anticipadas no podemos incluir las perpetuas ya que no tienen final, por tanto no es posible realizar una valoración después de haber finalizado la misma.

Ejemplo:
Una empresa decide planificar el ahorro, realizando una imposición anual, al final de cada período, de 5.000,00 €, durante 5 años, obteniendo un interés anual del 4%. Después de esos 5 años, dejará el dinero 3 años más en esa imposición, con el mismo tipo de interés. ¿De cuánto dinero dispondrá pasados los 8 años?

Solución: es una renta anticipada 3 años y pospagable
$$VH = (1+i)^h\, VF$$

$$VH = (1+0,04)^{3\cdot}\, 5.000\ \frac{(1+0,04)^5-1}{0,04}$$

$$VH = 1,124864.\, 5.000\ (0,216652902 / 0,04)$$

$$VH = 30.463,13\ €$$

También se podría calcular expresándola en función del valor actual:

$$VH = (1+i)^h\, VF$$
$$VH = (1+i)^h\, (1+i)^n\, VA$$
$$VH = (1+i)^{n+h}\, VA$$

El resultado sería el mismo.

10. RENTAS A TIEMPO FRACCIONADO

Al igual que ocurría en la capitalización simple, en las rentas también podemos aplicar el tiempo en subperíodos (trimestres, meses, etc.). Para ello, bastaría con cambiar, en cada una de las fórmulas que hemos visto, la "i" por "i_m" y la "n" por "n.m". Sería aplicable aquí todo lo ya estudiado acerca del TAE y el TIN (interés nominal o convertible).

Habrá que tener especial cuidado en expresar siempre de forma adecuada los valores, de manera que, si, por ejemplo, la renta es mensual, todas las medidas de tiempo sean en meses.

Ejemplo: compramos un vehículo por el que pagaremos 300,00 € al mes, al final de cada período, durante 6 años, pero con 1 año de carencia (o sea, pagaremos durante 5 años), a un interés nominal (TIN) del 6%. ¿Cuál es el valor de contado de ese vehículo?

Solución: se trata de una renta a tiempo fraccionado, mensual, diferida 1 año, pospagable. Calcularemos primero el interés mensual i_m:

$$i_m = J_m / m$$
$$i_m = 0,06 / 12 = 0,005$$

Ahora, calcularemos la renta:
$$VD = (1+ i_m)^{-d} \, VA$$

$$VD = (1+0,005)^{-12.} \, 300 \quad \frac{1 - (1+0,005)^{-5.12}}{0,005}$$

$$VD = 0,941905339. \, 300. \, (0,258627803 / 0,005)$$

$$VD = 14.616,17 \text{ €}$$

Como podemos comprobar, el diferimiento, a pesar de ser 1 año, lo hemos expresado como 12 meses, dado que la renta es mensual y el interés i_m es mensual también.

EJERCICIOS TEMA 15

1. Un nuevo producto financiero consiste en entregar hoy un capital al banco para conseguir una renta de 1.000 € anuales, que nos entregan a años vencidos, durante 20 años. Si el interés aplicado es del 5%, ¿cuánto dinero habremos de entregar hoy para constituir esa renta? **Sol.: 12.462,21 €.**

2. Hemos comprado una nave industrial y pagamos 2.000 € al principio de cada año, durante 15 años. Un año después del último pago, la nave industrial será nuestra. A la operación se le ha aplicado un interés anual del 3%. ¿Cuál es el valor de contado de la nave industrial? **Sol.: 24.592,15 €.**

3. Alquilamos una vivienda durante 2 años, pagando un alquiler mensual de 500 €, a principios de cada mes. Proponemos al propietario pagarle todo el alquiler en el momento actual. Llegamos al acuerdo de aplicar a la operación un interés mensual del 0,5%. ¿Cuánto habremos de entregarle hoy? **Sol.: 11.337,84 €.**

4. Un banco nos ofrece realizar durante 4 años unas aportaciones mensuales de 100 €, que se capitalizarán con un interés mensual del 0,3%. Las aportaciones se realizan a principios de cada mes. ¿Cuánto dinero tendremos un mes después de la última aportación? **Sol.: 5.169,97 €.**

5. Queremos comenzar a ahorrar dinero aportando una cantidad anual, empezando el 01/01/02 y realizando la última aportación el 01/01/11, para conseguir constituir un capital el 31/12/11 de 10.000 €. El banco nos ofrece un interés del 4%. ¿Cuánto habremos de aportar cada año? **Sol.: 800,87 €.**

6. Con los datos del problema anterior, si iniciamos las aportaciones el 31/12/02 y las acabamos el 31/12/11. ¿Cuánto habremos de aportar anualmente? **Sol.: 832,91 €.**

7. Conseguimos un premio televisivo consistente en una renta de 2.000 € anuales, que nos pagan por años adelantados, para toda la vida. Nos ofrecen cambiar el premio por 25.000 € que nos entregan ahora. ¿Nos interesa aceptar el cambio? Para los cálculos hemos considerado un interés igual al IPC estimado, un 3%. **Sol.: 68.666,67 €.**

8. A un amigo le ha tocado la primitiva y decide entregar ahora 50.000 € a un banco para que éste le devuelva una cantidad anual por tiempo ilimitado, empezando a pagarle pasado un año. Si el tipo de interés anual que le ofrecen es del 4%. ¿Cuánto dinero recibirá anualmente? **Sol.: 2.000,00 €.**

9. El 01/01/00 recibimos un préstamo por el que pagamos 10.000 € anuales durante 10 años. Comenzaremos a pagar el 01/01/05 y a partir de ahí se cuentan los 10 años. El interés que nos aplican es del 5%. ¿A cuánto asciende el préstamo? **Sol.: 63.526,90 €.**

10. A cambio de un terreno, una promotora de viviendas ofrece a su propietario una renta perpetua de 2.000 € anuales, al final de cada período (año). Considerando un IPC del 2%, ¿cómo se ha valorado el terreno? **Sol.: 100.000,00 €.**

TEMA 16: CÁLCULO DE PRÉSTAMOS

1. CONCEPTO DE OPERACIÓN DE AMORTIZACIÓN

Recibe el nombre genérico de operación de amortización toda operación financiera en la que existe una prestación única y una contraprestación múltiple. Un préstamo es una operación de amortización cuando el prestamista (el que presta) entrega al prestatario (a quien le presta) una cantidad de dinero (prestación única) y éste se compromete a devolverla, con unos intereses pactados, mediante una serie de pagos periódicos (contraprestación múltiple).

2. PLANTEAMIENTO GENERAL DE LAS OPERACIONES DE AMORTIZACIÓN

Una operación de amortización podría representarse como sigue:

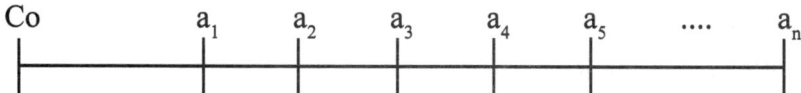

Siendo Co la cantidad prestada y los a_i cada uno de los pagos periódicos en los que se devuelve el préstamo.

Habitualmente se utiliza la capitalización compuesta para el cálculo de los términos, aunque podría utilizarse otra ley financiera.

Podemos apreciar que la sucesión a_i constituye una renta, y en ese caso, Co sería el valor actual de la misma.

En el conjunto de a_i se incluyen las cuotas de amortización del capital y las cuotas de interés. Las cuotas de amortización del capital constituyen el valor prestado, o sea, la suma de las cuotas de amortización del capital equivale a Co. Las cuotas de interés responden a la ley financiera en la que se aplica el tipo de interés pactado.

La manera en la que se combinan ambas cuotas para determinar cada uno de los términos a_i da pie a la existencia de diversas fórmulas de operaciones de amortización. Nosotros vamos a analizar sólo las más usuales: sistema americano, sistema francés, sistema de cuotas de capital constantes y método alemán.

3. CUADRO DE AMORTIZACIÓN DE PRÉSTAMOS

Toda la información referente a la amortización de capitales puede ser recogida en un cuadro que contenga la información siguiente:

Período	Cuota de interés	Cuota de capital	Cuota total	Capital amortizado	Capital pendiente

4. MÉTODO DE AMORTIZACIÓN AMERICANA

En este tipo de amortización, cada término a_i incluye la cuota de interés exclusivamente, excepto el último término, a_n es la amortización del capital (del principal del préstamo) más la última cuota de interés.

O sea, se verifica que:

$$a_1 = Co. \ i_1 \ ; \ a_2 = Co. \ i_2 \ ;...; \ a_{n-1} = Co. \ i_{n-1} \ ; \ a_n = Co. \ i_n + Co$$

Si el tipo de interés pactado para cada período es constante y los períodos son todos de la misma duración, tenemos que cada uno de los términos, excepto el último, son constantes, ya que incluyen únicamente el interés correspondiente a ese período.

Ejemplo:

Se recibe un préstamo de 2.000,00 € a amortizar según el sistema americano durante 2 años, con interés mensual de 0,5%.

Solución:

Al final del primer mes se devolverá:

$$a_1 = Co.i \ ; \ a_1 = 2.000* \ 0,5/100 \ ; \ a_1 = 10,00$$

Hasta el penúltimo mes se irá entregando la misma cantidad, 10,00 €, y en el último mes se entregará:

$$a_1 = Co.i + Co \ ; \ a_1 = 2.000*0,5/100 + 2.000 = 2.010,00 \ €$$

4.1. Cuadro de amortización en el método americano

Veamos cómo confeccionar un cuadro de amortización según el método americano resolviendo un ejemplo.

Ejemplo: confeccionar el cuadro de amortización para un préstamo a 2 años por el método americano de 21.601,00 €, con cuotas semestrales y un tanto nominal (TIN) del 8%.

Solución: en primer lugar, hallaremos el interés semestral i_m:

$$i_m = J_m / m$$

$$i_m = 0,08 / 2 = 0,04$$

Las cuotas de interés se calculan aplicando el tipo de interés al capital pendiente anterior, que en este caso siempre será el total prestado, ya que no se amortiza capital.

Cuota interés (CI) = i_m·capital pendiente al final del período anterior

CI = 0,04. 21.601 = 864,04 €

Es conveniente reflejar en el cuadro de amortización el período "0", que sería el momento en que se recibe el préstamo. De esta forma, aparecerá reflejado el importe total del mismo.

Período	Cuota de interés	Cuota de capital	Cuota total	Capital amortizado	Capital pendiente
0					21.601,00
1	864,04		864,04		21.601,00
2	864,04		864,04		21.601,00
3	864,04		864,04		21.601,00
4	864,04	21.601,00	22.465,04	21.601,00	0

Como vemos, la cuota de interés en este método es siempre igual.

La cuota de capital es cero, excepto la última, que será el importe total del préstamo.

La cuota total es la suma de la cuota de interés y la cuota de capital.

El capital amortizado es el total de cuotas de capital pagadas hasta ese período.

El capital pendiente es la diferencia entre el total prestado y el capital amortizado.

4.2. Cálculo del TAE y el TIN conocida la cuota

Si conocemos la cuota de amortización de un préstamo por el sistema americano, puede interesarnos calcular el TAE o TIN.

Sabiendo que, excepto el último, todos los términos de amortización corresponden exclusivamente a intereses y que el capital prestado será, hasta el final, el capital pendiente, es fácil determinar el tipo de interés aplicado al subperíodo, ya que el cálculo de los términos se realiza siempre con la fórmula siguiente:

Cuota de interés = i_m x capital pendiente al final del período anterior

Conocida la cuota de interés, que en este método será el término amortizativo, y conocido el capital pendiente anterior, que corresponderá al total prestado, sólo quedaría despejar i_m.

Una vez tengamos i_m, podremos calcular el TAE y el TIN.

Ejemplo: ¿cuál es el TAE y el TIN de un préstamo de 30.000,00 € a 5 años, con cuotas trimestrales de 300,00 €, por el método americano?

Solución: las cuotas de 300,00 € se corresponden exclusivamente a cuotas de interés. El capital pendiente, en este método, será siempre de 30.000,00 €, ya que no se cancela capital hasta la última cuota. Por tanto,

Cuota de interés = i_m x capital pendiente al final del período anterior

$300 = i_m$ x 30.000

$i_m = 300 / 30.000$

$i_m = 0,01$

Ahora calculamos el TAE, aplicando la fórmula:

$i = (1 + i_m)^m - 1$

$i = (1 + 0,01)^4 - 1$

$i = 0,04060401$

Multiplicando por 100 y redondeando, el TAE es del 4,06%.

Para calcular el TIN, aplicamos la fórmula:

$i_m = J_m / m$

$0,01 = J_m / 4$

$J_m = 0,04$

Multiplicando por 100, el TIN será del 4%.

4.3. Cálculo de la cuota conocido el TAE

Si conocemos el TAE, calcular la cuota implicará conocer el i_m correspondiente. Para ello, habrá que utilizar la fórmula del TAE:

$i = (1 + i_m)^m - 1$

Ejemplo: ¿cuánto pagaremos cada mes por un préstamo de 40.000,00 € por el método americano a 6 años, con cuotas mensuales, si el TAE aplicado es del 8%?

Solución:

$i = (1 + i_m)^m - 1$

$0,08 = (1 + i_m)^{12} - 1$

$$0,08 + 1 = (1 + i_m)^{12}$$

$$1,08 = (1 + i_m)^{12}$$

$$(1,08)^{1/12} = 1 + i_m$$

$$1,00643403 = 1 + i_m$$

$$i_m = 1,00643403 - 1 = 0,00643403$$

Cada cuota, excepto la última, corresponderá a cuota de interés.

Cuota interés (CI) = $i_m \cdot$ capital pendiente al final del período anterior

$$CI = 0,00643403 . \ 40.000 = 257,36 \ €$$

Por tanto, todas las cuotas serán de 257,36 € excepto la última, que será de 40.257,36 € (ya que también incluye el total del capital).

5. MÉTODO FRANCÉS DE AMORTIZACIÓN

En este método todos los términos son constantes, y en cada uno de ellos hay una parte de cuota de amortización de capital y otra parte de cuota de interés:

$$a_i = k_i + y_i$$

donde "k_i" es la cuota de capital y "y_i" es la cuota de interés, ambas del período i. Las dos cuotas irán variando de un término a otro, pero su suma siempre será constante:

$$a_1 = a_2 = a_3 = a_4 = ... = a_n$$

Al principio, las cuotas de interés serán de mayor cuantía que al final. Al contrario ocurre con las cuotas de capital. Por tanto, al principio se amortiza menos capital que al final.

Este método es muy utilizado en la actualidad. Como todos los términos son constantes y se pagan a períodos vencidos, estamos ante una renta constante, temporal y pospagable. Para calcular la cuantía de los términos, conocemos el valor actual de dicha renta (es el capital prestado) y bastará despejar de la ecuación que ya conocemos. Si ahora llamamos "a" al valor constante de cada término, y C al capital prestado, tenemos que:

$$C = a \ \frac{1 - \dfrac{1}{(1+i)^n}}{i}$$

despejando la "a", obtenemos:

$$a = \frac{C * i}{1 - \dfrac{1}{(1+i)^n}}$$

Fórmula que nos permite obtener la cuantía de los términos.

Si se tratara de períodos inferiores al año, podemos utilizar esta otra fórmula:

$$a = \frac{C * i_m}{1 - \dfrac{1}{(1+i_m)^{n.m}}}$$

siendo i_m el interés del subperíodo y "m" el número de períodos en los que se divide el año.

Nota: si nos resulta más cómodo para los cálculos, también podemos utilizar la fórmula equivalente:

$$a = \frac{C * i_m}{1 - (1+i_m)^{-n.m}}$$

Ejemplo: ¿cuánto pagaremos cada mes por una hipoteca de 150.000,00 € a 20 años, con un interés nominal (TIN) del 6%?

Solución: como conocemos el TIN, calcularemos primero el interés mensual (i_m):

$$i_m = J_m / m$$

$$i_m = 0,06 / 12 = 0,005$$

Ahora aplicaremos la fórmula:

$$a = \frac{C * i_m}{1 - (1+i_m)^{-n.m}}$$

$$a = \frac{150.000 * 0,005}{1 - (1+0,005)^{-20.12}}$$

$$a = 1.074,65 \text{ €}$$

Por lo tanto, cada mes pagaremos por esa hipoteca 1.074,65 €.

5.1. Cuadro de amortización en el método francés

Veamos cómo confeccionar un cuadro de amortización según el método francés resolviendo el mismo ejemplo que vimos en el método anterior.

Ejemplo: confeccionar el cuadro de amortización para un préstamo a 2 años por el método francés de 21.601,00 €, con cuotas semestrales y un tanto nominal (TIN) del 8%.

Solución: en primer lugar, hallaremos el interés semestral i_m:

$$i_m = J_m / m$$

$$i_m = 0,08 / 2 = 0,04$$

La cuota total se calcula con la fórmula:

$$a = \frac{C * i_m}{1 - (1+i_m)^{-n.m}}$$

$$a = \frac{21.601 * 0,04}{1 - (1+0,04)^{-2.2}}$$

$$a = 5.950,86 \ \text{€}$$

Las cuotas de interés se calculan aplicando el tipo de interés al capital pendiente anterior, con lo que tendrá que calcularse para cada período.

Cuota interés (CI) = $i_m \cdot$ capital pendiente al final del período anterior

CI (1) = 0,04. 21.601 = 864,04 €

Las cuotas de capital se calculan restando a la cuota total la cuota de interés. Como la cuota de interés será distinta en cada período, se debe calcular la cuota de capital para cada uno de los períodos.

Cuota de capital (CC) = Cuota total (a) - Cuota de interés (CI)

CC (1) = 5.950,86 - 864,04 = 5.086,82 €

Al igual que comentamos en el método americano, es conveniente reflejar en el cuadro de amortización el período "0", que sería el momento en que se recibe el préstamo. De esta forma, aparecerá reflejado el importe total del mismo.

Período	Cuota de interés	Cuota de capital	Cuota total	Capital amortizado	Capital pendiente
0					21.601,00
1	864,04	5.086,82	5.950,86	5.086,82	16.514,18
2	660,57	5.290,29	5.950,86	10.377,11	11.223,89
3	448,96	5.501,90	5.950,86	15.879,01	5.721,99
4	228,88	5.721,99	5.950,87	21.601,00	0

El capital amortizado es el total de cuotas de capital pagadas hasta ese período.

El capital pendiente es la diferencia entre el total prestado y el capital amortizado.

La segunda cuota de interés se ha calculado aplicando la fórmula que conocemos:

Cuota interés (CI) = i_m · capital pendiente al final del período anterior

CI (2) = 0,04. 16.514,18 = 660,57 €

La segunda cuota de capital se calcula igual que la primera:

Cuota de capital (CC) = Cuota total (a) - Cuota de interés (CI)

CC (2) = 5.950,86 - 660,57 = 5.290,29 €

El capital amortizado de segundo período es la suma del capital amortizado del primero (5.086,82) más la cuota de capital del segundo período (5.290,29).

El capital pendiente en el segundo período es la diferencia entre el total del préstamo (21.601,00) y el capital amortizado de ese período (10.377,11).

De la misma forma se calculará el resto de períodos, con la salvedad del último. Al hacer los cálculos es posible que la cuota total no sea exactamente la calculada y hayamos de redondearla. Por ello, al finalizar el préstamo puede existir una ligera diferencia para poder cancelar el préstamo.

Para conseguir que cuadre (el último capital pendiente ha de ser, necesariamente, "0"), colocaremos la cifra del capital pendiente en el penúltimo período (5.721,99) en la última cuota de capital. De esta forma, siempre tendremos como pendiente final "0".

La cuota de interés en el último período se calcula de la misma forma que todas las anteriores y la cuota total es la suma de la cuota de interés y la cuota de capital antes mencionada. Puede existir una ligera diferencia entre la cuota total de cada período y la cuota total del último período, que no debería ser superior al producto de 0,005 por el número de períodos del préstamo. En nuestro ejemplo, como máximo esta diferencia debería ser de 0,005 x 4 = 0,02 €. Como podemos comprobar, la diferencia es 0,01, con lo que es correcto.

5.2. Cálculo del capital pendiente después de pagar cierta cuota

Para conocer el capital pendiente cuando queda un número determinado de cuotas por pagar, hemos de utilizar la fórmula:

$$a = \frac{Cp \times i_m}{1 - (1+i_m)^{-p}}$$

Donde "p" será el número total de cuotas pendientes de pago y Cp el capital pendiente. Conocido el importe de la cuota total "a" y el tipo de interés aplicado i_m, habría que despejar Cp de esta fórmula.

Ejemplo: queremos cancelar un préstamo originalmente de 60.000,00 €, a 10 años, con cuotas mensuales según el método francés, con un interés convertible del 6%, cuando quedan 80 cuotas pendientes, ¿cuánto habremos de pagar, si además nos cobran una comisión de cancelación del 1%?

Solución: en primer lugar, habrá que calcular i_m, utilizando la fórmula:

$$i_m = J_m / m$$

$$i_m = 0,06 / 12 = 0,005$$

Como no conocemos el importe de los términos amortizativos "a", aplicaremos la fórmula del método francés para calcularlo:

$$a = \frac{C \times i_m}{1 - (1+i_m)^{-n.m}}$$

$$a = \frac{60.000 \times 0,005}{1 - (1+0,005)^{-10.12}}$$

$$a = \frac{300}{1 - 0,549632733}$$

$$a = \frac{300}{0,450367266}$$

$$a = 666,12 \text{ €}$$

Con este dato, ya podemos aplicar la fórmula de capital pendiente:

$$a = \frac{Cp * i_m}{1 - (1+i_m)^{-p}}$$

$$666,12 = \frac{Cp * 0,005}{1 - (1+0,005)^{-80}}$$

$$666,12 = \frac{Cp * 0,005}{0,329011526}$$

$$666,12 . 0,329011526 = Cp . 0,005$$

$$219,1611577 = Cp . 0,005$$

$$Cp = 43.832,23 \text{ €}$$

Como, además, nos cobran un 1% de comisión de cancelación, que se aplica sobre el capital pendiente (0,01 x 43.832,23 = 438,32), en total habrá que pagar:

$$43.832,23 + 438,32 = 44.270,55 \text{ €}$$

5.3. Cancelación parcial con reducción de cuota

Es posible realizar cancelaciones parciales de un préstamo, es decir, adelantar cierta cantidad para reducir el capital pendiente, con la intención de reducir, a su vez, el importe de las cuotas, manteniendo el mismo plazo. O sea, pagaremos el mismo número de cuotas pendientes, pero serán de menor importe.

Conocidos "a" y "i_m", los pasos a seguir serán:

a) Calcular el capital pendiente antes de la cancelación parcial

b) Restar al capital pendiente el importe de la cancelación parcial

c) Calcular la nueva cuota "a" con el nuevo capital pendiente

Ejemplo: en una hipoteca por el método francés, con cuotas mensuales a 15 años, hemos pagado el mes 100 un total de 845,00 €. Decidimos cancelar parcialmente el préstamo por 30.000,00 €, con objeto de reducir el importe de las cuotas, ¿cuál será, a partir de ahora, la nueva cuota total, si el interés nominal aplicado es del 6%?

Solución: primero hemos de calcular i_m:

$$i_m = J_m / m$$

$$i_m = 0,06 / 12 = 0,005$$

a) Ahora aplicamos la fórmula de capital pendiente:

$$a = \frac{Cp \times i_m}{1 - (1+i_m)^{-p}}$$

$$845 = \frac{Cp \times 0,005}{1 - (1+0,005)^{-80}}$$

Sabemos que quedan 80 cuotas pendientes (p) porque el préstamo tenía 180 cuotas (15 x 12 = 180) y ya se ha pagado la cuota 100. Por tanto, 180 − 100 = 80.

Despejamos Cp y obtenemos:

$$Cp = 55.602,95 \text{ €}$$

b) Restamos al capital pendiente el importe de la cancelación parcial:

$$55.602,95 - 30.000,00 = 25.602,95 \text{ €}$$

c) Calculamos la nueva cuota total:

$$a = \frac{Cp \times i_m}{1 - (1+i_m)^{-p}}$$

$$a = \frac{25.602,95 \times 0,005}{1 - (1+0,005)^{-80}}$$

$$a = 128,01475 / 0,329011526$$

$$a = 389,09 \text{ €}$$

Por tanto, la nueva cuota será de 389,09 €.

5.4. Cancelación parcial con reducción de plazo

En ocasiones, podría interesar cancelar parcialmente el préstamo, no con intención de reducir la cuota, sino para reducir el plazo. O sea, pagaríamos la misma cantidad de cuota total, pero en menos cuotas pendientes.

La forma de calcularlo es similar al caso anterior. Conocidos "a" y "i_m", los pasos a seguir serán:

a) Calcular el capital pendiente antes de la cancelación parcial

b) Restar al capital pendiente el importe de la cancelación parcial

c) Calcular el nuevo plazo "p" con el nuevo capital pendiente

Ejemplo: el mismo ejemplo anterior, en una hipoteca por el método francés, con cuotas mensuales a 15 años, hemos pagado el mes 100 un total de 845,00 €. Decidimos cancelar parcialmente el préstamo por 30.000,00 €, con objeto de reducir el importe de las cuotas, ¿cuál será, a partir de ahora, la nueva cuota total, si el interés nominal aplicado es del 6%?

Solución: primero hemos de calcular i_m:

$$i_m = J_m / m$$

$$i_m = 0,06 / 12 = 0,005$$

a) Ahora aplicamos la fórmula de capital pendiente:

$$a = \frac{Cp \times i_m}{1 - (1+i_m)^{-p}}$$

$$845 = \frac{Cp \times 0,005}{1 - (1+0,005)^{-80}}$$

Sabemos que quedan 80 cuotas pendientes (p) porque el préstamo tenía 180 cuotas (15 x 12 = 180) y ya se ha pagado la cuota 100. Por tanto, 180 – 100 = 80. Despejamos Cp y obtenemos:

$$Cp = 55.602,95 €$$

b) Restamos al capital pendiente el importe de la cancelación parcial:

$$55.602,95 – 30.000,00 = 25.602,95 €$$

c) Calculamos el nuevo plazo:

$$a = \frac{Cp \times i_m}{1 - (1+i_m)^{-p}}$$

$$845 = \frac{25.602,95 \times 0,005}{1 - (1+0,005)^{-p}}$$

$$1 - (1+0,005)^{-p} = 128,01475 / 845$$

$$1 - (1+0,005)^{-p} = 0,151496745$$

$$- (1+0,005)^{-p} = 0,151496745 - 1$$

$$- (1+0,005)^{-p} = - 0,848503254$$

$$(1+0,005)^{-p} = 0,848503254$$

Aplicamos logaritmos:

$$- p . \text{Log} (1,005) = \text{Log} (0,848503254)$$

$$- p . 0,002166061 = - 0,071346487$$

$$p . 0,002166061 = 0,071346487$$

$$p = 0,071346487 / 0,002166061$$

$$p = 32,93835538$$

Como son meses, redondeamos y la solución es 33 meses.

5.5. Cambio de tipo de interés en caso de interés variable

Es muy habitual que el tipo de interés en las hipotecas y préstamos sea un interés variable, referenciado a algún índice (actualmente, el EURIBOR) al que se le añade un diferencial (por ejemplo, EURIBOR + 1%).

El EURIBOR es un tipo de interés interbancario, o sea, el tipo medio de interés en un período determinado (habitualmente, un trimestre) al que se prestan dinero los bancos entre sí.

Por tanto, si nos ofrecen un tipo de interés nominal variable EURIBOR + X%, conocido el EURIBOR, sólo habría que añadirle el diferencial (X%) para obtener el TIN.

En estos casos, el interés se va actualizando en períodos pactados en el contrato de préstamo (cada año, cada trimestre, cada semestre…), según vaya cambiando el EURIBOR. Esto hará que las cuotas totales cambien.

Para calcular el importe de la nueva cuota total, conocidos "a" y el "i_m" anterior y próximo, los pasos a seguir serán:

a) Calcular el capital pendiente con el interés i_m aplicado hasta ahora.

b) Calcular la nueva cuota total "a" con el nuevo interés i_m, manteniendo el resto de datos.

Ejemplo: a un préstamo a 20 años con cuotas mensuales según el sistema francés se le aplica un interés nominal variable EURIBOR + 0,5%. En la cuota 140 hemos pagado un total de 974,00 €, estando el EURIBOR a 4,30%. Ahora el EURIBOR ha subido al 5,50%, ¿cuánto pagaremos en la cuota siguiente?

Solución: primero calcularemos el i_m anterior y el nuevo, con el cambio del EURIBOR.

$$J_m \text{ anterior} = 4,30 + 0,5 = 4,80\%$$

$$i_m \text{ anterior} = J_m / m$$

$$i_m \text{ anterior} = 0,048 / 12 = 0,004$$

$$J_m \text{ nuevo} = 5,50 + 0,5 = 6,00\%$$

$$i_m \text{ nuevo} = J_m / m$$

$$i_m \text{ nuevo} = 0,06 / 12 = 0,005$$

a) Calculamos el capital pendiente, sabiendo que nos quedan 100 cuotas (20 x 12 – 140 = 100), aplicando el i_m anterior:

$$a = \frac{Cp \times i_m}{1 - (1+i_m)^{-p}}$$

$$974 = \frac{Cp \times 0,004}{1 - (1+0,004)^{-100}}$$

Despejamos Cp y obtenemos:

$$Cp = 80.146,79 \,€$$

b) Calculamos la nueva cuota, manteniendo los mismos datos, excepto el interés, ya que utilizaremos el nuevo i_m:

$$a = \frac{Cp \times i_m}{1 - (1+i_m)^{-p}}$$

$$a = \frac{80.146,79 \times 0,005}{1 - (1+0,005)^{-100}}$$

$$a = 400,73395 \,/\, 0,392713223$$

$$a = 1.020,42 \,€$$

6. MÉTODO DE CUOTAS DE AMORTIZACIÓN DE CAPITAL CONSTANTES

En este método, los términos son variables, aunque las cuotas de amortización del capital son iguales. La variación existe porque las cuotas de interés se calculan para el capital vivo (capital pendiente) en cada período:

$$a_i = k_i + y_i$$

donde todos los k_i son iguales y los y_i se calculan aplicando el interés pactado al capital pendiente antes de pagar cada cuota.

Para calcular cada una de las k_i, simplemente dividiremos el importe del préstamo entre el número total de cuotas.

k_i = importe del préstamo / número de cuotas

Ejemplo:

Un préstamo de 4.800 € a pagar en 4 años mediante cuotas mensuales con cuotas de amortización del capital constantes y un interés mensual del 0,5%.

Solución:

Primero calculamos las cuotas de amortización de capital. Como han de ser todas iguales y habrá 48 cuotas (4 * 12):

$$k = 4.800 / 48 = 100,00$$

La cuota de interés se calcula sobre el capital vivo (pendiente). De esta forma, al final del primer mes, la cuota de interés será:

$$y_1 = 4.800 \times 0,5 / 100 = 24,00$$

así, lo que habrá que pagar en total al final del primer mes será:

$$a_1 = k_1 + y_1 = 100 + 24 = 124,00$$

La cuota de interés del segundo mes, como ya se ha pagado 100,00 € de capital, será:

$$y_2 = 4.700 * 0,5 / 100 = 23,50 €$$

y, por tanto, el total a pagar al final del segundo mes será:

$$a_2 = k_2 + y_2 = 100 + 23,50 = 123,50$$

Y así seguiremos sucesivamente, hasta el final del último mes, en el que el capital pendiente será de 100,00 €, y la cuota de interés:

$$y_{48} = 100 \times 0,5 / 100 = 0,50$$

El total a pagar al final del último mes:

$$a_{48} = k_{48} + y_{48} = 100 + 0,50 = 100,50 \ €$$

6.1. Cuadro de amortización en el método de cuotas de capital constantes

Veamos cómo se cumplimenta un cuadro de amortización de préstamos utilizando el método de cuotas de capital constantes, utilizando el mismo ejemplo del propuesto para el método francés.

Ejemplo: confeccionar el cuadro de amortización para un préstamo a 2 años por el método de cuotas de capital constantes, de 21.601,00 €, con cuotas semestrales y un tanto nominal (TIN) del 8%.

Solución: en primer lugar, hallaremos el interés semestral i_m:

$$i_m = J_m / m$$

$$i_m = 0,08 / 2 = 0,04$$

La cuota de capital se calcula dividiendo el importe del préstamo entre el número de cuotas:

$$k = 21.601 / 4 = 5.400,25$$

Las cuotas de interés se calculan aplicando el tipo de interés al capital pendiente anterior, con lo que tendrá que calcularse para cada período.

Cuota interés (CI) = $i_m \cdot$ capital pendiente al final del período anterior

CI (1) = 0,04. 21.601 = 864,04 €

Las cuotas totales se calculan sumando la cuota total y la cuota de interés. Como la cuota de interés será distinta en cada período, se debe calcular la cuota total para cada uno de los períodos.

Cuota total (a) = Cuota de capital (CC) + Cuota de interés (CI)

a (1) = 5.400,25 + 864,04 = 6.264,29 €

Al igual que comentamos en el método americano y el francés, es conveniente reflejar en el cuadro de amortización el período "0", que sería el momento en que se recibe el préstamo. De esta forma, aparecerá reflejado el importe total del mismo.

Período	Cuota de interés	Cuota de capital	Cuota total	Capital amortizado	Capital pendiente
0					21.601,00
1	864,04	5.400,25	6.264,29	5.400,25	16.200,75
2	648,03	5.400,25	6.048,28	10.800,50	10.800,50
3	432,02	5.400,25	5.832,27	16.200,75	5.400,25
4	216,01	5.400,25	5.616,26	21.601,00	0

El capital amortizado es el total de cuotas de capital pagadas hasta ese período.

El capital pendiente es la diferencia entre el total prestado y el capital amortizado.

La segunda cuota de interés se ha calculado aplicando la fórmula que conocemos:

Cuota interés (CI) = $i_m \cdot$ capital pendiente al final del período anterior

CI (2) = 0,04 x 16.200,75 = 648,03 €

La segunda cuota de capital, en este método, es igual que la primera, e igual al resto de cuotas de capital.

El capital amortizado de segundo período es la suma del capital amortizado del primero (5.400,25) más la cuota de capital del segundo período (5.400,25). También se puede calcular multiplicando la cuota de capital (5.400,25) por el número del período (2).

El capital pendiente en el segundo período es la diferencia entre el total del préstamo (21.601,00) y el capital amortizado de ese período (10.800,50).

De la misma forma se calcularán el resto de períodos, con la salvedad del último.

Al hacer los cálculos es posible que la cuota de capital no sea exactamente la calculada y hayamos de redondearla (cosa que no ocurre en este ejemplo). Por ello, al finalizar el préstamo puede existir una ligera diferencia para poder cancelar el préstamo.

Para conseguir que cuadre (el último capital pendiente ha de ser, necesariamente, "0"), colocaremos la cifra del capital pendiente en el penúltimo período (5.400,25) en la última cuota de capital. De esta forma, siempre tendremos como pendiente final "0".

La cuota de interés en el último período se calcula de la misma forma que todas las anteriores y la cuota total es la suma de la cuota de interés y la cuota de capital antes mencionada. Puede existir una ligera diferencia entre la cuota de capital de cada período y la cuota de capital del último período, que no debería ser superior al producto de 0,005 por el número de períodos del préstamo. En nuestro ejemplo, como máximo esta diferencia debería ser de 0,005 x 4 = 0,02 €. Como podemos comprobar, la diferencia es 0 (puesto que no fue necesario redondear la cuota de capital), con lo que es correcto.

6.2. Cálculo del capital pendiente

Para calcular el capital pendiente en el método de cuotas de capital constantes, basta conocer el importe de las cuotas de capital (que serán todas iguales) y multiplicarlo por el número de cuotas pendientes.

Ejemplo: calcular el capital pendiente después de pagar la cuota 80 en un préstamo de 60.000,00 € por el método de cuotas de capital constantes, a 10 años, con cuotas mensuales.

Solución: no es necesario conocer el tipo de interés porque no influye en este cálculo. Primero, hallaremos el importe de cada una de las cuotas de capital.

k_i = importe del préstamo / número de cuotas

k_i = 60.000 / 120 = 500,00 €

El préstamo originalmente era de 120 cuotas (10 x 12), pero ya hemos pagado la cuota 80, por tanto, queda pendiente de pagar 40 cuotas (120 – 80). El capital pendiente será:

$Cp = k_i$ x número de cuotas pendientes

$Cp = 500$ x $40 = 20.000,00$ €

6.3. Cálculo del tipo de interés dado el importe total de una cuota determinada

Para realizar este cálculo hemos de seguir los siguientes pasos:

a) Calcular el importe de las cuotas de capital:

$$k_i = \text{importe del préstamo / número de cuotas}$$

b) Restar al importe dado de la cuota total el importe de la cuota de capital y obtener la cuota de interés (y_i), o sea, despejar y_i de la fórmula:
$$a_i = k_i + y_i$$

c) Calcular el capital pendiente de la cuota anterior, tal cual hemos visto en el apartado 6.1.

$$Cp = k_i \text{ x número de cuotas pendientes}$$

d) Calcular el tipo de interés i_m, despejándolo de la fórmula:

Cuota de interés $= i_m$ x capital pendiente al final del período anterior

Ejemplo: en un préstamo de 120.000,00 € a 5 años, con cuotas mensuales, hemos pagado en la cuota 40 un total de 2.200,00 €. ¿Qué tipo de interés nominal nos han aplicado?, ¿cuál es el TAE?

Solución:

a) Calcular el importe de las cuotas de capital:

$$k_i = \text{importe del préstamo / número de cuotas}$$

$$k_i = 120.000 / 60 = 2.000,00 \text{ €}$$

b) Restar al importe dado de la cuota total el importe de la cuota de capital y obtener la cuota de interés (y_i), o sea, despejar y_i de la fórmula:

$$a_i = k_i + y_i$$

$$2.200 = 2.000 + y_i$$

$$y_i = 200,00 €$$

c) Calcular el capital pendiente de la cuota anterior, tal cual hemos visto en el apartado 6.1.

$$Cp = k_i \text{ x número de cuotas pendientes}$$

$$Cp = 2.000 \text{ x } 21 = 42.000,00 €$$

Hemos calculado el capital pendiente anterior. Como los cálculos los hacemos después de pagar la cuota 40, aquí hemos de consignar el capital pendiente después de pagar la cuota 39, ya que el interés (siguiente paso) se aplica sobre el capital pendiente anterior.

d) Calcular el tipo de interés i_m, despejándolo de la fórmula:

Cuota de interés = i_m x capital pendiente al final del período anterior

$$200 = i_m \text{ x } 42.000$$

$$i_m = 0,004761904$$

El ejercicio nos pide el TIN, por tanto:

$$i_m = J_m / m$$

$$0,004761904 = J_m / 12$$

$$J_m = 0,057142848$$

Multiplicando por 100 y redondeando, el TIN será del 5,74%.

Para calcular el TAE, aplicaremos la fórmula:

$i = (1 + i_m)^m - 1$

$i = (1 + 0,004761904)^{12} - 1$

$i = 0,058663458$

Multiplicando por 100 y redondeando, el TAE será del 5,87%.

6.4. Cálculo del importe total de una cuota determinada dado el importe de la cuota anterior

Disponer del dato del importe de la cuota total anterior nos permite calcular la siguiente cuota total. El procedimiento es similar al anterior, ya que el primer paso será calcular el tipo de interés que se aplica a la operación.

Los pasos a seguir para realizar estos cálculos son, en conjunto:

a) Calcular el importe de las cuotas de capital:

$$k_i = \text{importe del préstamo / número de cuotas}$$

b) Restar al importe dado de la cuota total el importe de la cuota de capital y obtener la cuota de interés (y_i), o sea, despejar y_i de la fórmula:
$$a_i = k_i + y_i$$

c) Calcular el capital pendiente de la cuota anterior, tal cual hemos visto en el apartado 6.1.

$$Cp = k_i \text{ x número de cuotas pendientes}$$

d) Calcular el tipo de interés i_m, despejándolo de la fórmula:

Cuota de interés $= i_m$ x capital pendiente al final del período anterior

e) Calcular la cuota de interés del período deseado, aplicando el tipo de interés, calculado en el paso anterior, al capital pendiente del período anterior al que queremos calcular. Para ello, será necesario calcular el capital pendiente.

f) Sumar a la cuota de interés, calculada en el paso anterior, la cuota de capital. Veamos la aplicación de todo este proceso en el mismo ejemplo del apartado 6.2.

Ejemplo: en un préstamo de 120.000,00 € a 5 años, con cuotas mensuales, hemos pagado en la cuota 40 un total de 2.200,00 €. ¿Cuánto pagaremos en la cuota 41?

Solución:

a) Calcular el importe de las cuotas de capital:

$$k_i = \text{importe del préstamo / número de cuotas}$$

$$k_i = 120.000 / 60 = 2.000,00 \, €$$

b) Restar al importe dado de la cuota total el importe de la cuota de capital y obtener la cuota de interés (y_i), o sea, despejar y_i de la fórmula:

$$a_i = k_i + y_i$$

$$2.200 = 2.000 + y_i$$

$$y_i = 200,00 \, €$$

c) Calcular el capital pendiente de la cuota anterior (o sea, de la 39), tal cual hemos visto en el apartado 6.1.

$$Cp = k_i \times \text{número de cuotas pendientes}$$

$$Cp = 2.000 \times 21 = 42.000,00 \, €$$

Hemos calculado el capital pendiente anterior. Como los cálculos los hacemos después de pagar la cuota 40, aquí hemos de consignar el capital pendiente después de pagar la cuota 39, ya que el interés (siguiente paso) se aplica sobre el capital pendiente anterior.

d) Calcular el tipo de interés i_m, despejándolo de la fórmula:

Cuota de interés = i_m x capital pendiente al final del período anterior

$$200 = i_m \times 42.000$$

$$i_m = 0,004761904$$

e) Calculamos el capital pendiente anterior a la cuota que deseamos conocer, o sea, calcularemos el capital pendiente de la cuota 40.

$$Cp = k_i \times \text{número de cuotas pendientes}$$

$$Cp = 2.000 \times 20 = 40.000,00 \, €$$

Hemos calculado 20 cuotas pendientes, ya que se han pagado 40 cuotas de un total de 60.

Ahora aplicamos el tipo de interés hallado en el paso d) al capital pendiente hallado en el paso e):

Cuota de interés = i_m x capital pendiente al final del período anterior

Cuota de interés = $0,004761904 \times 40.000 = 190,48 \, €$

f) La cuota total 41 será la suma de la cuota de capital (2.000,00 €, hallada en el paso "a") y la cuota de interés (190,48 €). Por tanto, la solución es 2.190,48 €.

7. MÉTODO ALEMÁN DE AMORTIZACIÓN

En el Sistema Alemán o de Intereses Anticipados, la amortización del préstamo se hace generalmente mediante anualidades constantes, pero la característica principal es que los intereses se pagan por anticipado.

Así, en el momento de la concesión del préstamo, el prestatario ya tiene obligación de pagar los intereses correspondientes al primer período. De esta forma, si el capital prestado es "C" y el tanto anticipado es "s", lo que en realidad recibe es:

$$C - Cs = C(1 - s)$$

Si dicho préstamo se amortiza mediante "n" anualidades, tendrá que cumplirse que el valor actual de dichas anualidades, valoradas al tanto anticipado "s", sea igual a la cantidad que se ha recibido de préstamo, o sea:

$$C(1-s) = a_1(1-s) + a_2(1-s)^2 + a_3(1-s)^3 + ... + a_n(1-s)^n$$

Cada anualidad está formada por la cuota de amortización correspondiente al período más el interés correspondiente del período siguiente.

Si todas las anualidades son iguales, podemos transformar la expresión anterior de la siguiente forma:

$$C(1-s) = a((1-s) + (1-s)^2 + (1-s)^3 + ... + (1-s)^n)$$

Tenemos dentro del paréntesis la suma de una progresión geométrica de razón (1-s), con lo que nuestra expresión quedaría:

$$C(1-s) = a \; \frac{(1-s) - (1-s)^n(1-s)}{1 - (1-s)}$$

Sacando factor común en el numerador y simplificando en el denominador:

$$C(1-s) = a(1-s) \; \frac{1 - (1-s)^n}{s}$$

Simplificando con el primer término:

$$C = a \; \frac{1 - (1-s)^n}{s}$$

De esta forma, despejando "a", podemos conocer la cuantía de los términos constantes:

$$a = \frac{C \times s}{1 - (1-s)^n}$$

La forma de completar un cuadro de amortización mediante este sistema sería:

- La primera anualidad será exclusivamente de intereses aplicados al total del préstamo y se abonará en el período 0.

- La última anualidad, en el período "n", corresponderá exclusivamente a cuota de capital (ya que el interés de ese último período se pagó por anticipado en el anterior). Por ello, el resultado de la fórmula anterior coincidirá con la última cuota de capital.

- El resto de anualidades mantienen, en cuanto a la cuota de capital, una relación de factor (1-s). De esta forma, la cuota de capital del período 4 será igual a la del período 5 multiplicado por (1-s), y la del período 4 será igual a la del período 6 multiplicada por $(1-s)^2$ (ya que mantienen una distancia de 2 períodos).

- Resultado de lo anterior, si conocemos una cuota de capital determinada, calcular la siguiente consistirá, sencillamente, en dividir la que conocemos entre (1-s) y así obtendremos la siguiente.

- El cálculo de las cuotas de interés en cualquier período puede calcularse fácilmente restando a la cuota total "a" la cuota de capital correspondiente.

Ejemplo: préstamo de 2 años con cuotas mensuales constantes, según el método alemán con tanto de actualización 6% anual convertible, por importe de 13.537,72 €.

Solución: las cuotas constantes serán:

$$a = \frac{C \times s}{1 - (1-s)^n}$$

$$a = \frac{13.537,72 \times 0,005}{1 - (1-0,005)^{24}} = 597,19 \text{ €}$$

El cuadro de amortización completo es el que aparece en la página siguiente.

PERÍODO	C. INTER.	C. CAPIT.	C. TOTAL	CAP. AM.	CAP. PEN.
0	67,69	0	67,69	0	13.537,72
1	65,03	532,16	597,19	532,16	13.005,56
2	62,35	534,83	597,19	1.066,99	12.470,73
3	59,67	537,52	597,19	1.604,52	11.933,20
4	56,96	540,22	597,19	2.144,74	11.392,98
5	54,25	542,94	597,19	2.687,68	10.850,04
6	51,52	545,67	597,19	3.233,34	10.304,38
7	48,78	548,41	597,19	3.781,75	9.755,97
8	46,02	551,16	597,19	4.332,91	9.204,81
9	43,25	553,93	597,19	4.886,85	8.650,87
10	40,47	556,72	597,19	5.443,56	8.094,16
11	37,67	559,51	597,19	6.003,08	7.534,64
12	34,86	562,33	597,19	6.565,41	6.972,31
13	32,04	565,15	597,19	7.130,56	6.407,16
14	29,20	567,99	597,19	7.698,55	5.839,17
15	26,34	570,85	597,19	8.269,40	5.268,32
16	23,47	573,71	597,19	8.843,11	4.694,61
17	20,59	576,60	597,19	9.419,71	4.118,01
18	17,69	579,50	597,19	9.999,20	3.538,52
19	14,78	582,41	597,19	10.581,61	2.956,11
20	11,85	585,33	597,19	11.166,94	2.370,78
21	8,91	588,28	597,19	11.755,22	1.782,50
22	5,96	591,23	597,19	12.346,45	1.191,27
23	2,99	594,20	597,19	12.940,65	597,07
24	0,00	597,07	597,07	13.537,72	0

EJERCICIOS TEMA 16

1. Una empresa solicita un préstamo de 50.000 € a devolver en 5 años mediante el método americano, con devolución de intereses trimestral, siendo el tanto anual convertible (TIN) del 8%. ¿Cómo se pagará el préstamo? **Sol.: 19 cuotas trimestrales de 1.000,00 € y última cuota de 51.000,00 €.**

2. Calcular la cantidad a pagar mensualmente por una hipoteca a 10 años de 100.000 € siendo el tipo de interés anual convertible del 5%, utilizando el método francés. **Sol.: 1.060,66 €.**

3. ¿A cuánto ascenderán el 1.º, 4.º y 12.º pago de un préstamo de 24.000 € a 2 años, con cuotas de capital constantes y mensuales, siendo el tipo de interés anual convertible del 6%? **Sol.: 1.120,00 €, 1.105,00 € y 1.065,00 €, respectivamente.**

4. En un préstamo de 40.000 € a 5 años, que se amortiza mensualmente con un interés anual convertible del 6%, si se decidiera cancelarlo después de pagar la 40.ª cuota. ¿Cuánto habría que desembolsar siguiendo el método americano, francés y de cuotas de amortización de capital constantes? **Sol.: 40.000,00 €, 14.683,16 € y 13.333,20 €, respectivamente.**

5. Compramos una vivienda por 250.000 €, y queremos hipotecar una parte de dicha cantidad durante 20 años, pagando mensualmente 1.000 € por el método francés, siendo el interés anual convertible del 5%. ¿A cuánto ascenderá el importe de la hipoteca? **Sol.: 151.525,31 €.**

6. Una hipoteca por el sistema francés a 20 años, con pagos mensuales, contratada al tipo nominal de EURIBOR + 0,50%, se pagó el mes anterior, cuota 80, un total de 620,00 €, estando el EURIBOR al 5,00%. Ahora el EURIBOR está al 2%, ¿cuánto pagaremos este mes? **Sol.: 478,73 €.**

7. En un préstamo por el método de cuotas de capital constantes de 150.000,00 € a 10 años, con cuotas mensuales, hemos pagado el mes 80 un total de 1.460,00 €. ¿Cuánto pagaremos el mes 81? **Sol.: 1.454,88 €.**

8. Una hipoteca por el método francés por la que hemos pagado 620,00 € en la cuota 60, quedando pendientes 90 cuotas, contratada a un interés

nominal del 5%, decidimos cancelarla parcialmente por 25.000,00 €. ¿Cuánto pagaremos el mes próximo si decidimos reducir cuota? **Sol.: 286,32 €.**

9. Una hipoteca por el sistema francés por la que hemos pagado 715,00 € en la cuota 80, quedando pendientes 60 cuotas, contratada a un interés nominal del 6%, decidimos cancelarla parcialmente por 12.000,00 €. ¿Cuántas cuotas quedarán pendientes si decidimos reducir plazo? **Sol.: 38,5 = 39 cuotas.**

10. ¿Qué tipo de interés nominal nos están aplicando en un préstamo de 120.000,00 € a 8 años, con cuotas mensuales de capital constantes, si en el mes 40 hemos pagado un total de 1.400,00 €? **Sol.: 2,53%.**

TEMA 17: EL *LEASING*

---

1. CONCEPTO Y TIPOS DE *LEASING*
2. CÁLCULO DE LAS CUOTAS DE *LEASING*
3. CUADRO DE FINANCIACIÓN EN EL *LEASING*
4. OTRAS FINANCIACIONES CON OPERATIVA *LEASING*

---

1. CONCEPTO Y TIPOS DE *LEASING*

Las operaciones de *LEASING* son aquellas en las que se pone a disposición de una empresa un bien mediante el pago de unas cuotas determinadas, existiendo siempre una opción de compra del mismo una vez acabado el contrato de *leasing*. La duración mínima del *leasing* es de dos años para bienes muebles y de diez años para bienes inmuebles.

Existen dos tipos de contratos de *leasing*:

- **Arrendamiento financiero:** cuando las condiciones económicas de un acuerdo de arrendamiento transfieran del arrendador al arrendatario todos los riesgos y beneficios inherentes a la propiedad del activo objeto del contrato. Esto ocurre cuando no existen dudas de que se ejercitará la opción de compra. Es lo habitual en el *leasing* ofrecido por las entidades financieras, donde la opción de compra coincide con el valor de una de las cuotas que se pagan periódicamente (por tanto, es tan pequeña la opción de compra que el arrendatario siempre la ejerce).

- **Arrendamiento operativo:** cuando no esté asegurado que se ejercitará la opción de compra. Suelen ofrecer este tipo de *leasing* los fabricantes de los bienes.

2. CÁLCULO DE LAS CUOTAS DE *LEASING*

El cálculo de las cuotas de *leasing* suele realizarse mediante al Sistema Francés de Amortización. En el contrato de *leasing* financiero aparecerán los datos siguientes:

- Valor del activo objeto de *leasing*

- Importe de las cuotas periódicas

- Tipo de interés aplicado

- Valor de la opción de compra cuando finalice el contrato de *leasing*

3. CUADRO DE FINANCIACIÓN EN EL *LEASING*

Con esta información podemos construir un cuado de amortización mediante el Sistema Francés, teniendo en cuenta que el valor actualizado de las cuotas corresponderá con el valor del bien menos el valor de la opción de compra actualizado. Pero en la práctica, en el *leasing* financiero la opción de compra es igual al valor del resto de cuotas, con lo que el valor actualizado de todas las cuotas, incluida la opción de compra, será igual al valor del bien.

Ejemplo: el 1 de noviembre 2007 realizamos un contrato de *leasing* con un banco para una maquinaria cuyo valor de contado es de 13.537,72 €. Pagaremos 600,00 € al mes durante 2 años, con un tipo de interés nominal del 6%. La opción de compra corresponde a la última cuota, del mismo importe.

Solución:

El valor actualizado de los pagos puede calcularse con la fórmula del Sistema Francés:

$$\text{Valor} = \frac{1-(1+0,06/12)^{-24}}{0,06/12} \times 600,00 = 13.537,72 \text{ €}$$

Comprobamos que ese valor actualizado coincide con el valor de contado del bien.

Las cuotas de interés se han calculado aplicando el interés mensual (6%/12) al capital pendiente al final del período anterior.

Las cuotas de capital se calculan restando a la cuota total (600,00 €) la cuota de interés correspondiente, excepto la última, que coincidirá con el capital pendiente al final del penúltimo período.

La tabla de financiación mediante el *leasing* será la siguiente:

FECHA	INTE-RESES	CUOTA CAPITAL	CUOTA TOTAL	CAPITAL AMOR-TIZADO	CAPITAL PEN-DIENTE
01/11/07					13.537,72
01/12/07	67,69	532,31	600,00	532,31	13.005,41
01/01/08	65,03	534,97	600,00	1.067,28	12.470,44
01/02/08	62,35	537,65	600,00	1.604,93	11.932,79
01/03/08	59,66	541,34	600,00	2.146,27	11.391,45
01/04/08	56,96	543,04	600,00	2.689,31	10.848,41
01/05/08	54,24	545,76	600,00	3.235,07	10.302,65
01/06/08	51,51	548,49	600,00	3.783,56	9.754,16
01/07/08	48,77	551,23	600,00	4.334,79	9.202,93
01/08/08	46,01	553,99	600,00	4.888,78	8.648,94
01/09/08	43,24	556,76	600,00	5.445,54	8.092,18
01/10/08	40,46	559,54	600,00	6.005,08	7.532,64
01/11/08	37,66	562,34	600,00	6.567,42	6.970,30
01/12/08	34,85	565,15	600,00	7.132,57	6.405,15
01/01/09	32,03	567,97	600,00	7.700,54	5.837,18
01/02/09	29,19	570,81	600,00	8.271,35	5.266,37
01/03/09	26,33	573,67	600,00	8.845,02	4.692,70
01/04/09	23,46	576,54	600,00	9.421,56	4.116,16
01/05/09	20,58	579,42	600,00	10.000,98	3.536,74
01/06/09	17,68	582,32	600,00	10.583,30	2.954,42
01/07/09	14,77	585,23	600,00	11.168,53	2.369,19
01/08/09	11,85	588,15	600,00	11.756,68	1.781,04
01/09/09	8,91	591,09	600,00	12.347,77	1.189,95
01/10/09	5,95	594,05	600,00	12.941,82	595,90
01/11/09	2,98	595,90	598,88	13.537,72	0

La opción de compra será de 598,88 €, que es la última cuota total del cuadro de amortización.

4. OTRAS FINANCIACIONES CON OPERATIVA *LEASING*

Es cada vez más frecuente encontrar financiaciones en que, sin ser *leasing*, se ofrece al financiado un cuadro amortizativo donde la última cuota corresponde al valor usado del bien, aunque ese bien es objeto de una compra en firme. El comprador podrá, ante la última cuota:

- Pagarla y quedarse con el bien en cuestión.

- Devolver el bien al vendedor y no tener que pagar esa última cuota.

- Refinanciar la última cuota y quedarse con el bien.

Es muy utilizado en la financiación de vehículos.

La forma de realizar los cálculos es similar al contrato de *leasing*, aunque no es un *leasing* puesto que la compra del bien es efectiva desde el primer momento, o sea, no existe opción de compra, ya que ésta se ha ejercido desde el principio.

Vamos a verlo con un ejemplo.

Ejemplo: el 1 de noviembre adquirimos un vehículo cuyo valor total asciende a 25.000,00 €. El concesionario nos propone entregar 6.000,00 € de entrada y financiar el resto a 23 meses, quedando una última cuota de 11.999,96 € (cuota 24), que podremos pagarla y quedarnos con el vehículo, o bien devolver el vehículo y no pagar esa cuota, o bien refinanciar la última cuota a cualquier otro plazo. Se pide confeccionar el cuadro de amortización correspondiente. El interés aplicado es del 6% nominal.

Solución: el importe financiado es de 19.000,00 € (25.000,00 − 6.000,00), aunque en las cuotas no se incluirán los 11.999,96 € de la última. Ahora bien, sí se pagarán intereses por el valor de esa última cuota. Por tanto, para calcular los pagos mensuales, hemos de restar la última cuota, aunque actualizada al tipo de interés propuesto. Para ello, utilizaremos la fórmula de capitalización compuesta

$$Cn = Co \, (1 + i_m)^{n.m}$$

$$11.999,96 = Co \, (1 + 0,005)^{24}$$

11.999,96 = Co x 1,127159776

Co = 10.646,19 €

Por tanto, al importe financiado (19.000,00 €) restaremos el valor actualizado de la última cuota, con lo que la financiación, a 23 meses, se realiza sobre la cantidad de 8.353,81 € (19.000,00 − 10.646,19).

Con estos importes calcularemos la cuota mensual según el sistema francés.

$$8.353,81 = a. \ \frac{1-(1+0,06/12)^{-23}}{0,06/12}$$

De donde,

a = 385,40 €

La tabla de financiación será:

CUOTA N.º	INTE-RESES	CUOTA CAPITAL	CUOTA TOTAL	CAPITAL AMOR-TIZADO	CAPITAL PENDIENTE
0					19.000,00
1	95,00	290,40	385,40	290,40	18.709,60
2	93,55	291,85	385,40	582,25	18.417,75
3	92,09	293,31	385,40	875,56	18.124,44
4	90,62	294,78	385,40	1.170,34	17.829,66
5	89,15	296,25	385,40	1.466,59	17.533,41
6	87,67	297,73	385,40	1.764,32	17.235,68
7	86,18	299,22	385,40	2.063,54	16.936,46
8	84,68	300,72	385,40	2.364,26	16.635,74
9	83,18	302,22	385,40	2.666,48	16.333,52
10	81,67	303,73	385,40	2.970,21	16.029,79
11	80,15	305,25	385,40	3.275,46	15.724,54
12	78,62	306,78	385,40	3.582,24	15.417,76
13	77,09	308,31	385,40	3.890,55	15.109,45
14	75,55	309,85	385,40	4.200,40	14.799,60
15	74,00	311,40	385,40	4.511,80	14.488,20
16	72,44	312,96	385,40	4.824,76	14.175,24
17	70,88	314,52	385,40	5.139,28	13.860,72

18	69,30	316,10	385,40	5.455,38	13.544,62
19	67,72	317,68	385,40	5.773,06	13.226,94
20	66,13	319,27	385,40	6.092,33	12.907,67
21	64,54	320,86	385,40	6.413,19	12.586,81
22	62,93	322,47	385,40	6.735,66	12.264,34
23	61,32	324,08	385,40	7.059,74	11.940,26
24	59,70	11.940,26	11.999,96	19.000,00	0

Vemos que la última cuota total se corresponde con lo pactado, o sea, 11.999,96 €.

Si se decidiera refinanciarla, volveríamos a calcular un nuevo cuadro de amortización para esa cantidad, al interés y plazo que se pactara en su momento.

TEMA 18: LOS CRÉDITOS

> 1. CONCEPTO DE PÓLIZAS DE CRÉDITO
> 2. UTILIDAD DE LAS PÓLIZAS DE CRÉDITO
> 3. CÁLCULO DE LOS INTERESES EN LOS CRÉDITOS

1. CONCEPTO DE PÓLIZAS DE CRÉDITO

Este es el nombre habitual con el que se conoce esta modalidad de crédito, ya que se documenta en una póliza. Un nombre algo más "académico" será el de Créditos de Disposición Gradual.

Consisten en pactar con una entidad financiera (habitualmente) un descubierto en cuenta corriente, de manera que la empresa no dispone en mano del dinero concedido, sino que puede excederse en la cuenta corriente hasta una cantidad pactada. Por la cantidad que la empresa utilice pagará unos intereses pactados, y por la parte que no utilice pagará unas comisiones. Si la empresa rebasa el límite de crédito concedido, la entidad financiera le aplicará unos elevados intereses, al igual que ocurre en las cuentas corrientes. Suelen tener corta duración, habitualmente un año, aunque puede prorrogarse al finalizar el contrato.

2. UTILIDAD DE LAS PÓLIZAS DE CRÉDITO

Dado el propio carácter de las pólizas de crédito, su mayor utilidad la encontramos en el consumo de bienes con un plazo de recuperación del dinero muy corto, tal es el caso de las compras de materias primas o mercancías.

Esto es así porque las pólizas de crédito resultan un tipo de financiación ligeramente más caras para las empresas que los préstamos, puesto que se les suele aplicar un tipo de interés algo mayor, pero, en cambio, al pagar los intereses sólo sobre las cantidades dispuestas, permiten ahorrar gastos siempre que se utilicen en operaciones donde las salidas y entradas de dinero se sucedan rápidamente.

Los préstamos, al recibirse todo el importe de los mismos en el momento del contrato, son más útiles para financiar inversiones, donde el plazo de recuperación del dinero sea más lento.

3. CÁLCULO DE LOS INTERESES EN LOS CRÉDITOS

En las pólizas de crédito se utiliza para la liquidación de intereses el método hamburgués, el mismo que vimos en el tema de las cuentas corrientes, aunque con algunas especificaciones. Se suele calcular por períodos trimestrales, separando los saldos utilizados dentro del límite de crédito de los saldos excedidos de dicho límite, si existieran.

Podemos analizar dicho cálculo utilizando un ejemplo.

Ejemplo:

Supongamos el siguiente extracto trimestral de una póliza de crédito:

| FECHA | CONCEPTO | MOVIMIENTOS | | FECHA VALOR | SALDO |
		DEBE	HABER		
01/10	Saldo anterior				-14.000,00
15/10	Pago cheque n.º 10	6.000,00		15/10	-20.000,00
24/10	Ingreso efectivo		9.000,00	25/10	-11.000,00
12/11	Transferencia 125	5.000,00		12/11	-16.000,00
25/11	Ingreso efectivo		6.000,00	26/11	-10.000,00
21/12	Ingreso efectivo		5.000,00	22/12	-5.000,00
28/12	Pago cheque n.º 11	4.000,00		28/12	-9.000,00

Corresponde a una póliza de crédito con un límite de 15.000,00 €.

Supongamos que esta póliza de crédito tiene una liquidación de intereses trimestral, aplicando un 0,20% de interés para los saldos acreedores (positivos, a favor del cliente) y un 8,00% para los saldos deudores (negativos, a favor del banco). En caso de exceso sobre el límite del crédito, se aplicará un 20,00% de interés. Las comisiones por el saldo no dispuesto serán del 0,5% trimestral.

Como el cálculo se realiza por los saldos diarios, vamos a expresar los saldos con el número de días que se ha mantenido:

SALDO	DÍAS
-14.000,00	14
-20.000,00	10
-11.000,00	18
-16.000,00	14
-10.000,00	26
-5.000,00	6
-9.000,00	4

El paso siguiente es multiplicar el saldo por los días, dividiendo por 100, separando los saldos deudores de los acreedores (que no existen en este ejemplo, lo cual es habitual en este tipo de operaciones). Además, ya que se aplica diferente tipo de interés, conviene separar los saldos deudores dentro del límite de los saldos deudores que excedan de ese límite. Esto se conoce como **números comerciales**, acreedores y deudores:

SALDO	DÍAS	DEUD. HASTA LÍMITE	DEUD. EXCESO LÍMITE	ACREEDORES
-14.000,00	14	1.960,00		
-20.000,00	10	1.500,00	500,00	
-11.000,00	18	1.980,00		
-16.000,00	14	2.100,00	140,00	
-10.000,00	26	2.600,00		
-5.000,00	6	300,00		
-9.000,00	4	360,00		
SUMAS		10.800,00	640,00	0,00

Los números deudores excedidos del límite se han calculado, para el saldo de 20.000,00 €, con su exceso sobre 15.000,00 € (que es el límite pactado con el banco), por un valor de 500,00 (exceso x número días / 100 = 5.000 x 10 días / 100). Para el saldo de 16.000,00 €, se ha realizado el siguiente cálculo: 1.000 (exceso) x 14 días / 100 = 140,00.

Los números comerciales no se redondean, sino que se expresan con todos sus decimales (aunque en este ejemplo resultan números enteros).

Una vez que tenemos las sumas de números acreedores y deudores (tanto dentro del límite de crédito como aquellos que exceden de dicho límite), sólo queda aplicar a cada una el tipo de interés que como vimos, es diferente. El tipo de interés se multiplica en tanto por cien (no se divide por 100) ya que hemos dividido por 100 al calcular los números comerciales, pero sí se divide por 365 ya que el interés está expresado en años.

Intereses deudores en límite: 10.800,00x8/365 = 236,7123288

Intereses deudores con exceso sobre límite: 640,00x20/365 = 35,06849315

Por último, se calcula el resultado de la liquidación sumando ambos intereses (restaríamos los intereses acreedores, si existieran):

236,7123288 + 35,06849315 = 271,7808022 €. Redondeamos y tenemos que los intereses son 271,78 €.

Ahora faltaría añadir las comisiones por la parte no dispuesta. Para ello, calcularemos el saldo medio dispuesto en el trimestre. Bastará con dividir la suma de números comerciales deudores **dentro del límite de crédito** entre el total de días del trimestre (en este caso, 92 días) y multiplicar por 100 (ya que los números comerciales están divididos por 100).

Saldo medio dispuesto = N. deudores en límite x 100 /días trimestre

Saldo medio dispuesto = 10.800,00 x 100 / 92 = 11.739,13 €

Para calcular el saldo medio no dispuesto, restaremos al límite de crédito concedido (15.000,00 € en el ejemplo) el saldo medio dispuesto calculado anteriormente.

Saldo medio no dispuesto = límite concedido - saldo medio dispuesto

Saldo medio no dispuesto = 15.000,00 - 11.739,13 = 3.260,87 €

A este importe le aplicaremos la comisión del 0,5% trimestral, tal cual indica el ejemplo:

Comisión por saldo no dispuesto = 3.260,87 x 0,005 = 16,30 €

Con todo ello, la liquidación trimestral de la póliza de crédito consistirá en pagar tanto los intereses como las comisiones, con lo que:
Liquidación trimestral del crédito = 271,78 + 16,30 = 288,08 €

EJERCICIOS TEMA 18

1. Una póliza de crédito con un límite de 20.000,00 € se ha contratado con un interés del 6,00% para el saldo dispuesto, un 1,00% para el saldo no dispuesto, un 20,00% para el exceso y un 0,50% para el saldo acreedor. La liquidación de intereses se realiza de forma trimestral. El movimiento en el trimestre ha sido el siguiente:

FECHA	CONCEPTO	MOVIMIENTOS		FECHA VALOR	SALDO
		DEBE	HABER		
01/07	Saldo anterior				-18.000,00
19/07	Transferencia 526	6.000,00		15/10	-24.000,00
25/07	Ingreso efectivo		19.000,00	25/10	-5.000,00
10/08	Pago cheque 10234	3.000,00		12/11	-8.000,00
22/08	Ingreso efectivo		5.000,00	26/11	-3.000,00
20/09	Ingreso efectivo		4.000,00	22/12	1.000,00
26/09	Pago cheque 10235	6.000,00		28/12	-5.000,00

2. Una póliza de crédito con un límite de 30.000,00 € se ha contratado con un interés del 8,00% para el saldo dispuesto, un 1,50% para el saldo no dispuesto, un 19,00% para el exceso y un 0,20% para el saldo acreedor. La liquidación de intereses se realiza de forma trimestral. El movimiento en el trimestre ha sido el siguiente:

FECHA	CONCEPTO	MOVIMIENTOS		FECHA VALOR	SALDO
		DEBE	HABER		
01/01	Saldo anterior				-28.000,00
12/01	Pago cheque A125	4.000,00		15/10	-32.000,00
28/01	Ingreso efectivo		25.000,00	25/10	-7.000,00
14/02	Pago cheque A126	5.000,00		12/11	-12.000,00
23/02	Ingreso efectivo		7.000,00	26/11	-5.000,00
21/03	Ingreso efectivo		8.000,00	22/12	3.000,00
27/03	Transferencia 569	9.000,00		28/12	-6.000,00

BLOQUE IV: OTRAS OPERACIONES FINANCIERAS

TEMA 19: EL *FACTORING*

---

1. CONCEPTO Y UTILIDAD DEL *FACTORING*
2. TIPOS DE *FACTORING*
3. CÁLCULO DE LOS COSTES DEL *FACTORING*

---

1. CONCEPTO Y UTILIDAD DEL *FACTORING*

El *factoring* consiste en la venta por parte de una empresa de documentos acreditativos de derechos de cobro a otra, denominada factor, la cual deducirá del importe total del documento entregado unos intereses y comisiones.

Es una operación que consiste en la cesión de la "cartera de cobro a clientes" (facturas, recibos, letras...) de un titular a una firma especializada en este tipo de transacciones (sociedad Factor), convirtiendo las ventas a corto plazo en ventas al contado, asumiendo el riesgo de insolvencia del titular y encargándose de su contabilización y cobro.

Las principales características del mismo son:

> ➤ La empresa de *factoring* es la que realiza las gestiones de cobro de su cliente con respecto a las facturas cedidas.

> ➤ Esta sustitución de funciones supone un ahorro de costes de gestión de la empresa que cede sus derechos.

> ➤ Es también una garantía frente a la insolvencia de los deudores, ya que al ceder los derechos de cobro, la entidad de *factoring* asume el riesgo de quiebra, impago, fraude, etc.

> ➢ Es una fuente de financiación, ya que funciona en muchos casos como si fuera un descuento de una letra, es decir, se abona el importe menos las comisiones y los intereses por adelantar el dinero.

Los requisitos para que se pueda celebrar un contrato de *factoring* es que el cesionario (empresa de *factoring*) sea una entidad de crédito (banco, caja de ahorro, cooperativa de crédito, establecimientos financieros de crédito) y que el cedente (cliente del *factoring*) sea un empresario (persona física o jurídica) o profesional.

El *factoring* engloba toda una serie de servicios de análisis, administración, gestión, financiación de ventas, facturación y cobro de la cartera de clientes. Su utilización puede eliminar el riesgo de impagados, reducir los retrasos en el cobro de las facturas, rebajar considerablemente los costes administrativos y simplificar su contabilidad.

Las principales usuarios del *factoring* son las Pequeñas y Medianas Empresas (PYMES), ya que son las que más pueden beneficiarse de sus ventajas.

Estas ventajas son:

- Ahorro de tiempo, ahorro de gastos, y precisión de la obtención de informes.

- Permite la máxima movilización de la cartera de deudores y garantiza el cobro de todos ellos.

- Saneamiento de la cartera de clientes.

- Permite recibir anticipos de los créditos cedidos.

- Puede ser utilizado como una fuente de financiación y obtención de recursos circulantes.

- Reduce los costes de gestión, al ceder las cuentas por cobrar a una empresa de *factoring*.

- Protección por insolvencia o quiebra de los clientes, con lo que se pueden efectuar planes de tesorería a corto y medio plazo.

Pero también plantea inconvenientes, entre otros:

- Coste elevado ya que el tipo de interés aplicado es mayor que el descuento comercial convencional.

- El factor puede no aceptar algunos de los documentos de su cliente si considera que supone riesgo.

- Quedan excluidas las operaciones relativas a productos perecederos y las de a largo plazo (más de 180 días).

- El factor sólo comprará la Cuentas por Cobrar que quiera, por lo que la selección dependerá de la calidad de las mismas, es decir, de su plazo, importe y posibilidad de recuperación.

En lo que respecta a las operaciones internacionales, las empresas, en general, y principalmente las PYMES, encuentran abundantes obstáculos en sus operaciones exportadoras: dilatados plazos de pago, distintas reglamentaciones, dificultades variables de un país a otro, gestiones administrativas complejas, riesgos financieros sobre empresas clientes, falta de organización adecuada, insuficiente conocimiento del mercado, etc.

El *Factoring* de Exportación se presenta como la piedra angular desde la que muchas empresas españolas abordan con éxito su expansión internacional debido a sus ventajas:

- ➢ Elimina para las empresas los mismos riesgos que en el caso del mercado interior, pero que son de más difícil previsión cuando se trata de mercados extranjeros.

- ➢ Despeja incertidumbres a la hora de la expansión internacional de las empresas y es una fórmula competitiva y de confianza a la hora de realizar exportaciones.

- ➢ Proporciona una gran seguridad y comodidad en el cobro de las exportaciones.

- ➢ Las ventas al extranjero dejan de ser una aventura y se constituyen en capítulo importante de la facturación total de la empresa.

2. TIPOS DE *FACTORING*

Podríamos clasificar las operaciones de *factoring* de la siguiente forma:

> ➤ ***Factoring* con recursos:** en este tipo de *factoring* se cede el derecho de cobro ante un tercero, pero la empresa de *factoring* no se hace cargo de la posible insolvencia del deudor, con lo que si no consigue cobrar el crédito, exigirá su importe al cliente que le cedió los derechos. En realidad, funciona como un descuento de efectos, pero utilizando otros documentos mercantiles (facturas, recibos, etc.). La empresa de *factoring* adelanta a su cliente el importe de los créditos cedidos, menos unas comisiones y unos intereses.

> ➤ ***Factoring* sin recursos** (también llamado *factoring* convencional): aquí se produce la venta de los derechos de cobro, esto es, los riesgos de impagados los asume la empresa de *factoring*, adelantando a su cliente el importe de los derechos menos unas comisiones y unos intereses. El coste es más elevado que en el *factoring* con recursos.

3. CÁLCULO DE LOS COSTES DEL *FACTORING*

Los costes del *factoring*, como en la mayoría de las operaciones financieras, tienen 2 componentes: interés y comisión.

Los costes no son fijos sino que se estudian en función de:

- Las características del *factoring*, si es con recurso o sin recurso.

- Las características del cedente, nivel de facturación, importe medio de las facturas, el sector de actividad, número de deudores, plazos medios de vencimiento.

- Las características del deudor, país en el que se encuentra, nivel de riesgo, antigüedad como cliente del cedente, etc.

El tipo de interés aplicado al descuento de las deudas (*factoring* convencional) se sitúa en función del mercado, más un margen comercial, tal y como ocurre en las operaciones de descuento comercial. El devengo y pago de este tipo de interés se efectúa en el momento en que el cedente recibe el pago por anticipado.

Por lo que respecta a las comisiones, y en función de los servicios obtenidos, se sitúan en una banda que suele oscilar entre el 0,50% y el 2,50% sobre el importe total de las facturas. En el caso de que haya un alto volumen de créditos pero el valor medio de los mismos sea bajo, el factor suele cobrar además una tarifa de manipulación.

En principio, el *factoring* puede parecer caro en muchas empresas, en comparación a los servicios de la banca. Pero en muchos casos se convierte en la única alternativa de financiación para algunas pymes y además es posible que muchas empresas se sorprendan si comparan el coste del *factoring* con el coste de la banca, considerando las compensaciones que solicitan estos últimos en muchos casos para realizar operaciones con ellos (seguros, tarjetas de crédito y otros productos diversos como condición para obtener sus servicios). Hay que destacar también que el *factoring* permitirá a la empresa reducir su estructura, con el ahorro de costes que eso implica.

TEMA 20: LAS INVERSIONES EN RENTA VARIABLE

1. INTRODUCCIÓN
2. CONCEPTO DE INVERSIONES EN RENTA VARIABLE
3. LAS AMPLIACIONES DE CAPITAL COMO FINANCIACIÓN
4. VALOR NOMINAL, VALOR TEÓRICO Y VALOR DE MERCADO
5. IMPLICACIONES DE LA AMPLIACIÓN PARA LA EMPRESA
6. IMPLICACIONES DE LA AMPLIACIÓN PARA EL SOCIO
7. ADQUISICIÓN DE ACCIONES
8. CÁLCULO DE RENTABILIDAD EN INVERSIONES EN RENTA VARIABLE

1. INTRODUCCIÓN

Los excedentes monetarios de una empresa o de un particular pueden ser invertidos de forma financiera, de manera que se obtengan mayores beneficios que manteniendo esos excedentes ociosos.

En este tema vamos a analizar las inversiones en renta variable. En el tema siguiente analizaremos las inversiones en renta fija.

2. CONCEPTO DE INVERSIONES EN RENTA VARIABLE

Se denomina Renta Variable a las acciones que coticen o no en bolsa. Los ahorradores pueden decidir invertir en acciones de otras compañías para obtener así unas ganancias. Las acciones pueden ser adquiridas por dos motivos fundamentalmente: con intención de poseerlas durante un largo período (para tener derecho a voto y asistencia a Juntas en la otra empresa), o bien para negociar en bolsa.

3. LAS AMPLIACIONES DE CAPITAL COMO FINANCIACIÓN

Las ampliaciones de capital suponen una entrada de recursos en la empresa, o sea, un aumento de la financiación que no supone una obligación. Pero, en contra de lo que pueda parecer, no siempre es la mejor financiación porque también tiene su coste. El coste de la financiación propia son los dividendos.

Si la financiación elegida fuera ajena, el coste serían los intereses. Estos intereses son gastos deducibles del Impuesto sobre el Beneficio. Por ejemplo, un interés del 6%, al final del ejercicio no es tal, ya que, al ser un gasto, nos supone un ahorro de impuestos. Si el tipo impositivo de la empresa es del 25%, el coste real de la financiación ajena, siguiendo nuestro ejemplo, sería de 6% - 25% de 6%, o sea, 4,5%.

En cambio, los dividendos no son deducibles de cara al impuesto de beneficios. Estos dividendos, que suponen un beneficio para los accionistas, son el coste, como antes mencionamos, de la financiación propia para la empresa. Si se pretende retribuir al accionista con dividendos del 5% sobre el patrimonio, resultaría una financiación más cara, en el ejemplo, que la ajena. Hay que tener en cuenta, por tanto, esta apreciación a la hora de elegir la forma de financiación más adecuada.

Al margen de esto, la ampliación de capital puede realizarse bien con aportaciones de los socios ya existentes, bien con entrada de nuevos socios. Esto último, en pymes, puede resultar otro problema añadido, ya que los nuevos socios, dependiendo del poder de decisión que adquieran, podrían alterar la armonía directiva en la empresa.

Por otra parte, la ampliación de capital conlleva gastos (notaría, registro mercantil...). También se aplica el Impuesto sobre Operaciones Societarias, que será del 1% del valor de la ampliación.

La ampliación de capital es una fuente de recursos muy apropiada si lo que se pretende es ampliar el negocio, acudiendo a nuevos mercados, ampliando la red de oficinas, o atender nuevas líneas de productos.

Con todo lo expuesto pretendemos concluir que no existe una forma de financiación ideal para todos los supuestos. Siempre va a depender de los motivos de esa necesidad de financiación y de la realidad económico-financiera de la empresa.

4. VALOR NOMINAL, VALOR TEÓRICO Y VALOR DE MERCADO

Las sociedades anónimas tienen su capital dividido en acciones y las sociedades de responsabilidad limitada lo tienen dividido en participaciones. La diferencia fundamental es que las participaciones son nominativas y no son tan fáciles de transmitir como las acciones. En este epígrafe nos estaremos refiriendo tanto a las acciones como a las participaciones, aunque sólo mencionemos las primeras.

Se llama **valor nominal** de una acción al valor proporcional que representa sobre el capital social. O sea, en una empresa con un capital social de 100.000,00 € y 1.000 acciones emitidas, el valor nominal de las mismas es de 100,00 €.

El **valor teórico** de una acción viene determinado por el total de patrimonio neto de la empresa, dividido por el número de acciones emitidas. Por tanto, una empresa con 100.000,00 € de capital social y 40.000,00 € en reservas, con 1.000 acciones emitidas, tiene un valor teórico de 140,00 € cada acción ((100.000,00 + 40.000,00) / 1.000).

El **valor de mercado** es el establecido en un mercado secundario regulado, o sea, la Bolsa. Sería el valor de cotización de la acción. Este valor, en pymes, es más difícil de establecer ya que el acceso a la cotización en Bolsa exige un tamaño de empresa y unos requisitos que sobrepasan a las pymes. En este caso, si hablamos de valor de mercado, sería el precio por el que podría venderse la acción. El valor de mercado vendrá influido por el valor teórico de la acción, junto con las expectativas futuras de la empresa. Si hablamos de la Bolsa de Valores, el valor de mercado dependerá de muchos otros factores, como la economía y política internacional.

5. IMPLICACIONES DE LA AMPLIACIÓN PARA LA EMPRESA

El número de acciones emitidas suele expresarse en función de las ya existentes. Por ejemplo, si aumentamos el capital en un 50%, se expresa como 1 acción nueva por 2 antiguas (1 / 2). Si la ampliación es del 25%, diremos 1 acción nueva por 4 antiguas (1 / 4).
Las nuevas acciones deben tener el mismo valor nominal que las antiguas.

La ampliación puede hacerse:

- **A la par**: quiere decir que las nuevas acciones emitidas tienen como precio su valor nominal.

- **Sobre la par**: las nuevas acciones tienen lo que se llama *prima de emisión*. Esto es, una sobrevaloración sobre su valor nominal.

De esta forma, si se emite una acción al 100%, la emisión es a la par. Si se emite al 120%, existe una prima de emisión del 20% sobre el valor nominal.

Hay que tener en cuenta que las reservas de la empresa son un sacrificio de los accionistas antiguos (ya que no han retirado esos fondos vía dividendos). Por este motivo, tiene sentido que se exija una prima de emisión a los nuevos accionistas que cubra, en todo o en parte, la proporción de reservas que la empresa tiene.

Por tanto, en la práctica, la prima de emisión tiene mucha relación con el valor teórico de la acción. Una acción antigua con valor nominal de 100,00 € y valor teórico de 140,00 €, supone que sea lógico pensar que las nuevas acciones se emitan con una prima de emisión del 40% (de esta forma, el precio de la nueva acción sería de 140,00 €). Con esto no pretendemos decir que en la práctica deba realizarse obligatoriamente así. En el mismo caso anterior, la empresa hubiera podido emitir las nuevas acciones con una prima de emisión diferente.

Como sabemos, una sociedad anónima no exige el desembolso total del capital emitido. El mínimo de desembolso es del 25%. Pero la prima de emisión sí tiene que estar totalmente desembolsada.

Ejemplo:

La sociedad GRAVO S.A. tiene un capital social de 300.000,00 € dividido en 10.000 acciones. Va a realizar una ampliación a razón de 1 acción nueva por cada 5 antiguas (o sea, del 20%), con una prima de emisión del 70%.

Solución:

La ampliación será de 2.000 acciones, con valor nominal de 30,00 € (300.000,00 / 10.000), a un precio de 51,00 € (30,00 x 170%). El importe total de la ampliación es de 102.000,00 €, de los cuales 60.000,00 corresponden a capital social y 42.000,00 a la prima de emisión.

6. IMPLICACIONES DE LA AMPLIACIÓN PARA EL SOCIO

Los actuales socios de la empresa tienen derecho de suscripción preferente sobre las nuevas acciones. Recibirán tanto derechos como acciones posean, pudiendo:

- Ejercer el derecho y suscribir las acciones.
- Vender los derechos de suscripción.

Supongamos un socio con 1.000 acciones. Si la sociedad va a realizar una ampliación de capital de 1 acción nueva por cada 4 antiguas (ampliación del 25% sobre el capital social), el socio recibirá 1.000 derechos que le permitirán adquirir 250 acciones nuevas. O sea, para suscribir una acción nueva tiene que entregar 4 derechos de suscripción.

El socio podrá decidir cuántas acciones suscribir. El resto de derechos que no utilice, podrá venderlos en el mercado. Las empresas que cotizan en mercados secundarios (Bolsa) tienen también mercado para los derechos de suscripción. El valor de mercado de los derechos de suscripción dependerá de lo atractivo que resulte para los inversores adquirir acciones de esa empresa.

7. ADQUISICIÓN DE ACCIONES

Una empresa en crecimiento siempre necesita conseguir dinero para llevar a cabo sus proyectos. Una forma de conseguirlo es a través de la bolsa. De esta forma, una empresa puede ofrecer parte de su actual capital o emitir nuevas acciones.

Tener una acción es equivalente a ser dueño de una parte de la empresa. Cuando se da dinero a la empresa, ella entrega a cambio acciones, que representan la parte de la empresa que se compró y que va tener una relación directa con la cantidad de dinero que se haya invertido.

Tener una acción significa también que se va a participar de las ganancias de la empresa por medio de sus dividendos y de sus pérdidas, a través de la caída en su cotización.

Al invertir en acciones, siempre se corren riesgos. El principal riesgo es que se produzca una caída en las cotizaciones de la acción en la que se invirtió. Sin embargo, si se mantiene la inversión por un período prolongado, las probabilidades de obtener una buena rentabilidad aumentan.

La adquisición de acciones puede hacerse:

> **En el momento de la emisión:** se adquieren acciones directamente de la empresa emisora (o una entidad financiera que actúe como gestora).

> **En los mercados secundarios:** sería adquirir acciones en bolsa. Para ello es necesario que la operación la realice un agente de bolsa.

Existen dos formas de ordenar a un agente de bolsa la adquisición de acciones:

> **Orden límite:** es aquella en la cual se le indica al agente de bolsa que compre o venda una acción a un precio determinado (o mejor). Este tipo de orden garantiza el precio, pero no la ejecución de la misma.

> **Orden de mercado:** con una orden de mercado se indica al agente inversionista que compre o venda determinada acción en la bolsa. Este tipo de orden asegura que la acción sea comprada o vendida a como esté en el mercado, siempre y cuando haya algún interesado, pero no garantiza el precio de la transacción.

La Bolsa es el mercado donde se encuentran los ahorradores (los que prestan recursos financieros –inversionistas–) y las empresas (que demandan los recursos financieros).

Existe una gran diferencia entre invertir y especular. Especular es considerada una práctica poco transparente o sospechosa de malas intenciones. Sin embargo, los especuladores, es decir, aquellos que compran y venden títulos valores en períodos muy cortos (generalmente en el mismo día) son los que proveen de liquidez al mercado. Gracias a que existen muchas transacciones en la bolsa, los inversionistas, o sea, los que invierten por un tiempo más extenso, pueden comprar o vender sus acciones en el momento en que ellos lo deseen. Si no hubiera suficientes operaciones, el inversionista se vería en problemas al querer comprar o vender sus acciones. Los especuladores, en general, son profesionales que quieren ganar mucho en el menor tiempo posible. Esta práctica es recomendable sólo a aquellas personas especializadas, porque necesitan estar en alerta constante, ya que los riegos son altos.

8. CÁLCULO DE RENTABILIDAD EN INVERSIONES EN RENTA VARIABLE

Los beneficios que se pueden obtener con una acción son:

> **Dividendos:** Un dividendo es la proporción de las ganancias de la empresa que se decide distribuir entre los accionistas, y también se entiende como la cantidad que el consejo de accionistas de cualquier empresa decide pagar a los tenedores de acciones y normalmente está en función de los beneficios que se hayan logrado y la política financiera de la empresa.

> **Valor de cotización en Bolsa:** En teoría, no existe límite alguno en cuanto al incremento del precio de una acción. El mercado de acciones también se conoce como renta variable, porque nunca se sabe lo que se puede ganar o perder.

El rendimiento de una acción es el beneficio total obtenido por ella, contando tanto el dividendo percibido como el incremento o decremento de su valor en Bolsa.

Se puede expresar en forma de porcentaje, con la siguiente fórmula:

$$\text{Rendimiento} = \frac{D + (P_1 - P_0)}{P_0} \times 100$$

Donde,

D = dividendos percibidos en el período de estudio
P_0 = valor de adquisición de la acción o valor al inicio del período estudiado
P_1 = valor de la acción al final del período estudiado

El cálculo se puede realizar para una cartera de acciones heterogénea, teniendo en cuenta que los datos corresponderán al conjunto de todas ellas.

Ejemplo: el 1 de enero compramos 100 acciones de ESPE S.A. de 150,00 € de valor nominal, que cotizan al 120%. Durante el año recibimos unos dividendos de 2,00 € por acción. Al finalizar el año, las acciones de ESPE S.A. cotizan al 130%. Calcular el rendimiento obtenido en ese año con las acciones.

Solución: podemos realizar los cálculos por acción o bien para el conjunto de ellas. Esto último es aconsejable cuando se trata de una cartera de acciones compuesta por diferentes títulos. Pero en este caso, obtendremos el mismo resultado realizando los cálculos para una única acción.

El valor de mercado al adquirir las acciones es de 180,00 € (150x120%). Esto será "P_0".

El valor de mercado al acabar el año es de 195,00 € (150x130%). Esto será "P_1".

El dividendo recibido es de 2,00 €. Esto será "D".

Con estos datos, aplicaremos la fórmula:

$$\text{Rendimiento} = \frac{D + (P_1 - P_0)}{P_0} \times 100$$

$$\text{Rendimiento} = \frac{2 + (195 - 180)}{180} \times 100$$

Rendimiento = 9,44%

Es conveniente expresar el rendimiento en forma de interés anual, ya sea tanto nominal o TAE, ya que es más fácil de comparar con otros rendimientos. Por ello, si realizamos el cálculo para una fracción de año (mes, trimestre, semestre…), habrá que pasar ese rendimiento a tanto nominal o TAE.

TEMA 21: LAS INVERSIONES EN RENTA FIJA

| 1. CONCEPTO DE INVERSIONES EN RENTA FIJA |
| 2. TIPOS DE INVERSIONES EN RENTA FIJA |
| 3. ADQUISICIÓN DE RENTA FIJA |
| 4. CÁLCULO DE LOS INTERESES EN RENTA FIJA |

1. CONCEPTO DE INVERSIONES EN RENTA FIJA

La renta fija está representada por todos aquellos valores que producen unos beneficios fijos para el que los posea, como por ejemplo, Bonos y Obligaciones. Destaca, sobre todo, la Deuda Pública, instrumentada en los Bonos de Estado, Pagarés del Tesoro, Letras del Tesoro y Obligaciones del Estado. Esta Renta Fija implica la obtención de unos intereses prefijados por la persona que los adquiere.

Los intereses que produzcan estos valores pueden cobrarse periódicamente o bien en el momento del reembolso.

Se trata de valores que emiten empresas y organismos públicos para captar financiación externa. Representan préstamos que los inversores ofrecen a las entidades emisoras a cambio del pago de unos intereses y la devolución del capital invertido en un plazo fijado previamente.

Un inversor en renta fija no es un accionista, ya que éste es propietario de una parte del capital social de la compañía y aquél únicamente es acreedor de la sociedad emisora. Esta cuestión cobra importancia en el caso de liquidación de la sociedad, en tanto que el acreedor tiene prioridad de cobro frente a los socios.

La renta fija recibe esta denominación por el hecho de que la mayoría de los productos de este tipo que existen en el mercado pagan un interés (llamado "cupón") fijo que se conoce en el momento de la compra. La otra gran diferencia entre los bonos y los productos de renta variable (acciones) es que la renta fija no concede derechos políticos (participación en la Junta de Accionistas o acceder a las cuentas anuales), mientras que las acciones sí.

La renta fija se asocia a inversión segura, pero también puede sorprender con pérdidas. Si la inversión se mantiene hasta su plazo de vencimiento siempre ofrecerá beneficios. Ahora bien, si un inversor adquiere renta fija a 8 años y se ve en la necesidad de desprenderse de ella a los 4 años, deberá tener en cuenta el precio del dinero (los tipos de interés) en el momento de la venta. Si los tipos de interés son más elevados que cuando él realizó su inversión, las nuevas emisiones de renta fija ofrecerán más interés y, por lo tanto, la renta fija que el inversor quiere vender anticipadamente en el mercado secundario pierde atractivo respecto a la nueva. Por ello, si vende, se desprenderá de su inversión a un precio más barato del que pagó por él y perderá dinero. En el supuesto contrario, si bajan los tipos, podrá recibir ofertas a un precio más elevado y obtendrá ganancias.

Cuanto mayor sea el plazo del bono más le afectan las subidas y bajadas de los tipos de interés. Por tanto, si se espera que los tipos de interés bajen, será bueno invertir en los plazos más largos. En caso de subida de tipos de interés será mejor invertir en los plazos más cortos.

2. TIPOS DE INVERSIONES EN RENTA FIJA

Existen dos tipos de renta fija en función de la naturaleza del emisor:

> **Deuda pública:** la emisión de los títulos es llevada a cabo por el Estado (a través del Tesoro), Comunidades Autónomas y otros organismos públicos.

> **Renta fija privada:** se agrupan en esta categoría los valores emitidos por las empresas del sector privado.

Una clasificación de la renta fija en función del producto y el plazo podría ser la siguiente:

> **Letras del tesoro**: se trata de valores a corto plazo (entre 3 meses y un año), emitidos por el Estado. Al ser valores a corto plazo, las

variaciones de su precio en el mercado secundario suelen ser pequeñas, lo que supone un menor riesgo para el inversor que necesite liquidar esos valores antes de su vencimiento. Se emiten al descuento (también llamado "cupón corrido"), lo que implica que el inversor adquiere la letra por un valor inferior a su valor nominal (que suele ser de 1.000,00 euros), estableciéndose el rendimiento por la diferencia entre ambos.

➢ **Bonos y obligaciones públicos y privados**: se trata de títulos de renta fija a largo plazo, esto es, de entre 1 y 30 años. En el caso de los Bonos y Obligaciones del Estado la diferencia que hay entre ambos es temporal. En el caso de los Bonos se emiten a tres y cinco años, mientras que en las Obligaciones se hace a diez, quince y treinta años. Los intereses pueden ser fijos o variables (referenciados a un determinado índice) y se cobran los mismos de una forma periódica prefijada de antemano o bien al vencimiento de la inversión (a esto se le llama "cupón cero").

➢ **Pagarés**: existen los pagarés del Estado, que funcionan de la misma forma que las Letras del Tesoro (al descuento), pero a un plazo más corto. También podemos encontrar los pagarés de empresa, que son la versión privada de las Letras, igualmente emitidas al descuento.

➢ **Bonos convertibles y canjeables**: es una modalidad de renta fija donde en lugar de devolución del nominal a su vencimiento existe la opción de recibir acciones de la empresa emisora, pasando de ser acreedores a accionistas. Se denominan convertibles cuando las acciones adquiridas son nuevas (procedentes de una ampliación de capital), mientras que si las acciones ya estaban en circulación se conocen como canjeables.

➢ **Fondos de renta fija**: los Fondos de Renta Fija invierten exclusivamente en títulos de renta fija. El Fondo estará formado por varios títulos de características diferentes, para diversificar el riesgo, desde Letras del Tesoro, hasta bonos más arriesgados de empresas. Es decir, un fondo de renta fija no es más que una cartera de inversión en renta fija con distintos vencimientos, cupones y características.

3. ADQUISICIÓN DE RENTA FIJA

A la hora de invertir en renta fija es necesario fijarse en tres factores: el plazo de la inversión, el tipo de interés y la solvencia del emisor.

Generalmente, cuanto mayor es el plazo de la inversión, las ganancias lo serán también.

Los intereses son fundamentales si el inversor decide vender sus valores antes de su plazo de vencimiento.

Respecto al emisor del valor, es fundamental saber si es solvente. Este riesgo lo miden agencias especializadas que otorgan calificaciones a las emisiones de renta fija. Estas valoraciones reciben también la denominación de *ratings*. Según el baremo de algunas agencias, el *rating* de AAA es el más fiable y refleja una alta capacidad de la entidad emisora para hacer frente a sus compromisos financieros. Una B indica que las perspectivas son negativas y si una entidad emisora merece una C, se encuentra cerca del impago.

Antes de optar directamente por la renta fija es muy recomendable tener en cuenta también la inflación, sin centrarse únicamente en la rentabilidad. La renta fija a corto plazo produce resultados que en ocasiones no superan el IPC. Es lo que ocurre con los activos públicos, en los que la rentabilidad no suele superar el 3%, mientras que la inflación podría ser mayor.

Hay que leer con detenimiento las cláusulas de este tipo de productos financieros. Puede haber problemas para recuperar el capital antes del plazo previsto. Conviene cerciorarse de que el contrato permite recobrar la inversión en todo momento y conocer bajo qué condiciones se hará.

Por último, hay que tener siempre en cuenta el coste de mantenimiento de la inversión, esto es, las comisiones. La renta fija adquirida suele depositarse en una cuenta de valores, que se abre en cualquier banco o caja de ahorros. Estas cuentas se gravan generalmente con dos comisiones: por administración y custodia (suele oscilar entre el 0,5% y el 0,6% del valor de los títulos); y en el momento del cobro de los intereses anuales (alrededor del 0,30% de los intereses recibidos).

4. CÁLCULO DE LOS INTERESES EN RENTA FIJA

Los títulos de renta fija generan rendimiento a través de dos formas distintas:

- **Rendimiento explícito**: el título da derecho a percibir un rendimiento (cupón) cada cierto tiempo o bien al vencimiento. Por ejemplo, un título con valor nominal de 1.000,00 € da unos intereses anuales del 5%; al final de cada año, mientras esté vigente el título, el tenedor recibirá un rendimiento (cupón) de 50,00 €.

- **Rendimiento implícito**: el título no ofrece ningún rendimiento explícito, sino que los intereses se obtienen por la diferencia entre el importe obtenido a la amortización (nominal) y el importe pagado en la adquisición, del que se descuenta el rendimiento. Por ejemplo, un título con valor nominal de 1.000,00 € a 1 año se emite al descuento por un precio de 952,38 €. El inversor recupera dentro de un año el valor nominal, o sea, 1.000,00 €, por lo que obtiene como rendimiento: 1.000 - 952,38 = 47,62 €. Estos intereses equivalen a una tasa de rendimiento igual a: 47,62/952,38 = 0,05. Multiplicando por 100 para obtener un porcentaje, 5,00%.

También se obtendría rendimiento implícito si se adquieren valores de renta fija en el mercado secundario, esto es, en un momento diferente al de la emisión. En este caso, los cálculos se harían por diferencia entre lo pagado al adquirirlos y lo cobrado a su vencimiento o venta. Pero siempre hay que tener muy en cuenta el tiempo de permanencia de la inversión. Es decir, no es comparable un rendimiento del 2% obtenido en 2 meses con un rendimiento del 3% obtenido en 4 meses. Por ello, es siempre conveniente expresar el rendimiento en función de un año, bien sea con interés nominal J_m (que es lo más usual) o bien con el TAE.

TEMA 22: LOS FONDOS DE INVERSIÓN

1. CONCEPTO DE FONDOS DE INVERSIÓN
2. CLASIFICACIÓN DE LOS FONDOS DE INVERSIÓN
3. LAS SOCIEDADES DE INVERSIÓN MOBILIARIA
4. CÁLCULO DE RENTABILIDAD DE LOS FONDOS DE INVERSIÓN

1. CONCEPTO DE FONDOS DE INVERSIÓN

Un fondo de inversión es un instrumento de ahorro que reúne a un gran número de personas que quieren invertir su dinero. El fondo pone en común el dinero de este grupo de personas y una entidad gestora se ocupa de invertirlo (cobrando comisiones por ello) en una serie de activos como pueden ser acciones, títulos de renta fija, activos monetarios, derivados... e incluso en otros fondos de inversión o una combinación de todos ellos.

La sociedad gestora del fondo es una sociedad anónima que tiene como objeto social y exclusivo la administración y representación del Fondo, siendo también la responsable ante los partícipes la buena marcha del mismo.

Todo el patrimonio resultado de la inversión colectiva denominada Fondo de Inversión estará dividido en participaciones de iguales características, sin valor nominal, que confiere a los titulares un derecho de propiedad sobre dicho Fondo. Por lo tanto, una participación se entenderá como la unidad de aportación de cada uno de los partícipes. El precio de esas participaciones puede ir aumentando o disminuyendo en función del comportamiento de los activos en los que se haya invertido el fondo. El valor de la mayoría de esas participaciones puede seguirse en los periódicos financieros, y están expresadas en unidades monetarias.

Los Fondos de Inversión son un producto financiero ideal para aquellos inversionistas que deseen realizar su propio plan de ahorro, que podrán establecer la aportación periódica de cierta cantidad, para conseguir un determinado capital al cabo de un plazo preestablecido.

Debido a sus características de sociedad de inversión colectiva, ofrece a sus partícipes una seguridad financiera institucional (Sociedades Gestoras) y una diversificación del riesgo, liquidez y rentabilidad, así como un fácil acceso al pequeño ahorrador.

Algunas de las ventajas de los fondos de inversión son que el dinero es fácil de rescatar, no requiere elevado capital (la pluralidad de inversores hace que la inversión sea accesible) y además existe una posibilidad muy reducida de perder toda la inversión, aunque de hecho sí se puede perder dinero invirtiendo en los mismos.

2. CLASIFICACIÓN DE LOS FONDOS DE INVERSIÓN

Hay dos tipos de clasificaciones para los Fondos de Inversión, la primera está en función de su posición de distribución de los beneficios, de los cuales podemos distinguirlos de la siguiente manera:

- **Fondos de Renta o de Reparto:** son aquellos en los que se distribuyen con carácter periódico los beneficios de la institución, vía dividendos a los partícipes.

- **Los Fondos de Capitalización o de Crecimiento:** son aquellos en los que la sociedad gestora acumula las rentas y reinvierte los ingresos en el patrimonio del Fondo.

La segunda clasificación está en función del plazo de vencimiento de los instrumentos en los que se ve materializado el activo. En este sentido, encontramos principalmente:

- **Fondos de Inversión Mobiliaria (FIM):** invierten en cualquier instrumento negociable, ya sea renta fija o variable, y suelen tener duración indefinida.

- **Fondos de Inversión en Activos del Mercado Monetario (FIAMM):** invierten en renta fija (Letras del Tesoro, Pagarés del Estado o de empresas, etc.), por tanto tienen mayor seguridad, y con unos plazos cortos de manera que se asegura la liquidez.

Los FIM son una de las grandes categorías de fondos de inversión. La ley les exige tener al menos el 80% de su patrimonio invertido en valores de renta fija o de renta variable admitidos a negociación en una bolsa de valores.

Los FIAMM también se conocen como fondos monetarios o fondos de dinero. Es una categoría de fondos de inversión que por ley debe tener invertido al menos un 90% de su cartera en renta fija a corto plazo (vencimiento no superior a 18 meses).

Pero, además de los mencionados, también podemos encontrar:

- Fondos de Inversión Mobiliaria de Fondos: también conocidos como fondos de fondos ya que invierten al menos un 50% de su activo en participaciones de otros fondos de inversión.

- FIMP (Fondos de Inversión Mobiliaria Principales): son una categoría de fondos de reciente creación que se caracteriza por tener como partícipes a otros fondos de inversión.

- FIMS (Fondos de Inversión Mobiliaria Subordinados): son una categoría de fondos de inversión que invierte al menos un 80% de su cartera en participaciones del FIMP designado en su folleto informativo.

- FIME (Fondos de Inversión Mobiliaria Especializados en valores no negociados): también constituyen una categoría recientemente creada. Son fondos que invierten entre un 50% y 80% de su activo en valores no negociados en mercados secundarios.

- FII (Fondos de Inversión Inmobiliarios): invierten su patrimonio en inmuebles, ya sean viviendas, oficinas, garajes... y obtienen su rentabilidad tanto de la reventa de esos inmuebles como del cobro de los alquileres.

- Fondtesoros: son una categoría especial de fondos de inversión que invierte su patrimonio exclusivamente en deuda del Estado (Letras del Tesoro, bonos y obligaciones del Estado). Los Fondtesoros pueden pertenecer, bien a la categoría FIM (cuando invierten al menos un 50% de su cartera en deuda del Estado con plazo superior a un año), bien a la categoría FIAMM (cuando invierten todo su patrimonio en valores del Tesoro a corto plazo).

3. LAS SOCIEDADES DE INVERSIÓN MOBILIARIA

Son sociedades anónimas, de capital fijo o variable, que tienen por objeto exclusivo la adquisición, tenencia, disfrute, administración en general y enajenación de valores mobiliarios y otros activos financieros, para compensar, por una adecuada composición de sus activos, los riesgos y los tipos de rendimiento, sin participación mayoritaria económica o política en otras sociedades.

Sus características generales son:

• Se rigen por la Ley 46/1984, de 26 de diciembre, reguladora de las Instituciones de Inversión Colectiva, ampliamente modificada por la Ley 24/1998 de 28 de julio del Mercado de Valores.

• El capital social estará representado por acciones nominativas que tendrán igual valor nominal y conferirán los mismos derechos.

• El capital mínimo no podrá ser inferior al que reglamentariamente se establezca en sus estatutos.

• Las aportaciones para la constitución del capital se realizarán exclusivamente en dinero, valores mobiliarios admitidos a cotización oficial u otros activos financieros aptos para cubrir sus coeficientes de inversión y liquidez.

• Tendrán al menos el 90% de su activo invertido en valores mobiliarios cotizados y otros activos financieros.

• Las obligaciones frente a terceros no podrán exceder del 20% del activo.

Podemos clasificarlas en dos tipos de sociedades:

➢ Sociedades de inversión mobiliaria de capital fijo.

➢ Sociedades de inversión mobiliaria de capital variable.

Las sociedades de inversión mobiliaria de capital fijo tienen las siguientes características:

• En la denominación deberá figurar necesariamente la indicación de Sociedad de Inversión Mobiliaria o sus siglas SIM

• La gestión de los activos se realizará por los órganos de la sociedad, pero si los Estatutos lo prevén, la Junta General puede encomendar aquella a una sociedad gestora. Este acuerdo deberá inscribirse en el Registro Mercantil y en el Registro Especial correspondiente.

• Las cuentas anuales y el informe de gestión deberán ser objeto de auditoría de cuentas según lo previsto en la Ley del Mercado de Valores.

Las sociedades de inversión mobiliaria de capital variable presentan, además, las siguientes particularidades:

- Se caracterizan por que el capital social es susceptible de aumentar o disminuir, dentro de los límites del capital estatutario máximo y del inicial fijado, mediante la venta o adquisición por la sociedad de sus propias acciones.

- El capital inicial deberá estar íntegramente suscrito y desembolsado desde la constitución de la sociedad y el máximo fijado no será superior en más de diez veces al inicial.

- El ejercicio de los derechos derivados de las acciones en cartera permanecerá en suspenso mientras no hayan sido suscritas y desembolsadas.

- Los títulos-acciones, aparte de los requisitos del artículo 52 de la Ley de Sociedades Anónimas, expresarán el capital inicial y el máximo estatutario.

- Los/las accionistas no tienen derecho de suscripción preferente en la emisión de nuevas acciones, incluso en las creadas por aumento del capital estatutario máximo, y las acciones deben ponerse en circulación conforme a lo dispuesto en la ley.

4. CÁLCULO DE RENTABILIDAD DE LOS FONDOS DE INVERSIÓN

Cuando se compra un fondo de inversión se está comprando en realidad una pequeña parte de su cartera. Cada parte del fondo recibe el nombre de participación. El precio de cada una de estas participaciones, a una determinada fecha, se conoce como valor liquidativo del fondo. En la práctica, si se invierten 1.000,00 € en un fondo que tiene un valor liquidativo de 116,96 €, recibirá 8,55 participaciones de este fondo (o sea, 1.000 / 116,96). Como se puede apreciar, contrariamente a las acciones que cotizan en bolsa, el número de participaciones no tiene por qué ser necesariamente un número entero (en realidad raras veces lo es).

Al comprar participaciones de un fondo de inversión, la entidad gestora añade ese dinero al fondo y lo invierte, bien en acciones, en renta fija, activos monetarios, derivados..., o en una mezcla de todos ellos, según la política de inversión que tenga establecida. El total del dinero que tiene el fondo (tanto el que está invertido como el que no) constituye el patrimonio del fondo. En cuanto a los títulos (acciones, obligaciones...) que posee el fondo también se conocen como los activos del fondo y su conjunto constituye la cartera del fondo.

La rentabilidad de los fondos de inversión se publica periódicamente por la propia Sociedad Gestora del Fondo, y se calcula en función del valor total de las inversiones de ese fondo, dividida por el número de participaciones existentes. La evolución del fondo dependerá de la propia evolución del mercado en cuanto a los valores adquiridos.

La rentabilidad para cada inversor se calcula por la diferencia entre el valor de adquisición del fondo (o bien, el valor liquidativo al principio del período analizado) y el valor liquidativo al final del período.

TEMA 23: LAS CUENTAS DE AHORRO-VIVIENDA Y AHORRO-EMPRESA

---

1. INTRODUCCIÓN
2. LAS CUENTAS DE AHORRO-VIVIENDA
3. LAS CUENTAS DE AHORRO-EMPRESA

---

1. INTRODUCCIÓN

Dentro de los planes de ahorro que ofrecen las entidades financieras, encontramos dos tipos dirigidos especialmente a pequeños inversores, cuyo principal atractivo es el ahorro en impuestos:

- **Cuentas de ahorro-vivienda:** son planes de ahorro cuya finalidad consiste en adquirir o rehabilitar la vivienda habitual del inversor.

- **Cuentas de ahorro-empresa:** tienen como finalidad constituir una sociedad.

A la hora de elegir una determinada cuenta, ya sea de ahorro-vivienda o de ahorro-empresa, hay que tener muy en cuenta:

- ➢ Los intereses que la entidad financiera ofrece: evidentemente, es más interesante la cuenta con mayor interés.

- ➢ El plazo de cobro de estos intereses: cuanto menor sea el plazo, más atractiva es la cuenta, ya que estos intereses se destinan a aumentar los fondos de la misma, con lo cual ofrecerán, a su vez, intereses en el futuro.

Además de las ventajas señaladas, estos productos suponen para los pequeños inversores una forma interesante de canalizar sus ahorros a un fin concreto: adquirir una vivienda o constituir una empresa.

Veremos que ambos productos tienen unas características similares. Resumiendo, sus principales ventajas son:

- Beneficios fiscales

- Canalización del ahorro

- Intereses percibidos

2. LAS CUENTAS DE AHORRO-VIVIENDA

Las cuentas vivienda son un instrumento creado con el objetivo de ahorrar para comprarse un piso o para rehabilitarlo (en todo caso, debe ser la vivienda habitual, con lo que si se trata de una segunda vivienda, no se podrá acoger a sus beneficios fiscales). Su peculiaridad es que las aportaciones que realizan sus titulares se benefician de una deducción fiscal del 15% de la cantidad aportada cada año (valorada a 31 de diciembre), sobre un máximo de 9.015,00 € anuales, en el territorio general (un 18% con un máximo de 2.160,00 €, en el País Vasco).

Una cuenta vivienda es un producto financiero en el que, a modo de libreta de ahorro, se va ingresando la cantidad que cada inversor estima oportuna. El dinero ingresado sólo se puede destinar a la compra o rehabilitación de la vivienda habitual.

El plazo para adquirir la vivienda es de un máximo de 6 años. No obstante, en los últimos dos años los titulares de la cuenta no podrán beneficiarse de deducciones fiscales. Esto contrasta con las regulaciones forales de País Vasco y Navarra, donde las cuentas de ahorro-vivienda se pueden contratar hasta seis y siete años, y en todos estos ejercicios los contribuyentes pueden beneficiarse de las correspondientes deducciones.

Si pasados seis años el contribuyente no ha conseguido adquirir una vivienda (por los motivos que sean), se verá obligado a devolver a Hacienda las deducciones de las que se benefició durante los cuatro primeros años más los intereses. En cualquier caso, el plazo de las cuentas vivienda está marcado por ley, y si se supera, el contribuyente no tiene posibilidad de ampliarlo.

Las cuentas ahorro-vivienda son un instrumento financiero que se puede contratar en cualquier entidad de crédito, tanto bancos como cajas de ahorros.

3. LAS CUENTAS DE AHORRO-EMPRESA

A través del Real Decreto-Ley 2/2003, de 25 de abril, de medidas de reforma económica, el Gobierno ha incluido una nueva fórmula de financiación que nada tiene que ver con las tradicionales subvenciones a fondo perdido ni con los préstamos subvencionados.

Se trata de una figura afín a la cuenta ahorro-vivienda, sólo que en este caso las cantidades que los emprendedores van depositando en el fondo deberán aplicarse a la constitución de una empresa con, al menos, un local, un empleado y con la forma jurídica de sociedad limitada nueva empresa (SNE).

Quienes decidan crear este tipo de cuentas podrán deducir un 15% de las cantidades depositadas en la misma en el Impuesto sobre la Renta de las Personas Físicas, aplicable a un máximo de cuatro años, con el límite de 9.000,00 euros.

En el plazo de un año desde que la sociedad queda válidamente constituida, deberán destinarse los fondos aportados por los que se hubiera disfrutado de deducción a: adquisición de inmovilizado material e inmaterial; gastos de constitución y primer establecimiento y gastos de personal empleado con contrato laboral.

Los requisitos para beneficiarse fiscalmente de una cuenta ahorro-empresa son:

- ✓ Puede contratarse sólo una cuenta ahorro-empresa por persona y podrá beneficiarse únicamente de las deducciones de la primera Nueva Empresa que cree.

- ✓ El dinero que se encuentre en esa cuenta será para la suscripción de su titular como socio fundador de la Nueva Empresa.

- ✓ La Nueva Empresa deberá tener un local específico en un plazo máximo de un año desde la constitución de la misma; y deberá destinar el saldo de la cuenta a la compra de elementos patrimoniales (inmovilizado material o inmaterial) para uso exclusivo de la actividad empresarial, a los gastos de constitución, por primer establecimiento y por gasto de personal, para lo cual deberá tener al menos un empleado a jornada completa con contrato laboral.

✓ La empresa deberá mantener su actividad al menos durante los dos años siguientes al inicio de la actividad.

✓ La empresa no puede ser simple transformación de otra que ya existiera.

No obstante, las deducciones pueden perderse si:

➢ Desde que se abrió la cuenta pasaron 4 años y no se inscribió la empresa en el Registro Mercantil.

➢ Se usa el dinero de esa cuenta para un fin diferente que la creación de la Nueva Empresa.

➢ Las participaciones de esta nueva empresa se transmiten entre particulares en los 48 meses siguientes al inicio de actividad.

TEMA 24: LOS PLANES DE JUBILACIÓN Y DE PENSIONES

1. INTRODUCCIÓN
2. LOS PLANES DE PENSIONES
3. LOS PLANES DE JUBILACIÓN
4. CÁLCULO DEL VALOR DE LOS PLANES DE JUBILACIÓN Y PENSIONES

1. INTRODUCCIÓN

El creciente envejecimiento de la población, la cada vez más cuestionada sostenibilidad del sistema de pensiones tal y como hoy está concebido, el retraso con que la juventud se incorpora al mercado laboral (y, por tanto, comienza a cotizar a la Seguridad Social) y la actual precariedad de los contratos de trabajo configuran una coyuntura difícil en lo que se refiere a la posibilidad de cobrar una pensión de jubilación dentro de algunas décadas.

Esta incertidumbre, alentada por muchos especialistas en economía y sistemas de pensiones e incluso por la propia Administración Pública, hace que muchas personas se preocupen por lo que cobrarán cuando se jubilen y comiencen a diseñar la jubilación en función de las ofertas que lanzan las entidades bancarias y aseguradoras. En otras palabras, como el sistema público de pensiones no asegura una jubilación tranquila en lo económico, son muchos los ciudadanos que ya han comenzado a ahorrar para cuando llegue el momento de la inactividad laboral, porque temen que con la pensión que les corresponda no sea suficiente para mantener un nivel de vida no excesivamente inferior al de cuando trabajaban.

Los expertos aseguran que los 40 años es la edad en la que más ciudadanos se plantean suscribir un plan de pensiones o de jubilación. Los dos son productos de ahorro, pero con diferencias notables. Fundamentalmente, afectan a la rentabilidad, a las ventajas fiscales y a la liquidez.

Mientras que el plan de pensiones nace en España como un modelo de previsión complementario al sistema público, el plan de jubilación es independiente de la Administración y es más bien un plan de ahorro. En nuestro país, los planes de pensiones (más extendidos que los de jubilación) son un producto financiero relativamente joven; aparecen en el ordenamiento jurídico con la promulgación de la Ley 8/87 de 8 de junio de 1987.

2. LOS PLANES DE PENSIONES

Los Planes de Pensiones son un producto financiero de ahorro integrado en otros mayores: los Fondos de Pensiones. Los planes de pensiones, al invertir en Fondos, no garantizan una rentabilidad inicial.

Su principal inconveniente es la falta de liquidez. Las aportaciones de los planes de pensiones no se pueden recuperar hasta que no se llegue a la jubilación, a los 65 años o anticipada. Las excepciones están descritas por la Ley: fallecimiento, enfermedad grave o desempleo de larga duración.

Las aportaciones a planes de pensiones se realizan mediante cuotas, que pueden ser mensuales, trimestrales, semestrales o anuales, a gusto del cliente. Y se pueden reducir, aumentar e incluso suspender temporalmente. También se pueden hacer aportaciones únicas por la cantidad que se desee.

El total de aportaciones a un plan de pensiones durante un año permite, al titular del mismo, unas desgravaciones fiscales en su declaración de la renta, con unos máximos que dependen de diversas situaciones, fundamentalmente: ingresos anuales y discapacidad.

Cuando un Plan de Pensiones no sea rentable es posible pasarse a otro fondo de pensiones. Este paso no tiene coste económico entre las distintas gestoras de planes de pensiones ni penalización fiscal. Al fin y al cabo, estamos generando un ahorro futuro para nuestra jubilación, por lo que no debemos descuidar este punto, de manera independiente a la edad que tengamos.

Una vez que el titular se haya jubilado puede recuperar el dinero en cuotas mensuales o en un solo pago. En caso de cuotas mensuales, se calculará una renta vitalicia en función de los fondos del plan de pensiones.

Cuando se llega a la jubilación y el titular se dispone a recuperar lo ahorrado, las cantidades aportadas durante tantos años las entiende Hacienda como rentas de trabajo que desgravaron en su momento, por lo que cuando se reciba el dinero con los intereses el titular deberá pagar los impuestos que no satisfizo en sus sucesivas declaraciones de la renta.

Los planes de pensiones no están ofreciendo la rentabilidad que se esperaba de ellos. Los gestores de los fondos perciben unas altas comisiones (en ocasiones pueden llegar hasta el 2,50%) por realizar unas inversiones con la intención de obtener mejores resultados de los que obtendría un particular al realizarlas.

Pero, en algunos casos, no es así, ya que el dinero depositado en un plan de pensiones se invierte, en muchas ocasiones, en función de la política social de la entidad gestora, sin tener en cuenta los intereses particulares de los inversores.

A pesar de sus malos resultados, los españoles no parecen muy preocupados por los escasos beneficios que les proporcionan estas inversiones y cada vez son más los que confían en que los planes de pensiones les permitirán disfrutar de sus años de jubilación con cierto desahogo económico. Las razones que los llevan a invertir en estos fondos son:

- Acumular ahorro para la jubilación.

- Una forma de ahorro en la que no es posible retirar los fondos, con lo que se tiene la certeza de contar con ellos en el momento de la jubilación.

- Desgravación fiscal.

- Rentabilidad financiera.

3. LOS PLANES DE JUBILACIÓN

Los planes de jubilación se asemejan, en cierto modo, a un contrato de seguro de vida mixto que cubre la contingencia de muerte, invalidez o de jubilación.

Los planes de jubilación son seguros de vida en los que se combina riesgo y ahorro.

Las aportaciones del titular pueden realizarse de la siguiente forma:

- En un solo pago (las llamadas primas únicas): poco habituales, consistentes en realizar una aportación elevada para recibir a cambio una renta, generalmente vitalicia.

- En forma periódica o de forma extraordinaria: con aportaciones mensuales, trimestrales, anuales..., siendo posible realizar una aportación extra en el momento que se desee.

Por su parte, las prestaciones obtenidas de los planes de jubilación pueden ser en forma de capital (en un único cobro), en forma de renta o en forma mixta.

Una diferencia importante entre los planes de jubilación y los planes de pensiones es que las aportaciones realizadas a los planes de jubilación pueden ser recuperadas o rescatadas, por disposición legal, a partir de los 2 años, aunque en algunos casos este plazo se acorta, sin tener que esperar a la jubilación u otra contingencia admitida legalmente como ocurre en los planes de pensiones.

En todo caso, el derecho de rescate anticipado de los planes de jubilación tiene una penalización de carácter financiero (comisión por rescate) que será mayor cuanto antes se produzca ese rescate.

Otras diferencias importantes entre los planes de pensiones y los planes de jubilación son, con respecto a estos últimos, las siguientes:

- No hay límite para las aportaciones anuales, como ocurre con los planes de pensiones, ya que no desgravan fiscalmente.

- No es posible cambiar de un plan de jubilación a otro sin tributar por ello.

- Se permite que los planes de jubilación garanticen una determinada rentabilidad (interés técnico).

Los planes de jubilación son un producto financiero gestionado principalmente por compañías de seguros.

Su principal ventaja es la liquidez. El suscriptor puede sacar el dinero ingresado en cualquier momento (aunque será penalizado por ello con una comisión bastante alta, algo en lo que pocas veces se incide cuando un inversor contrata este producto financiero). En principio, las aportaciones de estos seguros de ahorro se cobran en la fecha acordada entre la aseguradora y el cliente, y no tiene por qué coincidir con la edad de jubilación. Para evitar malentendidos, es preciso que todos los plazos se recojan en un documento escrito.

Las compañías de seguros también contemplan el llamado "rescate" o cancelación parcial: la posibilidad de hacer una cancelación parcial sin penalización alguna, independientemente de que ese dinero se vuelva a ingresar.

Al igual que los planes de pensiones, los de jubilación permiten al cliente establecer una cuota fija mensual, trimestral, semestral o anual que puede ser reducida o aumentada.

Como ya hemos comentado, los planes de jubilación, a diferencia de los de pensiones, no se benefician de desgravaciones fiscales. Pero, en cambio, respecto al cobro total del dinero, como el titular ya pagaba los impuestos correspondientes al dinero que aportaba de manera periódica en su declaración de la renta (ya que no se los pudo deducir), no deberá pagar impuestos por el dinero recibido, aunque sí de los intereses que le ha producido.

4. CÁLCULO DEL VALOR DE LOS PLANES DE JUBILACIÓN Y PENSIONES

La rentabilidad de los planes de jubilación es, normalmente, menor que la de los planes de pensiones, debido a que no se benefician de desgravaciones fiscales como estos últimos.

Los planes de pensiones son muy rentables el primer año puesto que generan un ahorro fiscal muy importante. Es decir, hay que tener en cuenta que las aportaciones que se realicen a cualquier plan de pensiones, que goce con esta clasificación, reduce la base imponible en la declaración de la renta.

A partir de ahí, la rentabilidad dependerá de la gestión de la Sociedad responsable del fondo. Si existiera una rentabilidad mínima garantizada, podríamos calcular el valor final de un plan (ya sea de pensiones o de jubilación) utilizando las fórmulas de las rentas. Las entidades gestoras, al ofrecer este producto a un cliente, realizan estos cálculos con un tipo de rentabilidad esperado (algunas veces, engañoso), que no tiene por qué darse en el futuro. Por ello, en muchas ocasiones, el valor final de un plan no se corresponde con las expectativas generadas cuando se contrató.

BLOQUE V: OTROS TIPOS DE RENTAS

TEMA 25: CÁLCULO DE RENTAS VARIABLES EN PROGRESIÓN GEOMÉTRICA

1. RENTAS VARIABLES EN PROGRESIÓN GEOMÉTRICA
2. RENTA TEMPORAL, POSPAGABLE, DIFERIDA, VARIABLE EN PROGRESIÓN GEOMÉTRICA
3. RENTA TEMPORAL, POSPAGABLE, ANTICIPADA, VARIABLE EN PROGRESIÓN GEOMÉTRICA
4. RENTAS FRACCIONADAS VARIABLES EN PROGRESIÓN GEOMÉTRICA

1. RENTAS VARIABLES EN PROGRESIÓN GEOMÉTRICA

Son aquellas cuyos términos varían siguiendo una ley de progresión geométrica.

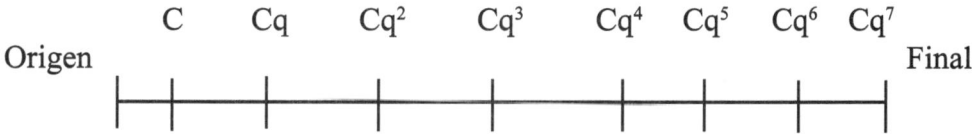

El valor actual de esta renta (como vemos, pospagable, temporal e inmediata), que expresaremos por **VAG**, será:

$$\textbf{VAG} = C/(1+i) + Cq/(1+i)^2 + Cq^2//1+i)^3 +... + Cq^{n-1}/(1+i)^n$$

Multiplicando ambos términos por "q" y sacando C factor común, tenemos:

$$\textbf{VAG}\,(q) = C(\, q/(1+i) + q^2/(1+i)^2 + q^3//1+i)^3 +... + q^n/(1+i)^n \,)$$

Dentro del paréntesis del segundo término tenemos una progresión geométrica, cuyo primer término es $q/(1+i)$, último término es $q^n/(1+i)^n$, y la razón es $q/(1+i)$.

Por tanto, su suma será:

$$S = \frac{q/(1+i) - (q^n/(1+i)^n)(q/(1+i))}{1 - q/(1+i)}$$

Simplificando, tenemos:

$$S = \frac{q/(1+i) \ (\ 1 - (q^n/(1+i)^n))}{(1+i-q)/(1+i)}$$

$$S = \frac{q \ (\ 1 - (q/(1+i))^n)}{(1+i-q)}$$

Llevando este resultado a la expresión del valor actual, quedaría:

$$\mathbf{VAG} \ (q) = C \ \frac{q \ (\ 1 - (q/(1+i))^n)}{(1+i-q)}$$

Simplificando las "q" del primer y segundo término, tenemos:

$$\mathbf{VAG} = C \ \frac{1 - (q/(1+i))^n}{(1+i-q)}$$

expresión que nos permitirá calcular el valor actual de una renta variable en progresión geométrica (q), pospagable, temporal e inmediata.

Ejemplo:

Una empresa paga por un préstamo 10.000,00 € anuales, que se incrementan en un 5% anual, al final de cada año, durante 5 años. Si el tipo de interés aplicado es del 6% anual, ¿cuál es el importe del préstamo?

Solución: estamos ante una renta variable en progresión geométrica, pospagable y temporal, y queremos hallar su valor actual:

$$VAG = C \quad \frac{1 - (q/(1+i))^n}{(1+i-q)}$$

$$VAG = 10.000 \quad \frac{1-(1,05/(1+0,06))^5}{(1+0,06-1,05)}$$

$$VAG = 10.000 \, (0,046288171 / 0,01) = 46.288,17 \, €$$

El valor final de esta renta (**VFG**) se obtendría, como vimos en las rentas constantes, multiplicando el valor actual por $(1+i)^n$.

Ejemplo:

Luis Luna tiene un plan de jubilación al que aporta 3.000,00 € anuales, a final de cada período, cantidad que irá incrementando en función del 2% anual. El banco le retribuye con un interés del 3% anual. ¿De cuánto dinero dispondrá después de 20 años?

Solución: es una renta variable en progresión geométrica, pospagable, de la cual queremos conocer su valor final:

$$VFG = C \quad \frac{1 - (q/(1+i))^n}{(1+i-q)} \quad (1+i)^n$$

$$VFG = 3.000 \quad \frac{1 - (1,02/(1+0,03))^{20}}{(1+0,03-1,02)} \quad (1+0,03)^{20}$$

$$VFG = 3.000 \quad \frac{0,177266954}{0,01} \quad (1,806111235)$$

$$VFG = 96.049,15 \, €$$

Si fuera prepagable (**VAG$_p$**), bastaría con multiplicar la pospagable por $(1+i)$. En caso de valor principal prepagable, la denotaríamos por VFG$_p$.

Ejemplo:

¿Cuánto dinero habremos de ingresar en un plazo fijo al principio de cada año, incrementando esa cantidad en un 2% anual, durante 25 años, para obtener al final 100.000,00 €, si el banco nos ofrece un 3% de interés anual?

Solución: se trata de calcular el valor final de una renta variable en progresión geométrica, prepagable y temporal:

$$VFG_p = C \; \frac{1 - (q/(1+i))^n}{(1+i-q)} \; (1+i)^n \, (1+i)$$

$$100.000,00 = C \; \frac{1 - (1,02/(1+0,03))^{25}}{(1+0,03 - 1,02)} \; (1+0,03)^{25} \, (1+0,03)$$

$$100.000,00 = C \; \frac{0,21643744}{0,01} \; (2,09377793) \, (1,03)$$

$$100.000,00 = C. \; 46,67670931$$

$$C = 100.000,00 \, / \, 46,67670931 = 2.142,40 \, €$$

En caso de ser perpetua, sustituiríamos "n" por infinito, y tendría solución siempre que q<(1+i), en cuyo caso:

$$\mathbf{VAG_\infty} = C \; \frac{1}{(1+i-q)}$$

Esto es así porque si la expresión (q / 1+i) es 1 o mayor, al elevarse a infinito, daría como resultado infinito, con lo que no existe solución para esa renta.

En cambio, si (q / 1+i) es menor que 1, al elevarla a infinito, daría como resultado "0". Por ese motivo, desaparece de la fórmula en la renta perpetua.

2. RENTA TEMPORAL, POSPAGABLE, DIFERIDA, VARIABLE EN PROGRESIÓN GEOMÉTRICA

Como vimos en el tema de rentas constantes, una renta diferida se obtiene multiplicando la inmediata que le corresponde por $1/(1+i)^d$, o bien $(1+i)^{-d}$, siendo "d" el diferimiento. La denotaremos por VDG.

3. RENTA TEMPORAL, POSPAGABLE, ANTICIPADA, VARIABLE EN PROGRESIÓN GEOMÉTRICA

Para obtenerla, bastará con multiplicar la inmediata por $(1+i)^h$, siendo "h" la anticipación, tal y como vimos en el tema de rentas constantes. La denotaremos por VHG.

4. RENTAS FRACCIONADAS VARIABLES EN PROGRESIÓN GEOMÉTRICA

En caso de rentas por subperíodos, utilizaremos las mismas fórmulas vistas en este tema, sólo que sustituiremos la "i" por "i_m", la "q" por "q_m" y en lugar de "n", "n.m".

De esta forma, por ejemplo, una renta fraccionada variable en progresión geométrica, pospagable, temporal e inmediata, quedaría:

$$\textbf{VAG} = C \ \frac{1 - (q_m/(1+i_m))^{n.m}}{(1+i_m - q_m)}$$

Ahora bien, el incremento, o sea, la "q", también debe ser expresado en términos de fracción anual, tal cual ocurre con el interés. Si sabemos cuál es el incremento fraccionado, utilizaremos ese dato. Pero si conocemos el incremento anual, debemos utilizar una fórmula similar a la del TAE para convertirlo en incremento fraccionado. Esta fórmula es:

$$q = q_m{}^m$$

Ejemplo: calcular el valor actual de una renta de 1.000,00 € mensuales pospagables, que se incremente un 6,00% al año, con un interés nominal del 6,60 %, durante 10 años. ¿A cuánto ascenderá la cuota 8, 20 y 41?

Solución: en primer lugar calcularemos el interés y el incremento.

$i_m = J_m / m = 0,066 / 12 = 0,0055$

Ahora, calcularemos el incremento:

$q = q_m{}^m$

$1,06 = q_m{}^{12}$

$q_m = 1,06^{1/12}$

$q_m = 1,004867551$

Con ello, aplicaremos la fórmula

$$VAG = C \; \frac{1 - (q_m/(1+i_m))^{n.m}}{(1+i_m - q_m)}$$

$$VAG = 1.000 \; \frac{1 - (1,00486751/(1+0,0055))^{10.12}}{(1+0,0055 - 1,00486751)}$$

$VAG = 114.985,41$ €

Con respecto al valor de las cuotas, aunque hemos calculado y utilizado en la fórmula un incremento mensual q_m, en realidad el incremento se realiza anualmente, a años vencidos. Por ello, la cuota 8 seguirá siendo de 1.000,00 € (porque las 12 primeras cuotas son iguales, sin incremento).

La cuota 20 estará dentro del año 2.º y durante todo ese año las cuotas serán de 1.060,00 € (se habrá incrementado en un 6,00%).

La cuota 41 estará dentro del 4.º año, con lo que habrá un incremento de q^3, o sea, $1,06^3$, por tanto, de 1,191016. De esta forma, la cuota 41, al igual que todas las del 4.º año, será de 1.191,02 €.

1. Arturo Fernández ha comprado una casa por 200.000 €, que decide alquilar pretendiendo recuperar la inversión en 15 años, mediante una cantidad de alquiler anual que cobraría por anticipado, y que irá incrementándose en un 3,00% anual. Para realizar el cálculo estima el interés anual en un 4,00%. ¿Cuánto ha de cobrar el primer año para conseguir su objetivo? **Sol.: 14.253,88 €.**

2. Por un derecho de paso a una finca, el propietario pide una renta perpetua de 1.000 € al año, a principios de cada año, que se incremente en un 2,00% anual. Si se estima un tipo de interés del 3,00%, ¿a cuánto equivaldría esa renta en dinero actual? **Sol.: 103.000,00 €.**

3. Una empresa obtiene un préstamo por el que paga 5.000 € anuales, al final de cada año, durante 8 años, que empezará a pagar dentro de 2 años (o sea, la duración total es de 10 años), importe que se incrementará en un 3,00% anual. El tipo de interés aplicado es del 7,00%, ¿cuál es el importe del préstamo? **Sol.: 28.684,63 €.**

4. Un coche que cuesta 30.000 € se ofrece a pagar en 4 cuotas a pagar al final de cada año, con 2 años de carencia (duración total de la financiación, 6 años). Las cuotas se incrementarán en un 2,00% anual, y el tipo de interés de la operación es del 4,00%. ¿A cuánto ascenderá la primera cuota? **Sol.: 8.683,78 €.**

5. En un premio se ofrecen dos posibilidades: una es recibir una renta de 20.000 € anuales de forma perpetua y otra es recibir 25.000 € anuales que se incrementan en un 5,00% anual durante 30 años. Considerando un tipo de interés del 3,00%, ¿cuál es más ventajosa? **Sol.: 666.666,67 € y 975.728,79 €.**

6. Pedro Juárez ha obtenido un premio consistente en una renta a 10 años de 1.000 € anuales, que las cobrará al final de cada uno de los años, incrementándose en un 3,00% anual, y le ofrecen la posibilidad de cambiarla por una cantidad de dinero hoy. Sabiendo que el IPC estimado medio para los próximos 10 años es del 2,00%. ¿Cuánto dinero tendrían que ofrecerle hoy por esa renta? **Sol.: 10.247,95 €.**

7. Un banco ofrece a sus clientes un tipo de inversión en la que se depositan anualmente, al principio de cada período, unas cantidades de dinero, durante 5 años que se incrementarán un 2,00% anualmente, con un tipo de interés anual del 3,00%. Si un cliente decide depositar 500 € al año, ¿cuánto tendrá pasados los 5 años? **Sol.: 2.842,45 €.**

8. Solicitamos una hipoteca de 250.000,00 € a 25 años, pagándola en cuotas mensuales pospagables que se incrementarán un 4,00% cada año. El banco nos aplica un interés convertible anual del 4,80%. ¿Cuánto pagaremos el primer mes?¿Y el 8.º mes?¿Y el 45.º mes? **Sol.: 930,43 €, 930,43 € y 1.046,61 €.**

9. Abrimos un plan de pensiones en el que ingresaremos durante 40 años una cantidad mensual prepagable que se incrementará un 5,00% cada año. El banco nos asegura una rentabilidad del 3,00% TAE. Si al finalizar el plan de pensiones queremos tener ahorrados 300.000,00 €. ¿Cuánto habremos de imponer el primer mes?¿Y el 15.º mes?¿Y el 60.º mes? **Sol.: 127,36 €, 133,73 € y 154,81 €.**

10. Compramos un coche que nos financian con un préstamo de 15.000,00 € durante 6 años, con 4 meses de carencia. Pagaremos con cuotas mensuales pospagables que se incrementarán un 3,00% cada año. El interés convertible anual es del 6,00%. ¿Cuánto pagaremos el primer mes?¿Y el 50.º mes? **Sol.: 233,30 € y 262,58 €.**

TEMA 26: CÁLCULO DE RENTAS VARIABLES EN PROGRESIÓN ARITMÉTICA

1. RENTAS VARIABLES EN PROGRESIÓN ARITMÉTICA
2. RENTA TEMPORAL, POSPAGABLE, DIFERIDA, VARIABLE EN PROGRESIÓN ARITMÉTICA
3. RENTA TEMPORAL, POSPAGABLE, ANTICIPADA, VARIABLE EN PROGRESIÓN ARITMÉTICA
4. RENTAS FRACCIONADAS VARIABLES EN PROGRESIÓN ARITMÉTICA

1. RENTAS VARIABLES EN PROGRESIÓN ARITMÉTICA

Son aquellas cuyos términos varían siguiendo una ley de progresión aritmética, como puede ser aumentar una cantidad fija e igual en cada período.

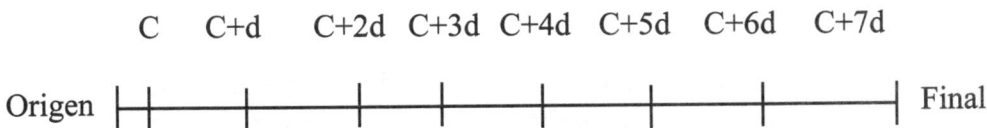

La renta anterior, cuyo primer término es C, va aumentando una cantidad "d" en cada período. Sería, por tanto, una progresión aritmética.

Al igual que hicimos con las rentas constantes, vamos a tomar como punto de partida las rentas pospagables, inmediatas y temporales, para, a partir de ahí, determinar cualquier tipo de renta variable en progresión aritmética.

Para hallar el Valor Actual de la renta dibujada anteriormente hemos de sumar los valores actualizados de cada uno de los términos en el origen. Llamemos **VAA** al valor actual de una renta variable en progresión aritmética, pospagable, inmediata y temporal.

$$VAA = C/(1 + i)^1 + (C+d)/(1 + i)^2 +... + (C+(n-1)d)/(1 + i)^n$$

Si llamamos, para simplificar, "v" al término $1/(1+i)$:

$$VAA = C\,v^1 + (C+d)\,v^2 +... + (C+(n-1)d)\,v^n \quad (1)$$

Vamos a multiplicar toda la expresión (1) por "v":

$$VAA * v = C\,v^2 + (C+d)\,v^3 +... + (C+(n-1)d)\,v^{n+1} \quad (2)$$

Y restamos ambas expresiones, o sea, (1) – (2):

$$VAA\,(1-v) = C\,v + dv^2 + dv^3 +... + dv^n - (C+(n-1)d)\,v^{n+1}$$

Como $(1-v) = 1 - 1/(1+i) = i/(1+i)$, y operando en el segundo término, tenemos:

$$VAA\,(i/(1+i))= C\,v\,(1 - v^{n+1}) + d\,v\,(v+ v^2+v^3+... +v^n) - ndv^{n+1}$$

Operando en esta función y despejando el valor actual:

$$\boxed{VAA =(C+d/i+dn)(1-(1/(1+i)^n))/i - dn/i}$$

Para obtener el valor final, basta con multiplicar la expresión anterior por el factor de capitalización $(1+i)^n$. Lo denotaremos por VFA.

Si es prepagable, multiplicaremos por $(1+i)$, y si es perpetua, sustituiremos n por su valor de infinito. En este último caso, el valor actual quedaría:

$$\boxed{VAA_{\infty} =C/i + d/i^2}$$

2. RENTA TEMPORAL, POSPAGABLE, DIFERIDA, VARIABLE EN PROGRESIÓN ARITMÉTICA

Al igual que ocurría en las rentas constantes, toda renta diferida puede expresarse como la inmediata multiplicada por $1/(1+i)^d$, siendo "d" en este caso el diferimiento. La denotaremos por VDA.

3. RENTA TEMPORAL, POSPAGABLE, ANTICIPADA, VARIABLE EN PROGRESIÓN ARITMÉTICA

También en este caso, bastará con multiplicar la renta inmediata por $(1+i)^h$, siendo "h" la anticipación. La llamaremos VHA.

4. RENTAS FRACCIONADAS VARIABLES EN PROGRESIÓN ARITMÉTICA

En caso de rentas por subperíodos, utilizaremos las mismas fórmulas vistas en este tema, sólo que sustituiremos la "i" por "i_m" y en lugar de "n", "n.m".

De esta forma, por ejemplo, una renta fraccionada variable en progresión aritmética, pospagable, temporal e inmediata, quedaría:

$$\text{VAA} = (C+d/i_m+dnm)(1-(1/(1+i_m)^{n.m}))/ i_m - dnm/i_m$$

Ahora bien, el incremento, o sea, la "d", también debe ser expresado para la misma fracción de tiempo que el interés. Si sabemos cuál es el incremento fraccionado, utilizaremos ese dato. De tal forma, si la renta es mensual, el incremento "d" también debe ser mensual. Lo mismo ocurre con rentas trimestrales o semestrales, donde el incremento "d" debe referirse a esa unidad de medida temporal.

Ejemplo: calcular el valor actual de una renta de 1.000,00 € mensuales pospagables, que se incremente 10,00 € al mes, con un interés nominal del 6,00%, durante 10 años. ¿A cuánto ascenderá la cuota 15?

Solución: en primer lugar calcularemos el interés.

$i_m = J_m / m = 0,060 / 12 = 0,005$

Y ahora aplicaremos la fórmula:

$\text{VAA}=(C+d/i_m+dnm)(1-(1/(1+i_m)^{n.m}))/ i_m - dnm/i_m$

$\text{VAA}=(1.000+10/0,005+10.10.12)(1-(1/(1+0,005)^{10.12}))/0,005- 1.200/0,005$

$\text{VAA}= (4.200)(90,07345333)-240.000 = 138.308,50$ €

Con respecto al valor de las cuotas, en este tipo de rentas es muy fácil de determinar, puesto que al ser un incremento de 10,00 € cada mes, en la cuota 15 el incremento será de 10x14 = 140,00 € (se multiplica por 14 puesto que en la cuota 15 ha habido 14 incrementos de 10,00 €). Por tanto, la cuota 15 será de 1.140,00 €.

EJERCICIOS TEMA 26

1. Un señor ha comprado una casa con una hipoteca de 250.000 € en 15 años, pagando una cantidad anual por anticipado, y que irá incrementándose en 100,00 € anuales. El interés nominal es un 5,00%. ¿Cuánto pagará el primer año? **Sol.: 22.357,94 €.**

2. Por un derecho de paso a una finca, el propietario pide una renta perpetua de 2.000 € al año, a principios de cada año, que se incremente en 50,00 € anuales. Si se estima un tipo de interés del 3,00%, ¿a cuánto equivaldría esa renta en dinero actual? **Sol.: 125.888,89 €.**

3. Una empresa obtiene un préstamo por el que paga 25.000 € anuales, al final de cada año, durante 8 años, que empezará pagar dentro de 2 años (o sea, la duración total es de 10 años), importe que se incrementará en 2.000,00 € anuales. El tipo de interés aplicado es del 7,00%, ¿cuál es el importe del préstamo? **Sol.: 163.211,06 €.**

4. Un coche que cuesta 30.000 € se ofrece a pagar en 4 cuotas a pagar al final de cada año, con 2 años de carencia (duración total de la financiación, 6 años). Las cuotas se incrementarán en 1.000,00 € anuales, y el tipo de interés de la operación es del 4,00%. ¿A cuánto ascenderá la primera cuota? **Sol.: 7.488,11 €.**

5. En un premio se ofrecen dos posibilidades: una es recibir una renta de 20.000 € anuales de forma perpetua y otra es recibir 25.000 € anuales que se incrementan 1.500,00 € anuales durante 20 años. Considerando un tipo de interés del 3,00%, ¿cuál es más ventajosa? **Sol.: 666.666,67 € y 562.134,86 €, respectivamente.**

6. Un señor ha obtenido un premio consistente en una renta a 10 años de 1.000 € anuales, que las cobrará al final de cada uno de los años, incrementándose en 150,00 € anuales, y le ofrecen la posibilidad de cambiarla por una cantidad de dinero hoy. Sabiendo que el IPC estimado medio para los próximos 10 años es del 2,00%. ¿Cuánto dinero tendrían que ofrecerle hoy por esa renta? **Sol.: 14.825,85 €.**

7. Un banco ofrece a sus clientes un tipo de inversión en la que se depositan anualmente, al principio de cada período, unas cantidades de dinero,

durante 5 años que se incrementarán en 200,00 € anualmente, con un tipo de interés anual del 3,00%. Si un cliente decide depositar 500 € el primer año, ¿cuánto tendrá pasados los 5 años? **Sol.: 4.856,94 €.**

8. A cambio de un terreno, una promotora de viviendas ofrece a su propietario una renta perpetua de 2.000 € anuales, al final de cada período (año), que se incrementarán en 300,00 € cada año. Considerando un IPC del 2,00%, ¿cómo se ha valorado el terreno? **Sol.: 850.000,00 €.**

9. En un plan de jubilación se decide aportar 200,00 € al mes pospagables, incrementando esa cantidad en 5,00 € cada mes, manteniendo el plan durante 20 años. El banco garantiza un interés del 2,40% nominal. ¿Cuál será el valor final de ese plan suponiendo ese tipo de interés garantizado? **Sol.: 742.793,84 €.**

10. Un señor ha de pagar una deuda de 100.000,00 € entregando mensualmente una cantidad pospagable que se incrementará en 20,00 € al mes, durante 10 años. El interés nominal de la operación se pacta en el 6,00%. ¿Cuánto ha de pagar el primer mes?¿Y el 30.º mes? **Sol.: 39,19 € y 619,19 €, respectivamente.**

EJERCICIOS PROPUESTOS CON SOLUCIÓN

EJERCICIOS DE CAPITALIZACIÓN SIMPLE

1. Prestamos a un amigo 5.000,00 € a un interés simple del 6,00% anual. Nos propone devolvernos 5.200,00 €, ¿cuántos días durará el préstamo? **Sol.: 243,33 = 243 días.**

2. ¿Qué interés simple anual se habrá aplicado a una operación en la que un capital de 10.000,00 € se ha convertido en 10.500,00 € en 140 días? **Sol.: 13,04%.**

3. ¿Cuál será el capital final correspondiente a 4.000,00 €, con un interés simple anual del 5,00% en una operación a 8 meses? **Sol.: 4.133,33 €.**

4. ¿Qué interés simple anual se habrá aplicado a una operación en la que un capital de 15.000,00 € se ha convertido en 16.000,00 € en 4 meses? **Sol.: 20,00%.**

5. ¿Cuál será el capital final correspondiente a 6.000,00 €, con un interés simple anual del 5,00% en una operación a 60 días? **Sol.: 6.049,32 €.**

6. Si nos entregan 4.500,00 € después de 120 días, con un interés simple anual del 4,00%, ¿cuál fue el capital inicial? **Sol.: 4.441,59 €.**

7. ¿Qué interés simple anual se habrá aplicado a una operación en la que un capital de 12.000,00 € se ha convertido en 13.000,00 € en 1 año? **Sol.: 8,33%.**

8. ¿Cuál será el capital final correspondiente a 9.000,00 €, con un interés simple anual del 3,00% en una operación a 1 año? **Sol.: 9.270,00 €.**

9. Si nos entregan 8.500,00 € después de 5 meses, con un interés simple anual del 4,00%, ¿cuál fue el capital inicial? **Sol.: 8.360,66 €.**

10. ¿Qué interés simple mensual se habrá aplicado a una operación en la que un capital de 10.000,00 € se ha convertido en 11.000,00 € en 5 meses? **Sol.: 2,00%.**

11. Un capital de 2.000,00 € se ha convertido en 2.100,00 € con un interés simple mensual del 0,60%, ¿cuántos meses ha durado la operación? **Sol.: 8,33 = 8 meses.**

12. ¿Cuál será el capital final correspondiente a 7.000,00 €, con un interés simple mensual del 0,50% en una operación a 6 meses? **Sol.: 7.210,00 €.**

13. Si nos entregan 9.500,00 € después de 4 meses, con un interés simple mensual del 0,60%, ¿cuál fue el capital inicial? **Sol.: 9.277,34 €.**

14. ¿Qué interés simple mensual se habrá aplicado a una operación en la que un capital de 18.000,00 € se ha convertido en 20.000,00 € en 180 días? **Sol.: 1,85%.**

15. ¿Cuál será el capital final correspondiente a 4.000,00 €, con un interés simple mensual del 0,45% en una operación a 90 días? **Sol.: 4.054,00 €.**

16. Si nos entregan 4.900,00 € después de 120 días, con un interés simple mensual del 0,40%, ¿cuál fue el capital inicial? **Sol.: 4.822,83 €.**

17. Prestamos 7.000,00 € a un interés simple del 0,50% mensual. Nos proponen devolvernos 7.400,00 €, ¿cuántos días durará el préstamo? **Sol.: 342,86 = 343 días.**

18. Un capital de 2.000,00 € se ha convertido en 2.050,00 € con un interés simple anual del 8,00%, ¿cuántos meses ha durado la operación? **Sol.: 3,75 = 4 meses.**

19. Si nos entregan 6.900,00 € después de 4 meses, con un interés simple trimestral del 2,00%, ¿cuál fue el capital inicial? **Sol.: 6.720,78 €.**

20. Prestamos 10.000,00 € a un interés simple del 1,50% trimestral. Nos proponen devolvernos 10.400,00 €, ¿cuántos meses durará el préstamo? **Sol.: 8 meses.**

EJERCICIOS DE CAPITALIZACIÓN COMPUESTA

1. A la hora de pedir un préstamo, ¿qué nos conviene más, un interés convertible del 6,00% anual capitalizado por meses o un interés convertible del 6,10% anual capitalizado por trimestres? **Sol.: TAE 6,17% y TAE 6,24%, respectivamente.**

2. ¿Cuánto tiempo será necesario imponer un capital de 10.000,00 € para que se convierta en 13.000,00 € con un interés compuesto anual del 6,00%? **Sol.: 4 años, 6 meses y 1 día.**

3. ¿Qué interés mensual en capitalización compuesta se habrá aplicado a una operación en la que un capital de 7.000,00 € se ha convertido en 8.000,00 € en 3 años, capitalizándolo por meses? **Sol.: 0,37%.**

4. ¿Qué interés nominal en capitalización compuesta se habrá aplicado a una operación en la que un capital de 10.000,00 € se ha convertido en 12.000,00 € en 6 años, capitalizándolo por meses? **Sol.: 3,04%.**

5. ¿Qué interés mensual equivale a un TAE del 9,00%? **Sol.: 0,72%.**

6. ¿De qué importe habrá que realizar una imposición a 3 años para obtener al final 40.000,00 € con un tipo de interés compuesto anual del 4,00%? **Sol.: 35.559,85 €.**

7. ¿Cuál será el importe de una imposición a 2 años, al 4,00% anual convertible, capitalizado por trimestres, que nos permita obtener al final 25.000,00 €? **Sol.: 23.087,08 €.**

8. A la hora de pedir un préstamo, ¿qué nos conviene más, un interés convertible del 7,00% anual capitalizado por meses o un interés convertible del 7,05% anual capitalizado por semestres? **Sol.: TAE 7,23% y TAE 7,17%.**

9. ¿Cuánto tiempo será necesario imponer un capital de 20.000,00 € para que se convierta en 23.000,00 € con un interés compuesto anual del 9,00%? **Sol.: 4 años, 8 meses y 22 días.**

10. ¿De qué importe habrá que realizar una imposición a 5 años para obtener al final 30.000,00 € con un tipo de interés compuesto anual del 3,00%? **Sol.: 25.878,26 €.**

11. ¿Qué interés mensual en capitalización compuesta se habrá aplicado a una operación en la que un capital de 16.000,00 € se ha convertido en 18.000,00 € en 4 años, capitalizándolo por meses? **Sol.: 0,25%.**

12. ¿Qué interés convertible anual equivale a un TAE del 8,00% en operaciones mensuales? **Sol.: 7,72%.**

13. ¿De qué importe habrá que realizar una imposición a 4 años para obtener al final 20.000,00 € con un tipo de interés compuesto anual del 2,00%? **Sol.: 1.847,69 €.**

14. ¿Cuál será el importe de una imposición a 5 años, al 2,40% anual convertible, capitalizado por trimestres, que nos permita obtener al final 12.000,00 €? **Sol.: 10.646,86 €.**

15. Si un banco ofrece un interés compuesto del 2,00% anual, ¿cuánto habrá que imponer a plazo fijo para obtener 6.000,00 € al cabo de 4 años? **Sol.: 5.543,07 €.**

16. ¿Cuánto dinero se obtendrá de un plazo fijo en el que se impone hoy 10.000,00 al 4,00% de interés convertible anual, durante 6 años, si el interés se capitaliza por trimestres? **Sol.: 12.697,35 €.**

17. ¿Cuál es el TAE de un interés convertible del 6,00% anual capitalizado por meses? **Sol.: 6,17%.**

18. ¿Cuántos años será necesario mantener un capital de 5.000,00 € para llegar a obtener 7.000,00, si el banco aplica un interés convertible anual del 8,00% y se capitaliza por trimestres? **Sol.: 4,25 = 4 años.**

19. Si queremos obtener 11.000,00 € al invertir 8.000,00 € al 7,00% anual, ¿durante cuánto tiempo habremos de mantener la inversión? **Sol.: 4 años, 8 meses y 14 días.**

20. El banco nos ha entregado 6.000,00 € por un capital de 5.000,00 € invertido durante 5 años. ¿Cuál ha sido el tipo de interés anual que nos han aplicado? **Sol.: 3,71%.**

EJERCICIOS DE DESCUENTO SIMPLE

1. Un banco nos entrega 1.000,00 € al descontar un efecto de 1.100,00 €. Sabemos que nos han cobrado 20,00 € en comisiones. El efecto vence dentro de 100 días. ¿Qué tasa de descuento anual nos han aplicado? **Sol.: 26,18%.**

2. ¿Qué tipo de interés simple anual corresponde a una tasa de descuento anual del 7,00%, en operaciones a 120 días? **Sol.: 7,17%.**

3. ¿Cuánto cobraremos por un pagaré de 2.000,00 € a 90 días descontado en un banco con una tasa de descuento del 7,00% anual, sabiendo que nos cobran un 1,50% de comisiones sobre el valor del pagaré? **Sol.: 1.935,00 €.**

4. Un banco nos entrega 6.200,00 € al descontar un efecto de 6.400,00 €. Sabemos que nos han cobrado 50,00 € en comisiones. El efecto vence dentro de 60 días. ¿Qué tasa de descuento anual nos han aplicado? **Sol.: 14,06%.**

5. ¿Cuánto cobraremos por un pagaré de 3.000,00 € a 120 días descontado en un banco con una tasa de descuento del 8,00% anual, sabiendo que nos cobran 30,00 € de comisiones? **Sol.: 2.900,00 €.**

6. Un banco nos entrega 2.200,00 € al descontar un efecto de 2.300,00 €. Sabemos que nos han cobrado 20,00 € en comisiones. El efecto vence dentro de 90 días. ¿Qué tasa de descuento anual nos han aplicado? **Sol.: 13,91%.**

7. ¿Qué tipo de interés simple anual corresponde a una tasa de descuento anual del 6,00%, en operaciones a 4 meses? **Sol.: 6,12%.**

8. ¿Cuánto cobraremos por un pagaré de 5.000,00 € a 90 días descontado en un banco con una tasa de descuento del 7,00% anual, sabiendo que nos cobran un 1,00% de comisiones, con un mínimo de 20,00 €? **Sol.: 4.862,50 €.**

9. Un empresario descuenta una letra de cambio en un banco que vence dentro de 60 días por un importe de 1.600,00 €. El banco le aplica una tasa de descuento del 8,00% anual, además de descontarle unas comisiones del 1,00% sobre el importe de la letra de cambio, con un mínimo de 25,00 €. ¿Cuánto recibe el empresario? **Sol.: 1.553,67 €.**

10. Un comerciante ha recibido 750,00 € del banco al descontar una letra de cambio que vencía dentro de 90 días. El banco cobró unas comisiones de 50,00 € y aplicó una tasa de descuento del 6,00% anual, ¿cuál era el importe original de la letra de cambio? **Sol.: 812,18 €.**

11. ¿Qué tipo de interés simple corresponde a una tasa de descuento simple del 8,00% anual, aplicado en una operación a 1 año? **Sol.: 8,70%.**

12. Tenemos una letra de cambio de 5.000,00 € a 90 días y queremos descontarla en un banco para ofrecer el importe obtenido como préstamo a un amigo (también a 90 días). Si el banco nos aplica una tasa de descuento del 6,00%, ¿cuál ha de ser el interés simple que cobremos al amigo para no ganar ni perder nada en la operación? **Sol.: 6,09%.**

13. Descontamos en un banco un efecto a cobrar de un cliente por importe de 10.000,00 €, con vencimiento dentro de 3 meses. El banco nos aplica un 8,00% de tasa de descuento anual, además de 20,00 € de comisiones. ¿Cuánto recibiremos del banco al descontar el efecto hoy? **Sol.: 960,00 €.**

14. Una determinada mercancía queremos venderla al contado por 2.000,00 €. Un cliente nos propone pagarnos a 60 días mediante una letra de cambio. ¿De cuánto ha de ser el importe de la letra de cambio teniendo en cuenta que el banco nos cobraría una tasa de descuento del 8,00% anual más unas comisiones de 20,00 €? **Sol.: 2.047,30 €.**

15. Descontamos una letra de cambio a 90 días de 20.000,00 €, y el banco nos aplica un tipo de descuento anual del 9,00%, además de cobrarnos unos gastos que ascienden a 200,00 €. ¿Cuánto cobraremos hoy por ese descuento? **Sol.: 19.350,00 €.**

16. Descontamos una letra de cambio por importe de 4.000,00 € y vencimiento a 60 días, con una tasa de descuento del 6,00% anual, sabiendo que el banco nos cobra unas comisiones del 1,00% sobre el importe de la letra de cambio. ¿Cuánto dinero recibiremos ahora? **Sol.: 3.920,00 €.**

17. Tenemos una letra de cambio por importe de 1.500,00 € que vence dentro de 120 días. Queremos descontarla en un banco que nos ofrece una tasa de descuento del 8,00% anual, además de cobrarnos 50,00 € de comisiones.

¿Cuánto cobraremos ahora si la descontamos en esas condiciones? **Sol.: 1.410,00 €.**

18. Tenemos una Letra de Cambio de 5.000,00 € con vencimiento a 90 días y queremos descontarla en un banco que nos aplica una tasa de descuento del 8,00% anual, entregándonos un importe neto de 4.800,00 €, ¿cuánto hemos pagado de comisión? **Sol.: 100,00 €.**

19. ¿A cuántos días vencía un pagaré de 1.300,00 € por el que hemos cobrado hoy 1.200,00 €, sabiendo que el banco nos ha aplicado unas comisiones de 50,00 € y que la tasa de descuento es del 8,00% anual? **Sol.: 173,08 = 173 días.**

20. De un cliente tenemos 2 pagarés: el primero vence dentro de 60 días y su importe es 2.000,00 €; el segundo vence dentro de 90 días y su importe es 3.000,00 €. El cliente nos propone cambiarlos por un único pagaré con vencimiento a 120 días. La tasa de descuento aplicada es del 7,00%, ¿cuál ha de ser el importe de ese pagaré? **Sol.: 5.041,81 €.**

EJERCICIOS DE RENTAS CONSTANTES

1. Un coche valorado en 15.000,00 € nos ofrecen pagarlo en 6 cuotas anuales, a años vencidos, con 2 años de carencia (se empieza a pagar al final del tercer año), aplicándonos un interés del 6,00% anual, ¿de qué importe serán las cuotas anuales? **Sol.: 3.427,47 €.**

2. Si entregamos en un banco 1.000,00 € cada año, a años vencidos, durante 20 años, manteniendo luego el dinero acumulado durante 5 años más, todo con un tipo de interés del 3,00% anual, ¿cuánto dinero tendremos acabada la operación? **Sol.: 31.150,13 €.**

3. Queremos obtener una renta perpetua de 10.000,00 € al año, cada 31 de diciembre, sabiendo que el tipo de interés es del 2,00% anual, ¿cuánto habremos de entregar ahora para conseguirla, si estamos a 1 de enero? **Sol.: 500.000,00 €.**

4. Calcula cuál de las dos siguientes opciones es la mejor: a) renta perpetua prepagable diferida 3 años y constante de 5.000,00 € anuales o b) renta perpetua diferida 2 años, pospagable, constante de 3.000,00 € anuales. Utiliza en las operaciones un tipo de interés del 3,00%. **Sol.: 157.099,32 y 94.259,58 €, respectivamente.**

5. Para un plan de jubilación se aportan 1.500,00 € al año, a principios de cada año, durante 25 años. El banco aplica un interés anual del 3,00% ¿cuánto habrá acumulado pasados los 25 años? **Sol.: 56.329,56 €.**

6. Un banco pide entregar cierta cantidad de dinero cada año, a principios del año, durante 15 años, para que, acabado el plan de ahorro, nos puedan ofrecer una renta pospagable durante 20 años. Si queremos que la renta que el banco nos entregue sea de 3.000,00 € al año, ¿cuánto debemos ir entregando durante cada uno de los 15 primeros años, sabiendo que el tipo de interés es del 4,00% anual? **Sol.: 1.957,83 €.**

7. Si imponemos en un plan de jubilación 100,00 € al mes, a principios de cada mes, durante 30 años, y nos garantizan un interés convertible del 2,40% anual, ¿cuánto habremos acumulado después de 30 años? **Sol.: 52.753,12 €.**

8. Se ha de pagar una deuda entregando, a finales de cada mes, 300,00 €, durante 6 años. El tipo de interés aplicado es del 6,00% anual, ¿a cuánto ascendía la deuda? **Sol.: 18.101,85 €.**

9. Una deuda de 20.000,00 € nos ofrecen pagarla en 4 cuotas anuales, a años vencidos, con 1 año de carencia, aplicándonos un interés del 8,00% anual, ¿de qué importe serán las cuotas anuales? **Sol.: 6.521,49 €.**

10. Si entregamos en un banco 2.000,00 € cada año, prepagables, durante 10 años, manteniendo luego el dinero acumulado durante 3 años más, todo con un tipo de interés del 4,00% anual, ¿cuánto dinero tendremos acabada la operación? **Sol.: 28.090,89 €.**

11. Queremos obtener una renta perpetua de 12.000,00 € al año, prepagable, sabiendo que el tipo de interés es del 3,00% anual, ¿cuánto habremos de entregar ahora para conseguirla? **Sol.: 412.000,00 €.**

12. Calcula cuál de las dos siguientes opciones es la mejor: a) renta perpetua pospagable y constante de 6.000,00 € anuales o b) renta diferida 3 años, prepagable, constante de 5.000,00 € anuales durante 20 años. Utiliza en las operaciones un tipo de interés del 3,00%. **Sol.: 200.000,00 y 70.117,23 €.**

13. Para un plan de jubilación se aportan 1.200,00 € al año, pospagables, durante 35 años. El banco aplica un interés anual del 3,00%, ¿cuánto habrá acumulado pasados los 35 años? **Sol.: 72.554,50 €.**

14. Un banco pide entregar cierta cantidad de dinero cada año, prepagable, durante 20 años, con 3 años de carencia, para saldar una deuda de 50.000,00 € (en total habrán 20 pagos), ¿cuánto debemos ir entregando durante cada uno de los 20 años, sabiendo que el tipo de interés es del 4,00% anual? **Sol.: 3.979,30 €.**

15. Si imponemos en un plan de jubilación 200,00 € al mes, a meses vencidos, durante 40 años, y nos garantizan un interés del 2,40% anual convertible, ¿cuánto habremos acumulado después de 40 años? **Sol.: 160.919,38 €.**

16. Se ha de pagar una deuda de 60.000,00 € entregando, a meses vencidos, cierta cantidad durante 10 años. El tipo de interés aplicado es del 6,00% anual convertible, ¿cuánto habremos de pagar cada mes? **Sol.: 666,12 €.**

17. Según nuestros cálculos somos capaces de pagar cada mes, de forma pospagable, 800,00 € para comprar una casa. El banco nos permite hipotecarnos 40 años y nos aplicaría un tanto anual convertible del 6,00% fijo. Pactamos con el banco un período de carencia de 6 meses, ¿a cuánto podría ascender el total de la hipoteca? **Sol.: 141.111,45 €.**

18. Decidimos entregar a nuestro banco 500,00 € al mes, a principios de cada período, durante 10 años, para recibir a cambio una renta mensual, a principios de cada período, durante 20 años. Si a toda la operación se le aplica un interés convertible del 3,60%, ¿cuánto recibiremos cada mes durante los 20 años? **Sol.: 421,82 €.**

19. Durante 35 años entregaremos 200,00 € a principios de cada mes en un plan de jubilación con un interés convertible estimado en 2,40% y después de ese tiempo dejaremos el dinero depositado al mismo interés durante 5 años más. Al finalizar el plan de jubilación recibiremos una renta que el banco estima de 25 años, con una cantidad mensual a principios de cada período y un interés convertible estimado en 3,60%, ¿cuánto recibiremos mensualmente en nuestra jubilación? **Sol.: 749,06 €.**

20. ¿Cuántos años tendremos que mantener un plan de ahorro ingresando a principios de cada mes 500,00 € si queremos tener al final 100.000,00 € con un interés estimado en 2,40% nominal? **Sol.: 14,00989899≈14 años.**

21. Un actor de cine decide entregar a su banco 1.200.000,00 € a cambio de recibir de forma perpetua una renta mensual pospagable, aunque como tiene bastante dinero ahora, pacta un periodo de carencia de 6 meses. Si el banco le ofrece un interés anual convertible del 2,40%, ¿cuánto recibirá cada mes? **Sol.: 2.428,94 €.**

22. Un amigo ha sido premiado con la lotería de navidad y para evitar gastarse el dinero enseguida decide entregar cierta cantidad en un banco para que éste se lo devuelva en forma de renta perpetua pospagable de 1.500,00 € mensuales. El banco aplicaría a la operación un interés anual convertible del 3,60%, ¿cuánto tendrá que entregar este amigo hoy para conseguirlo? **Sol.: 500.000,00 €.**

23. Si por una hipoteca somos capaces de pagar 900,00 € al mes pospagables durante 30 años, ¿qué importe de hipoteca podemos aceptar sabiendo que el interés anual convertible sería del 4,80% anual? **Sol.: 171.537,91 €.**

24. Una cadena de televisión decide ofrecer un premio al ganador del concurso "Gran Camelo" consistente en una renta perpetua mensual de 3.000,00 € prepagables, aunque empezaría a pagarla dentro de 12 meses. Si el interés de mercado es del 3,60% anual convertibles, ¿cuál es el valor total del premio? **Sol.: 967.586,36 €.**

25. Hemos de pagar una máquina por valor de 15.000,00 € en 6 cuotas, una cada año, pospagables. El suministrador nos propone un interés anual del 6,00%, ¿de qué importe serán las cuotas? **Sol.: 3.050,44 €.**

26. Nos alquilan una nave industrial durante 6 años pagando, de forma prepagable, 2.000,00 € al mes. Decidimos pagar todo el arrendamiento en el momento actual y el propietario acepta un interés anual convertible del 6,00%, ¿cuánto habrá que pagarle ahora? **Sol.: 121.282,42 €.**

27. Una deuda de 20.000,00 € hemos de pagarla en 5 años, con una cuota anual prepagable, a un interés anual del 7,00%, ¿a cuánto ascenderá cada cuota? **Sol.: 4.558,70 €.**

28. Un banco nos asegura un interés anual convertible del 2,40% para un plan de jubilación a 30 años. Queremos realizar aportaciones mensuales pospagables de manera que tengamos ahorrado dentro de 30 años 150.000,00 €, ¿cuál debe ser el importe de las aportaciones mensuales para poder conseguirlo? **Sol.: 284,91 €.**

29. Un familiar ha de devolvernos una deuda pagándonos 3.000,00 € al año pospagables durante 5 años. Como está falto de dinero, le proponemos pagarnos toda la deuda al final de los 5 años, ¿cuánto nos debe entregar dentro de 5 años si el interés que aplicamos a la operación es del 5,00% anual? **Sol.: 16.576,89 €.**

30. Si abrimos una cuenta vivienda entregando cada mes, de forma prepagable, 1.500,00 €, aplicándonos el banco un interés anual convertible del 3,60%, ¿cuánto tendremos ahorrado para comprar una casa al cabo de 4 años? **Sol.: 77.549,54 €.**

31. Una compañía de seguros está obligada por decisión judicial a pagar 200.000,00 € a un asegurado. El juez permite que se le pague durante 10 años cierta cantidad anual prepagable, pero como el juicio ha durado 2 años hemos de tener en cuenta ese período. Por tanto, los 200.000,00 € a pagar eran a valor de hace dos años. Decidimos empezar a pagarle ahora, durante los 10 próximos años, aplicando un interés anual del 4,00%. ¿Cuál será el importe de cada una de las 10 cuotas anuales? **Sol.: 25.644,52 €.**

32. En un plan de ahorro ingresamos de forma prepagable 3.000.00 € al año durante 8 años, dejando ese dinero en la cuenta durante 2 años más. Si el interés es del 2,00% anual, ¿cuánto habremos ahorrado después de los 10 años? **Sol.: 27.324,95 €.**

33. En un plan de ahorro ingresamos de forma pospagable 6.000,00 € al año durante 6 años, dejando ese dinero en la cuenta durante 4 años más. Si el interés es del 3,00% anual, ¿cuánto habremos ahorrado después de los 10 años? **Sol.: 43.681,51 €.**

34. Debido a un accidente, el asegurado de una compañía debe recibir, de forma prepagable, 1.000,00 € al mes de manera perpetua. La compañía de seguros está obligada a ofrecer una alternativa: entregar todo el dinero ahora. Si a la operación le aplicamos un interés anual convertible de 2,40%, ¿cuánto ofrecerá ahora como máximo la compañía de seguros para no perder en la operación? **Sol.: 501.000,00 €.**

35. Un programa de televisión tiene un presupuesto de 300.000,00 € para entregar un premio. Para hacerlo más atractivo a la audiencia propone entregar cierta cantidad cada año, prepagable, durante toda la vida, pero con 3 años de carencia. Si el interés de mercado está en un 4,00% anual, ¿cuál ha de ser el importe de cada anualidad? **Sol.: 12.979,20 €.**

36. Al comprarnos un terreno para construir una casa hemos de invadir una "servidumbre de paso". El afectado propone que a cambio le entreguemos 500,00 € al año de forma perpetua, pospagables. Para evitarnos problemas decidimos pagarle toda la renta en el momento actual, aceptando el propietario un interés anual del 4,00%, ¿cuánto habremos de pagarle? **Sol.: 12.500,00 €.**

37. En una cuenta vivienda aportamos 500,00 € al mes prepagables durante 3 años, dejando ese dinero en la cuenta durante 4 años más. El banco aplica a la operación un interés fijo del 1,80% anual convertible. ¿Cuánto tendremos ahorrado después de los 4 años? **Sol.: 18.844,27 €.**

38. El ayuntamiento acaba de declarar urbanizable el terreno en el que se asienta una granja que es el único medio de vida de una familia. El terreno tiene un valor de mercado de 600.000,00 €. Para hacer más atractiva la operación y convencer a la familia, decidimos ofrecerles una renta perpetua prepagable, con cuotas anuales constantes, aplicando un interés anual del 3,00%, ¿cuánto le ofreceremos pagarle cada año a cambio del terreno? **Sol.: 17.475,73 €.**

39. Compramos una vivienda que estará terminada dentro de 3 años. El promotor exige que en el momento de entregarnos las llaves tengamos pagados 10.000,00 € de entrada y lo podemos hacer mediante pagos anuales prepagables durante esos 3 años. Si a la operación le aplicamos un interés anual del 6,00%, ¿cuánto habremos de entregar cada año? **Sol.: 2.963,30 €.**

40. En un anuncio ofertan un coche pagándolo en 60 mensualidades pospagables de 200,00 €, sin entrada, empezando a pagar dentro de 3 meses. El anuncio informa de un interés anual convertible del 6,00%, ¿cuál es el valor de contado de ese coche? **Sol.: 10.191,47 €.**

41. Alquilamos durante 6 años un negocio en marcha y el propietario quiere recibir hoy un total de 300.000,00 €. Le proponemos pagarle esa cantidad de forma pospagable en 4 cuotas, una cada año, con 2 años de carencia (total 6 años de contrato). ¿Cuál ha de ser el importe de cada una de las 4 cuotas anuales si el interés que aplicamos a la operación es del 4,00% anual? **Sol.: 89.391,01 €.**

42. A un cliente de nuestro banco le ha tocado la lotería y nos propone entregarnos 600.000,00 € ahora a cambio de recibir de forma prepagable cierta cantidad mensual durante 20 años, pero acepta empezar a cobrar dentro de 2 años (la operación será de 22 años en total). El interés que nos autoriza la central es del 3,60% anual convertible, ¿cuánto habrá que entregarle cada mes durante esos 20 años? **Sol.: 3.761,07 €.**

43. Un premio televisivo consiste en pagar al ganador 6.000,00 € al año, pospagables, de forma perpetua, empezando la renta dentro de un año (el primer pago será, por tanto, dentro de 2 años ya que es pospagable). Si el interés de mercado está en un 4,00% anual ¿cuál es el valor del premio hoy? **Sol.: 144.230,77 €.**

44. En una cuenta vivienda aportamos 1.000,00 € al mes pospagables durante 2 años, dejando ese dinero en la cuenta durante 2 años más. El banco aplica a la operación un interés fijo del 2,40% anual convertible. ¿Cuánto tendremos ahorrado después de los 4 años? **Sol.: 25.766,59 €.**

45. Queremos obtener una renta perpetua de 10.000,00 € al año, prepagable, sabiendo que el tipo de interés es del 3,00% anual, ¿cuánto habremos de entregar ahora para conseguirla? **Sol.: 343.333,33 €.**

46. Calcula cuál de las dos siguientes opciones es la mejor: a) renta perpetua pospagable y constante de 8.000,00 € anuales o b) renta diferida 2 años, prepagable, constante de 7.000,00 € anuales durante 20 años. Utiliza en las operaciones un tipo de interés del 3,00%. **Sol.: 266.666,67 € y 101.109,05 €.**

47. Para un plan de jubilación se aportan 1.800,00 € al año, pospagables, durante 35 años. El banco aplica un interés anual del 4,00%, ¿cuánto habrá acumulado pasados los 35 años? **Sol.: 132.574,00 €.**

48. Un banco pide entregar cierta cantidad de dinero cada año, prepagable, durante 10 años, con 3 años de carencia, para saldar una deuda de 50.000,00 € (en total habrán 10 pagos), ¿cuánto debemos ir entregando durante cada uno de los 10 años, sabiendo que el tipo de interés es del 5,00% anual? **Sol.: 7.138,94 €.**

49. Si imponemos en un plan de jubilación 300,00 € al mes, a meses vencidos, durante 40 años, y nos garantizan un interés del 2,40% anual convertible, ¿cuánto habremos acumulado después de 40 años? **Sol.: 241.379,07 €.**

50. ¿Cuántos años tendremos que mantener un plan de ahorro ingresando a principios de cada mes 400,00 € si queremos tener al final 120.000,00 € con un interés estimado en 2,40% nominal? **Sol.: 20 años.**

51. Se ha de pagar una deuda de 80.000,00 € entregando, a meses vencidos, cierta cantidad durante 20 años. El tipo de interés aplicado es del 6,00% anual convertible, ¿cuánto habremos de pagar cada mes? **Sol.: 573,14 €.**

52. Según nuestros cálculos somos capaces de pagar cada mes, de forma pospagable, 600,00 € para comprar una casa. El banco nos permite hipotecarnos 30 años y nos aplicaría un tanto anual convertible del 4,80% fijo. Pactamos con el banco un período de carencia de 12 meses y luego pagaríamos durante 30 años, ¿a cuánto podría ascender el total de la hipoteca? **Sol.: 109.009,49 €.**

53. Si imponemos en un plan de jubilación 200,00 € al mes, a principios de cada mes, durante 30 años, y nos garantizan un interés del 3,60% anual, ¿cuánto habremos acumulado después de 30 años? **Sol.: 129.716,15 €.**

54. Se ha de pagar una deuda entregando, a finales de cada mes, 500,00 €, durante 8 años. El tipo de interés aplicado es del 6,00% nominal, ¿a cuánto ascendía la deuda? **Sol.: 38.047,61 €.**

55. Un señor quiere pedir un préstamo ofreciendo como garantía una renta perpetua por invalidez de 12.000 € anuales, que cobrará al principio de cada año a partir del 01/01/2003. La solicitud del préstamo la realiza el 01/01/2000, y el banco le otorgará un préstamo por el 30% del valor actual de su renta, para cuyo cálculo establece un interés anual del 3,00%. ¿Cuál es el importe máximo del préstamo que podrán concederle? **Sol.: 113.111,51 €.**

EJERCICIOS DE AMORTIZACIÓN DE PRÉSTAMOS

1. En un préstamo de 100.000,00 € por el método americano con cuotas mensuales hemos pagado en el último mes 400,00 €, ¿cuál es el TAE? **Sol.: 4,91%.**

2. En un préstamo de 180.000,00 € por el sistema de cuotas mensuales de capital constantes a 8 años hemos pagado el mes 50 un total de 2.000,00 €. ¿Cuánto pagaremos el mes próximo? **Sol.: 1.995,75 €.**

3. ¿Cuánto pagaremos en la cuota 25 por un préstamo de 60.000,00 € a 4 años con cuotas mensuales de capital constantes si el TAE es del 5,00%? **Sol.: 1.373,00 €.**

4. Por una hipoteca formalizada según el sistema francés hemos pagado el último mes 580,00 € en total y quedan pendientes 110 mensualidades. El interés anual convertible es del 4,80%. Si queremos cancelar la hipoteca, ¿cuánto habrá que pagar si además nos cobrarán un 0,5% de gastos de cancelación? **Sol.: 51.790,38 €.**

5. En un préstamo de 120.000,00 € por el sistema de cuotas mensuales de capital constantes a 5 años hemos pagado el mes 30 un total de 2.100,00 €. ¿Cuál es el tanto de interés convertible anual? **Sol.: 1,94%.**

6. Queremos cancelar después de pagar la cuota mensual 40 un préstamo de 90.000,00 € por el sistema de cuotas de capital constantes a 5 años, ¿cuánto habremos de pagar si además los gastos de cancelación son del 1,00%? **Sol.: 30.300,00 €.**

7. Por una hipoteca formalizada según el sistema francés hemos pagado el último mes 680,00 € en total, con un interés anual convertible del 3,60% y quedan pendientes 100 mensualidades. Si queremos cancelar parcialmente por la cantidad de 10.000,00 €, ¿cuánto pagaremos el mes próximo si decidimos reducir cuota? **Sol.: 564,10 €.**

8. ¿Cuánto pagaremos este mes en un préstamo por el método americano de 120.000,00 € con cuotas mensuales si el TAE es del 6,20%? **Sol.: 600,00 €.**

9. ¿Cuánto se pagará mensualmente por un préstamo de 60.000,00 € según el sistema alemán, con un interés nominal del 5,40%, a 6 años? **Sol.: 973,75 €.**

10. En un préstamo de 150.000,00 € por el sistema de cuotas mensuales de capital constantes a 6 años hemos pagado el mes 40 un total de 2.200,00 €. ¿Cuánto queda pendiente? **Sol.: 66.666,80 €.**

11. Por una hipoteca formalizada según el sistema francés hemos pagado el último mes 520,00 € en total, con un interés anual convertible del 4,80% y quedan pendientes 80 mensualidades. Si queremos cancelar parcialmente por la cantidad de 5.000,00 €, ¿cuántos meses nos quedan por pagar si decidimos reducir plazo? **Sol.: 67 CUOTAS.**

12. En una hipoteca con cuotas mensuales por el sistema francés, tenemos contratado un interés anual convertible de EURIBOR + 0.5%. Hemos pagado el último mes 460,00 €, con el EURIBOR al 3,50% y quedando pendientes 90 cuotas. Este mes ha subido el EURIBOR al 4,00%, ¿cuánto pagaremos en total? **Sol.: 468,98 €.**

13. En un préstamo de 200.000,00 € por el sistema de cuotas mensuales de capital constantes a 10 años hemos pagado el mes 60 un total de 1.900,00 €. ¿Cuál es el TAE? **Sol.: 2,80%.**

14. Construir la tabla de amortización de un préstamo a 6 años de 30.000,00 € con cuotas anuales de capital constantes a un interés fijo del 6,00% anual.

15. Construir la tabla de amortización de un préstamo a 5 años de 20.000,00 € con cuotas anuales según el sistema francés a un interés fijo del 6,50% anual.

16. Construir la tabla de amortización de un préstamo a 4 años de 40.000,00 € con cuotas anuales según el sistema americano a un interés fijo del 7,00% anual.

17. En un préstamo de 150.000,00 € por el método americano con cuotas mensuales hemos pagado en el último mes 800,00 €, ¿cuál es el TAE? **Sol.: 6,59%.**

18. En un préstamo de 100.000,00 € por el sistema de cuotas mensuales de capital constantes a 8 años hemos pagado el mes 40 un total de 1.800,00 €. ¿Cuánto pagaremos el mes próximo si no cambia el tipo de interés? **Sol.: 1.788,33 €.**

19. ¿Cuánto se pagará mensualmente por un préstamo de 100.000,00 € según el sistema alemán, con un interés nominal del 6,00%, a 5 años? **Sol.: 1.925,01 €.**

20. ¿Cuánto pagaremos en la cuota 35 por un préstamo de 50.000,00 € a 6 años con cuotas mensuales de capital constantes si el TAE es del 6,10%? **Sol.: 825,07 €.**

21. Por una hipoteca formalizada según el sistema francés hemos pagado el último mes 530,00 € en total y quedan pendientes 140 mensualidades. El interés anual convertible es del 4,80%. Si queremos cancelar la hipoteca, ¿cuánto habrá que pagar si además nos cobrarán un 0,6% de gastos de cancelación? **Sol.: 57.070,59 €.**

22. En un préstamo de 160.000,00 € por el sistema de cuotas mensuales de capital constantes a 4 años hemos pagado el mes 30 un total de 2.300,00 €. ¿Cuál es el tanto de interés convertible anual? **Sol.: NO TIENE.**

23. Queremos cancelar después de pagar la cuota mensual 50 un préstamo de 70.000,00 € por el sistema de cuotas de capital constantes a 6 años, ¿cuánto habremos de pagar si además los gastos de cancelación son del 0,50%? **Sol.: 21.495,95 €.**

24. Por una hipoteca formalizada según el sistema francés hemos pagado el último mes 625,00 € en total, con un interés anual convertible del 3,60% y quedan pendientes 70 mensualidades. Si queremos cancelar parcialmente por la cantidad de 6.000,00 €, ¿cuánto pagaremos el mes próximo si decidimos reducir cuota? **Sol.: 529,84 €.**

25. ¿Cuánto pagaremos este mes en un préstamo por el método americano de 180.000,00 € con cuotas mensuales si el TAE es del 5,20%? **Sol.: 756,00 €.**

26. En un préstamo de 100.000,00 € por el sistema de cuotas mensuales de capital constantes a 6 años hemos pagado el mes 50 un total de 1.700,00 €. ¿Cuánto queda pendiente? **Sol.: 30.555,50 €.**

27. Por una hipoteca formalizada según el sistema francés hemos pagado el último mes 420,00 € en total, con un interés anual convertible del 4,80% y quedan pendientes 50 mensualidades. Si queremos cancelar parcialmente por la cantidad de 3.000,00 €, ¿cuántos meses nos quedan por pagar si decidimos reducir plazo? **Sol.: 41 CUOTAS.**

28. En una hipoteca con cuotas mensuales por el sistema francés, tenemos contratado un interés anual convertible de EURIBOR + 1%. Hemos pagado el último mes 560,00 €, con el EURIBOR al 3,00% y quedando pendientes 60 cuotas. Este mes ha subido el EURIBOR al 4,00%, ¿cuánto pagaremos en total? **Sol.: 574,95 €.**

29. En un préstamo de 250.000,00 € por el sistema de cuotas mensuales de capital constantes a 8 años hemos pagado el mes 40 un total de 2.900,00 €. ¿Cuál es el TAE? **Sol.: 2,43%.**

30. Construir la tabla de amortización de un préstamo a 4 años de 13.000,00 € con cuotas anuales de capital constantes a un interés fijo del 5,00% anual.

31. Construir la tabla de amortización de un préstamo a 5 años de 30.000,00 € con cuotas anuales según el sistema francés a un interés fijo del 5,50% anual.

32. Construir la tabla de amortización de un préstamo a 5 años de 50.000,00 € con cuotas anuales según el sistema americano a un interés fijo del 5,00% anual.

33. Construir la tabla de amortización de un préstamo a 2 años de 40.000,00 € con cuotas trimestrales según el sistema alemán a un interés nominal del 8,00% anual.

34. Por una hipoteca formalizada según el sistema francés hemos pagado el último mes 650,00 € en total, con un interés anual convertible del 3,60% y quedan pendientes 120 mensualidades. Si queremos cancelar parcialmente por la cantidad de 10.000,00 €, ¿cuánto pagaremos el mes próximo si decidimos reducir cuota? **Sol. 550,65 €.**

35. ¿Cuánto se pagará mensualmente por un préstamo de 50.000,00 € según el sistema alemán, con un interés nominal del 4,80%, a 10 años? **Sol.: 523,82 €.**

36. En un préstamo de 100.000,00 € por el método americano con cuotas mensuales hemos pagado en el último mes 500,00 €, ¿cuál es el TAE? **Sol.: 6,17%.**

37. En un préstamo de 200.000,00 € por el sistema de cuotas mensuales de capital constantes a 8 años hemos pagado el mes 60 un total de 2.200,00 €. ¿Cuánto pagaremos el mes próximo? **Sol.: 2.195,83 €.**

38. ¿Cuánto pagaremos en la cuota 25 por un préstamo de 80.000,00 € a 4 años con cuotas mensuales de capital constantes si el TAE es del 5,00%? **Sol.: 1.830,67 €.**

39. Por una hipoteca formalizada según el sistema francés hemos pagado el último mes 550,00 € en total y quedan pendientes 100 mensualidades. El interés anual convertible es del 4,80%. Si queremos cancelar la hipoteca, ¿cuánto habrá que pagar si además nos cobrarán un 0,50% de gastos de cancelación? **Sol.: 45.483,72 €.**

40. Por una hipoteca formalizada según el sistema francés hemos pagado el último mes 720,00 € en total, con un interés anual convertible del 4,80% y quedan pendientes 60 mensualidades. Si queremos cancelar parcialmente por la cantidad de 5.000,00 €, ¿cuántos meses nos quedan por pagar si decidimos reducir plazo? **Sol.: 51 cuotas.**

41. En una hipoteca con cuotas mensuales por el sistema francés, tenemos contratado un interés anual convertible de EURIBOR + 1%. Hemos pagado el último mes 590,00 €, con el EURIBOR al 4,00% y quedando pendientes 80 cuotas. Este mes ha subido el EURIBOR al 5,00%, ¿cuál será la nueva cuota total? **Sol.: 608,15 €.**

42. Construir la tabla de amortización de un préstamo a 4 años de 17.000,00 € con cuotas anuales de capital constantes a un interés fijo del 6,00% anual.

43. Construir la tabla de amortización de un préstamo a 5 años de 40.000,00 € con cuotas anuales según el sistema francés a un interés fijo del 5,00% anual.

44. Construir la tabla de amortización de un préstamo a 5 años de 60.000,00 €
con cuotas anuales según el sistema americano a un interés fijo del 7,00%
anual.

45. Construir la tabla de amortización de un préstamo a 3 años de
80.000,00 € con cuotas semestrales según el sistema alemán a un interés
nominal del 6,00% anual.

EJERCICIOS DE RENTAS VARIABLES EN PROGRESIÓN GEOMÉTRICA

1. Una persona decide entregar a su banco 1.200.000,00 € a cambio de recibir de forma perpetua una renta mensual pospagable que se incremente el 0,1% mensual, aunque como tiene bastante dinero ahora, pacta un periodo de carencia de 6 meses. Si el banco le ofrece un interés anual convertible del 2,40%, ¿cuánto recibirá el primer mes? **Sol.: 1.214,47 €.**

2. Una persona ha sido premiada con la lotería de Navidad y para evitar gastarse el dinero enseguida decide entregar cierta cantidad en un banco para que éste se lo devuelva en forma de renta perpetua pospagable a 1.500,00 € mensuales que se incrementen el 0,1% mensual. El banco aplicaría a la operación un interés anual convertible del 3,60%, ¿cuánto tendrá que entregar este amigo a su banco para conseguirlo? **Sol.: 750.000,00 €.**

3. Hemos de pagar una compra por valor de 15.000,00 € en 6 cuotas, una cada año, pospagables, que se incrementarán un 4,00% cada año. El suministrador nos propone un interés anual del 6,00%, ¿de qué importe será la primera cuota?¿Y la segunda? **Sol.: 2.777,78 € y 2.888,89 €.**

4. Una deuda de 20.000,00 € hemos de pagarla en 5 años, con una cuota anual prepagable que se incrementará un 5,00% cada año, a un interés anual del 7,00%, ¿a cuánto ascenderá la primera cuota? ¿Y la tercera? **Sol.: 4.152,35 € y 4.577,97 €.**

5. Un banco nos asegura un interés anual convertible del 2,40% para un plan de jubilación a 30 años. Queremos realizar aportaciones mensuales pospagables que se incrementen un 0,10% cada mes, de manera que tengamos ahorrado dentro de 30 años 150.000,00 €, ¿cuál debe ser el importe de la primera aportación? **Sol.: 241,98 €.**

6. Un familiar ha de devolvernos una deuda pagándonos 3.000,00 € al año pospagables durante 5 años, incrementándose un 3,00% cada año. Como está falto de dinero, le proponemos pagarnos toda la deuda al final de los 5 años, ¿cuánto nos debe entregar dentro de 5 años si el interés que aplicamos a la operación es del 5,00% anual? **Sol.: 17.551,12 €.**

7. Si abrimos una cuenta vivienda entregando cada mes, de forma prepagable, 1.500,00 €, incrementándose un 0,20% mensual, aplicándonos el banco un interés anual convertible del 3,60%, ¿cuánto tendremos ahorrado para comprar una casa al cabo de 4 años? **Sol.: 81.215,38 €.**

8. En un plan de ahorro ingresamos de forma prepagable 3.000,00 € al año durante 8 años, incrementándose en un 4,00% cada año, dejando ese dinero en la cuenta durante 2 años más. Si el interés es del 2,00% anual, ¿cuánto habremos ahorrado después de los 10 años? **Sol.: 31.344,32 €.**

9. En un plan de ahorro ingresamos de forma pospagable 6.000,00 € al año durante 6 años, importe que irá aumentando un 2,00% al año, dejando ese dinero en la cuenta durante 4 años más. Si el interés es del 3,00% anual, ¿cuánto habremos ahorrado después de los 10 años? **Sol.: 45.846,39 €.**

10. Debido a un accidente, el asegurado de una compañía debe recibir, de forma prepagable, 1.000,00 € al mes de manera perpetua, que se incrementarán en un 0,10% mensual. La compañía de seguros está obligada a ofrecer una alternativa: entregar todo el dinero ahora. Si a la operación le aplicamos un interés anual convertible de 2,40%, ¿cuánto ofrecerá ahora como máximo la compañía de seguros para no perder en la operación? **Sol.: 1.002.000,00 €.**

11. Un programa de televisión tiene un presupuesto de 300.000,00 € para entregar un premio. Para hacerlo más atractivo a la audiencia propone entregar cierta cantidad cada año, prepagable, durante toda la vida, pero con 3 años de carencia, incrementando la cantidad un 2,00% cada año. Si el interés de mercado está en un 4,00%, anual ¿cuál ha de ser el importe de la primera anualidad? ¿Y el de la cuarta? **Sol.: 6.489,60 € y 6.886,82 €.**

12. En una cuenta vivienda aportamos 500,00 € al mes prepagables durante 3 años incrementándose un 0,10% cada mes, dejando ese dinero en la cuenta durante 1 año más. El banco aplica a la operación un interés fijo del 1,80% anual convertible. ¿Cuánto tendremos ahorrado después de los 4 años? **Sol.: 19.174,71 €.**

13. Compramos una vivienda que estará terminada dentro de 3 años. El promotor exige que en el momento de entregarnos las llaves tengamos pagados 10.000,00 € de entrada y lo podemos hacer mediante pagos

anuales prepagables durante esos 3 años, que se incrementarán un 5,00% cada año. Si a la operación le aplicamos un interés anual del 6,00%, ¿cuánto habremos de entregar el primer año? **Sol.: 2.825,30 €.**

14. En un anuncio ofertan un coche pagándolo en 60 mensualidades pospagables de 200,00 €, sin entrada, que se incrementarán un 0,30% cada mes, empezando a pagar dentro de 3 meses. El anuncio informa de un interés anual convertible del 6,00%, ¿cuál es el valor de contado de ese coche? **Sol.: 11.098,24 €.**

15. Alquilamos durante 6 años un negocio en marcha y el propietario quiere recibir hoy un total de 300.000,00 €. Le proponemos pagarle esa cantidad de forma pospagable en 4 cuotas, una cada año, que aumenten un 2,00% cada año, con 2 años de carencia (total 6 años de contrato). ¿Cuál ha de ser el importe de la primera de las 4 cuotas anuales si el interés que aplicamos a la operación es del 4,00% anual? **Sol.: 86.837,78 €.**

16. A un cliente de nuestro banco le ha tocado la lotería y nos propone entregarnos 600.000,00 € ahora a cambio de recibir de forma prepagable cierta cantidad mensual durante 20 años, que se incremente un 0,20% cada mes, pero acepta empezar a cobrar dentro de 2 años (la operación será de 22 años en total). El interés que nos autoriza la central es del 3,60% anual convertible, ¿cuánto habrá que entregarle el primer mes? **Sol.: 3.019,22 €.**

17. Un premio televisivo consiste en pagar al ganador 6.000,00 € al año, pospagables, que aumentarán un 2,00% cada año, de forma perpetua, empezando la renta dentro de un año (el primer pago será, por tanto, dentro de 2 años ya que es pospagable). Si el interés de mercado está en un 4,00% anual, ¿cuál es el valor del premio hoy? **Sol.: 288.461,54 €.**

18. En una cuenta vivienda aportamos 1.000,00 € al mes, incrementándose un 0,30% cada mes, pospagables, durante 2 años, dejando ese dinero en la cuenta durante 2 años más. El banco aplica a la operación un interés fijo del 2,40% anual convertible. ¿Cuánto tendremos ahorrado después de los 4 años? **Sol.: 26.667,75 €.**

19. Si imponemos en un plan de jubilación 100,00 € al mes, incrementándolos un 0,10% cada mes, a meses vencidos, durante 40 años, y nos garantizan un interés del 2,40% anual convertible, ¿cuánto habremos acumulado después de 40 años? **Sol.: 99.350,69 €.**

20. Una deuda de 30.000,00 € nos ofrecen pagarla en 4 cuotas anuales que se incrementarán en un 3,00% anual, a años vencidos, con 1 año de carencia, aplicándonos un interés del 8,00% anual, ¿de qué importe será la primera cuota? **Sol.: 9.379,48 €.**

21. Si entregamos en un banco 2.000,00 € cada año, incrementándose en un 2,00% cada año, prepagables, durante 10 años, manteniendo luego el dinero acumulado durante 3 años más, todo con un tipo de interés del 4,00% anual, ¿cuánto dinero tendremos acabada la operación? **Sol.: 30.562,54 €.**

22. Queremos obtener una renta perpetua de 12.000,00 € al año, prepagable, que se incremente un 2,00% anual, sabiendo que el tipo de interés es del 3,00% anual, ¿cuánto habremos de entregar ahora para conseguirla? **Sol.: 1.236.000,00 €.**

23. Calcula cuál de las dos siguientes opciones es la mejor para el que debe pagarla: a) renta perpetua pospagable de 6.000,00 € anuales que se incremente en un 1,00% anual o b) renta diferida 3 años, prepagable, de 5.000,00 € anuales que se incremente en un 2,00% anual, durante 20 años. Utiliza en las operaciones un tipo de interés del 3,00%. **Sol.: 300.000,00 € y 83.545,55 €.**

24. Según nuestros cálculos somos capaces de pagar cada mes, de forma pospagable, 600,00 € para comprar una casa, cantidad que podríamos ir incrementando en un 0,10% cada mes. El banco nos permite hipotecarnos 40 años y nos aplicaría un tanto anual convertible del 6,00% fijo. Pactamos con el banco un período de carencia de 6 meses, ¿a cuánto podría ascender el total de la hipoteca? **Sol.: 124.112,14 €.**

25. Para un plan de jubilación se aportan 1.200,00 € al año, incrementándose en un 4,00% cada año, pospagables, durante 35 años. El banco aplica un interés anual del 3,00%, ¿cuánto habrá acumulado pasados los 35 años? **Sol.: 135.867,18 €.**

26. Un banco pide entregar cierta cantidad de dinero cada año, incrementándose un 2,00% cada año, prepagable, durante 20 años, con 3 años de carencia, para saldar una deuda de 60.000,00 € (en total habrán 20 pagos), ¿de cuánto debe ser la primera cuota, sabiendo que el tipo de interés es del 4,00% anual? **Sol.: 4.032,90 €.**

27. Se ha de pagar una deuda de 50.000,00 € entregando, a meses vencidos, cierta cantidad, que se incrementará un 0,30% cada mes, durante 10 años. El tipo de interés aplicado es del 6,00% anual convertible, ¿cuánto habremos de pagar el primer mes? **Sol.: 470,32 €.**

28. Hemos de pagar una máquina por valor de 25.000,00 € en 8 cuotas, una cada año, pospagables, que se incrementarán un 3,00% anual. El suministrador nos propone un interés anual del 5,00%, ¿de qué importe será la primera cuota? **Sol.: 3.506,31 €.**

29. Nos alquilan un negocio durante 5 años pagando, de forma prepagable, 3.000,00 € al mes, incrementándose un 5,00% cada año. Decidimos pagar todo el arrendamiento en el momento actual y el propietario acepta un interés anual convertible del 6,00%, ¿cuánto habrá que pagarle ahora? **Sol.: 175.194,06 €.**

30. Un banco nos asegura un interés anual convertible del 2,40% para un plan de jubilación a 40 años. Queremos realizar aportaciones mensuales pospagables que se incrementen en un 0,10% cada mes, de manera que tengamos ahorrado dentro de 40 años 250.000,00 €, ¿cuál debe ser el importe de la primera aportación mensual? ¿Y la quinta? **Sol.: 251,63 € y 252,64 €.**

31. Si abrimos una cuenta vivienda entregando cada mes, de forma prepagable, 1.000,00 €, que se incremente un 0,20% cada mes, aplicándonos el banco un interés anual convertible del 3,60%, ¿cuánto tendremos ahorrado para comprar una casa al cabo de 4 años? **Sol.: 54.143,59 €.**

32. En un plan de ahorro ingresamos de forma pospagable 8.000,00 € al año, incrementándose un 4,00% cada año, durante 8 años, dejando ese dinero en la cuenta durante 3 años más. Si el interés es del 2,00% anual, ¿cuánto habremos ahorrado después de los 11 años? **Sol.: 83.584,85 €.**

33. En un anuncio ofertan un coche pagándolo en 48 mensualidades pospagables de 150,00 €, que se incrementarán en un 0,30% cada mes, sin entrada, empezando a pagar dentro de 3 meses (tiempo total de la operación, 51 meses). El anuncio informa de un interés anual convertible del 6,00%, ¿cuál es el valor de contado de ese coche? **Sol.: 6.737,57 €.**

34. Un premio consiste en pagar al ganador 10.000,00 € al año, prepagables, que se incrementarán un 2,00% cada año, de forma perpetua, empezando la renta dentro de un año. Si el interés de mercado está en un 3,00% anual, ¿cuál es el valor del premio hoy? **Sol.: 1.000.000,00 €.**

35. Para un plan de jubilación se aportan 1.500,00 € al año, a principios de cada año, que se incrementan en un 4,00% anual, durante 25 años. El banco aplica un interés anual del 3,00%, ¿cuánto habrá acumulado pasados los 25 años? **Sol.: 88.383,02 €.**

36. En un plan de pensiones decidimos aportar de forma prepagable 200,00 € al mes que se incrementarán cada año en un 4,00%, durante 35 años. El interés convertible anual esperado es del 3,60% anual. Una vez finalizado el plan dejaremos el dinero durante 5 años más. Al acabar este período recibiremos una renta prepagable estimada en 20 años con una cantidad mensual que se irá incrementando en un 3,00% anual. El interés convertible anual que el banco aplicaría a esta renta es del 2,40%. ¿Cuánto recibiremos cada mes del primer año en esa renta? ¿Y cada mes en el segundo año? **Sol.: 1.476,43 € y 1.520,72 €.**

37. Aportamos de forma prepagable 300,00 € al mes en un plan de ahorro, que se incrementará en 5,00% anual, durante 10 años. El TAE asegurado por el banco es del 4,00%. ¿Cuánto tendremos al finalizar la renta? **Sol.: 55.899,54 €.**

38. ¿A cuántos años habrá que pedir un préstamo de 220.000,00 € si queremos pagar el primer mes, de forma pospagable, 1.200,00 €, cantidad que se incrementará cada año en un 5,00%, con un interés nominal del 6,00%? **Sol.: 16,82 = 17 años.**

39. Compramos una Harley que nos financian con un préstamo de 10.000,00 € durante 5 años, con 3 meses de carencia. Pagaremos con cuotas mensuales pospagables que se incrementarán un 5,00% cada año. El interés anual es del 6,00% TAE. ¿Cuánto pagaremos el primer mes?¿Y el 60.º mes? **Sol.: 173,93 € y 221,98 €.**

40. Decidimos ingresar en un plan de ahorro 1.000,00 € al mes de forma prepagable que se incrementará un 5,00% cada año durante 6 años. Después dejaremos ese dinero durante 1 año más. El banco nos asegura

un TAE del 3,50%. ¿Cuánto tendremos pasados los 7 años? **Sol.: 95.617,25 €.**

41. A un tipo le toca la primitiva y entrega a un banco 2.500.000,00 € ahora para recibir a cambio una renta perpetua cobrando cada mes, de forma pospagable, una cantidad que se incremente un 3,00% cada año, aplicando el banco un interés convertible del 3,60%, ¿cuánto cobrará el primer mes?¿Y el 45.º mes? **Sol.: 1.334,33 € y 1.458,06 €.**

42. ¿Cuánto habrá que entregar al banco para recibir, de forma prepagable, una renta perpetua mensual de 2.000,00 €, que se incremente un 3,00% cada año, con 4 años de carencia, aplicando un interés TAE del 4,00%? **Sol.: 2.124.172,01 €.**

43. En un plan de pensiones ingresaremos 300,00 € al mes de forma prepagable que se incrementarán un 4,00% cada año durante 45 años. Al finalizar, recibiremos una renta pospagable durante 20 años, con 2 años de carencia, con cuotas mensuales que se incrementarán un 2,00% cada año. El banco aplicará a toda la operación un interés del 3,00% TAE. ¿Cuánto recibiremos en la segunda renta el primer mes? ¿Y el 30.º mes? **Sol.: 3.740,09 € y 3.891,19 €.**

44. Un empresario decide prestar a un amigo 200.000,00 € para que se compre una casa, pero en lugar de darle todo el dinero ahora se lo ingresará mensualmente de forma prepagable durante 4 años, mensualidad que se irá incrementando en un 6,00% al año. Al acabar los 4 años, el amigo le devolverá el préstamo, permitiéndole 3 años de carencia, con cuotas mensuales pospagables, durante 6 años (en total 9 años), cuotas que se incrementarán un 3,00% cada año. A la operación deciden aplicarle un interés TAE del 5,00%, ¿cuánto deberá entregar el empresario el primer mes? ¿Y el 16.º mes? ¿Cuánto devolverá el amigo el primer mes? ¿Y el 56.º mes? **Sol.: 4.089,79 €, 4.335,18 €, 4.151,98 € y 4.673,09 €.**

45. ¿A cuántos años habrá que pedir un préstamo de 150.000,00 € para pagar cada mes de forma pospagable 900,00 €, cantidad que se incrementará un 5,00% cada año, si el interés nominal es del 6,00%? **Sol.: 15,15 = 15 años.**

EJERCICIOS DE RENTAS VARIABLES EN PROGRESIÓN ARITMÉTICA

1. Una hipoteca de 150.000,00 € a 10 años, por la que se paga una cantidad anual por anticipado, y que irá incrementándose en 50,00 € anuales, se pacta con un interés anual del 4,00%. ¿Cuánto se pagará el primer año? **Sol.: 17.581,52 €.**

2. Por ceder el derecho de un nombre, el propietario pide una renta perpetua de 6.000,00 € al año, a principios de cada año, que se incremente en 100,00 € anuales. Si se estima un tipo de interés del 4,00%, ¿a cuánto equivaldría esa renta en dinero actual? **Sol.: 221.000,00 €.**

3. En un préstamo por el que paga 60.000,00 € anuales, al final de cada año, durante 5 años, que empezará a pagar dentro de 3 años (o sea, la duración total es de 8 años), importe que se incrementará en 10.000,00 € anuales el tipo de interés aplicado es del 4,00%, ¿cuál es el importe del préstamo? **Sol.: 313.509,93 €.**

4. Una embarcación que cuesta 50.000,00 € se ofrece a pagar en 8 cuotas a pagar al final de cada año, con 1 año de carencia (duración total de la financiación 9 años). Las cuotas se incrementarán en 2.000,00 € anuales, y el tipo de interés de la operación es del 5,00%. ¿A cuánto ascenderá la primera cuota? ¿Y la 4.ª cuota? **Sol.: 1.633,88 € y 7.633,88 €.**

5. En un premio se ofrecen dos posibilidades: recibir 12.000,00 € anuales pospagables que se incrementan 1.000,00 € anuales durante 25 años, o bien recibir todo el dinero hoy. Considerando un tipo de interés del 3,00%, ¿cuánto habrían de ofrecer hoy por el premio? **Sol.: 391.391,39 €.**

6. Un banco ofrece a sus clientes un tipo de inversión en la que se depositan anualmente, al principio de cada período, 15.000,00 €, durante 3 años que se incrementarán en 2.000,00 € anualmente, con un tipo de interés anual del 4,00%. ¿Cuánto tendrá el cliente pasados los 3 años? **Sol.: 57.178,42 €.**

7. A cambio de un terreno, una promotora de viviendas ofrece a su propietario una renta perpetua de 10.000,00 € anuales, al final de cada período (año), que se incrementarán en 1.000,00 € cada año. Considerando un IPC del 3,00%, ¿cómo se ha valorado el terreno? **Sol.: 1.444.444,44 €.**

8. En un plan de jubilación se decide aportar 50,00 € al mes pospagables, incrementando esa cantidad en 2,00 € cada mes, manteniendo el plan durante 30 años. El banco garantiza un interés del 1,80% nominal. ¿Cuál será el valor final de ese plan suponiendo ese tipo de interés garantizado? **Sol.: 179.677,27 €.**

9. Se ha de pagar una deuda de 200.000,00 € entregando mensualmente una cantidad prepagable que se incrementará en 20,00 € al mes, durante 12 años. El interés nominal de la operación se pacta en el 6,00%. ¿Cuánto ha de pagar el primer mes? ¿Y el 70.º mes? **Sol.: 682,89 € y 2.062,89 €.**

10. Un señor ha comprado una casa con una hipoteca de 120.000,00 € en 25 años, pagando una cantidad anual pospagable, y que irá incrementándose en 200,00 € anuales. El interés anual es un 5,00%. ¿Cuánto pagará el primer año? **Sol.: 6.609,54 €.**

11. Por una marca, el propietario pide una renta perpetua de 30.000,00 € al año, pospagable, que se incremente en 500,00 € anuales. Si se estima un tipo de interés del 3,00%, ¿a cuánto equivaldría esa renta en dinero actual? **Sol.: 1.555.555,56 €.**

12. Un premio consistente en una renta a 20 años de 2.500,00 € anuales, que se cobrará al final de cada uno de los años, incrementándose en 100,00 € anuales, ofrecen la posibilidad de cambiarlo por una cantidad de dinero hoy. Sabiendo que el IPC estimado medio para los próximos 20 años es del 2,00%, ¿cuánto dinero tendrían que ofrecer hoy por esa renta? **Sol.: 55.338,62 €.**

13. Una empresa obtiene un préstamo por el que paga 20.000,00 € anuales, prepagables, durante 6 años, que empezará a pagar dentro de 2 años (o sea, la duración total es de 8 años), importe que se incrementará en 2.000,00 € anuales. El tipo de interés aplicado es del 6,00%, ¿cuál es el importe del préstamo? **Sol.: 107.925,59 €.**

14. Un vehículo que cuesta 25.000,00 € se ofrece a pagar en 5 cuotas al final de cada año, con 1 año de carencia (duración total de la financiación 6 años). Las cuotas se incrementarán en 1.500,00 € anuales, y el tipo de interés de la operación es del 4,00%. ¿A cuánto ascenderá la primera cuota? **Sol.: 2.957,89 €.**

15. En un premio se ofrecen dos posibilidades: una es recibir una renta de 10.000,00 € anuales de forma perpetua y otra es recibir 15.000,00 € anuales que se incrementan 1.000,00 € anuales durante 20 años. Considerando un tipo de interés del 2,00%, ¿cuál es más ventajosa? **Sol.: 500.000,00 € y 389.871,83 €.**

16. Un plan de ahorro consiste en depositar anualmente, al principio de cada período, 3.000,00 €, durante 5 años que se incrementarán en 500,00 € anualmente, con un tipo de interés anual del 4,00%. ¿Cuánto tendrá el inversor pasados los 5 años? **Sol.: 22.311,11 €.**

17. Una promotora de viviendas ofrece al propietario de una finca una renta perpetua de 5.000,00 € anuales prepagables, que se incrementarán en 300,00 € cada año. Considerando un IPC del 3,00%, ¿cómo se ha valorado la finca? **Sol.: 515.000,00 €.**

18. Un concursante ha obtenido un premio consistente en una renta a 30 años de 2.000,00 € anuales, prepagables, incrementándose en 100,00 € anuales, y le ofrecen la posibilidad de cambiarla por una cantidad de dinero hoy. Considerando un IPC estimado medio para los próximos 30 años del 2,00%. ¿Cuánto dinero tendrían que ofrecerle hoy por esa renta? **Sol.: 75.443,85 €.**

19. En un plan de jubilación se decide aportar 150,00 € al mes prepagables, incrementando esa cantidad en 10,00 € cada mes, manteniendo el plan durante 25 años. El banco garantiza un interés del 2,40% nominal. ¿Cuál será el valor final de ese plan suponiendo ese tipo de interés garantizado? **Sol.: 337.926,63 €.**

20. Se ha de pagar una deuda de 150.000,00 € entregando mensualmente una cantidad pospagable que se incrementará en 50,00 € al mes, durante 5 años. El interés nominal de la operación se pacta en el 4,80%. ¿Cuánto ha de pagar el primer mes? ¿Y el 50.º mes? **Sol.: 1.401,77 € y 3.851,77 €.**

EJERCICIOS RESUELTOS

EJERCICIOS RESUELTOS DE CAPITALIZACIÓN SIMPLE

1. Prestamos 2.000,00 € a un interés simple del 5,00% anual. Nos propone devolvernos 2.100,00 €, ¿cuántos días durará el préstamo?

2. ¿Qué interés simple anual se habrá aplicado a una operación en la que un capital de 12.000,00 € se ha convertido en 12.600,00 € en 140 días?

3. ¿Cuál será el capital final correspondiente a 6.000,00 €, con un interés simple anual del 4,00% en una operación a 7 meses?

4. ¿Qué interés simple anual se habrá aplicado a una operación en la que un capital de 18.000,00 € se ha convertido en 19.000,00 € en 5 meses?

5. ¿Cuál será el capital final correspondiente a 7.000,00 €, con un interés simple anual del 6,00% en una operación a 120 días?

6. Si nos entregan 8.000,00 € después de 150 días, con un interés simple anual del 3,00%, ¿cuál fue el capital inicial?

7. Un capital de 2.000,00 € se ha convertido en 2.100,00 € con un interés simple mensual del 0,60%, ¿cuántos meses ha durado la operación?

8. ¿Qué interés simple anual se habrá aplicado a una operación en la que un capital de 15.000,00 € se ha convertido en 16.000,00 € en 1 año?

9. ¿Cuál será el capital final correspondiente a 12.000,00 €, con un interés simple anual del 4,00% en una operación a 1 año?

10. Si nos entregan 20.000,00 € después de 7 meses, con un interés simple anual del 6,00%, ¿cuál fue el capital inicial?

11. ¿Qué interés simple mensual se habrá aplicado a una operación en la que un capital de 14.000,00 € se ha convertido en 15.000,00 € en 8 meses?

12. ¿Cuál será el capital final correspondiente a 4.000,00 €, con un interés simple mensual del 0,50% en una operación a 3 meses?

13. Si nos entregan 12.500,00 € después de 6 meses, con un interés simple mensual del 0,40%, ¿cuál fue el capital inicial?

14. ¿Qué interés simple mensual se habrá aplicado a una operación en la que un capital de 8.000,00 € se ha convertido en 9.000,00 € en 160 días?

15. ¿Cuál será el capital final correspondiente a 8.000,00 €, con un interés simple mensual del 0,30% en una operación a 60 días?

16. Si nos entregan 6.000,00 € después de 160 días, con un interés simple mensual del 0,60%, ¿cuál fue el capital inicial?

17. Prestamos 3.000,00 € a un interés simple del 0,50% mensual. Nos proponen devolvernos 3.240,00 €, ¿cuántos días durará el préstamo?

18. Un capital de 3.000,00 € se ha convertido en 3.090,00 € con un interés simple anual del 8,00%, ¿cuántos meses ha durado la operación?

19. Si nos entregan 6.900,00 € después de 4 meses, con un interés simple trimestral del 2,00%, ¿cuál fue el capital inicial?

20. Prestamos 10.000,00 € a un interés simple del 1,50% trimestral. Nos proponen devolvernos 10.400,00 €, ¿cuántos meses durará el préstamo?

SOLUCIONES DE CAPITALIZACIÓN SIMPLE

1. $Cn = Co (1 + i.t)$

    $2.100 = 2.000 (1 + 0,05.t/365)$

    $2.100/2.000 = 1 + 0,05.t/365$

    $1,05 = 1 + 0,05.t/365$

    $1,05 - 1 = 0,05.t/365$

    $0,05 = 0,05.t/365$
    $0,05.365/0,05 = t$

    $t = 365$ días

2. $Cn = Co (1 + i.t)$

    $12.600 = 12.000 (1 + i.140/365)$

    $12.600/12.000 = 1 + i.140/365$

    $1,05 - 1 = i.140/365$

    $0,05.365/140 = i$

    $i = 0,130357142$

    $i = 13,04\%$

3. $Cn = Co (1 + i.t)$

    $Cn = 6.000 (1 + 0,04. 7/12)$

    $Cn = 6.000 (1 + 0,023333333)$

    $Cn = 6.000. 1,023333333$

$Cn = 6.140,00 €$

4. $Cn = Co (1 + i.t)$

$19.000 = 18.000 (1 + i.5/12)$

$19.000/18.000 = 1 + i.5/12$

$1,0555555556 - 1 = i.5/12$

$0,0555555556.12/5 = i$

$i = 0,1333333333$
$i = 13,33\%$

5. $Cn = Co (1 + i.t)$

$Cn = 7.000 (1 + 0,06. 120/365)$

$Cn = 7.000 (1 + 0,019726027)$

$Cn = 7.000. 1,019726027$

$Cn = 7.138,082192$

$Cn = 7.138,08 €$

6. $Cn = Co (1 + i.t)$

$8.000 = Co (1 + 0,03. 150/365)$

$8.000 = Co (1 + 0,012328767)$

$8.000 = Co. 1,012328767$

$Co = 8.000 / 1,012328767$

$Co = 7.902,571043$

Co = 7.902,57 €

7.   Cn = Co (1 + i.t)

2.100 = 2.000 (1 + 0,006.t)

2.100/2.000 = 1 + 0,006.t

1,05 = 1 + 0,006.t

1,05 − 1 = 0,006.t

0,05 = 0,006.t
0,05/0,006 = t

t = 8,3333333

t = 8 meses

8.   Cn = Co (1 + i.t)

16.000 = 15.000 (1 + i. 1)

16.000/15.000 = 1 + i

1,0666666667 − 1 = i

i = 0,0666666667

i = 6,67%

9.   Cn = Co (1 + i.t)

Cn = 12.000 (1 + 0,04. 1)

Cn = 12.000 (1 + 0,04)

Cn = 12.000. 1,04

Cn = 12.480,00 €

10. Cn = Co (1 + i.t)

20.000 = Co (1 + 0,06. 7/12)

20.000 = Co (1 + 0,035)

20.000 = Co. 1,035

Co = 20.000 / 1,035

Co = 19.323,6715
Co = 19.323,67 €

11. Cn = Co (1 + i.t)

15.000 = 14.000 (1 + i.8)

15.000/14.000 = 1 + i.8

1,071428571 – 1 = i.8

0,071428571/8 = i

i = 0,008928571

i = 0,89% mensual

12. Cn = Co (1 + i.t)

Cn = 4.000 (1 + 0,005. 3)

Cn = 4.000 (1 + 0,015)

Cn = 4.000. 1,015

Cn = 4.060,00 €

13. $Cn = Co (1 + i.t)$

$12.500 = Co (1 + 0,004. 6)$

$12.500 = Co (1 + 0,024)$

$12.500 = Co. 1,024$

$Co = 12.500 / 1,024$

$Co = 12.207,03125$

$Co = 12.207,03 €$

14. $Cn = Co (1 + i.t)$

$9.000 = 8.000 (1 + i.160/30)$

$9.000/8.000 = 1 + i.160/30$

$1,125 - 1 = i.160/30$

$0,125.30/160 = i$

$i = 0,0234375$

$i = 2,34\%$ mensual

15. $Cn = Co (1 + i.t)$

$Cn = 8.000 (1 + 0,003. 60/30)$

$Cn = 8.000 (1 + 0,006)$

$Cn = 8.000. 1,006$

$Cn = 8.048,00 €$

16. $Cn = Co (1 + i.t)$

$6.000 = Co (1 + 0,006. 160/30)$

$6.000 = Co (1 + 0,032)$

$6.000 = Co. 1,032$

$Co = 6.000 / 1,032$

$Co = 5.813,953488$

$Co = 5.813,95 €$

17. $Cn = Co (1 + i.t)$
$3.240 = 3.000 (1 + 0,005.t/30)$

$3.240/3.000 = 1 + 0,005.t/30$

$1,08 = 1 + 0,005.t/30$

$1,08 - 1 = 0,005.t/30$

$0,08 = 0,005.t/30$

$0,08.30/0,005 = t$

$t = 480$ días

18. $Cn = Co (1 + i.t)$

$3.090 = 3.000 (1 + 0,08.t/12)$

$3.090/3.000 = 1 + 0,08.t/12$

$1,03 = 1 + 0,08.t/12$

$1,03 - 1 = 0,08.t/12$

$0,03 = 0,08.t/12$

0,03.12/0,08 = t

t = 4,5 meses

19. Cn = Co (1 + i.t)

6.900 = Co (1 + 0,02. 4/3)

6.900 = Co (1 + 0,02666666667)

6.900 = Co. 1,02666666667

Co = 6.900/ 1,02666666667
Co = 6.720,779219

Co = 6.720,78 €

20. Cn = Co (1 + i.t)

10.400 = 10.000 (1 + 0,015.t/3)

10.400/10.000 = 1 + 0,015.t/3

1,04 = 1 + 0,005.t

1,04 − 1 = 0,005.t

0,04 = 0,005.t

0,04 /0,005 = t

t = 8 meses

EJERCICIOS RESUELTOS DE CAPITALIZACIÓN COMPUESTA

1. Con un tipo de interés compuesto del 4,00% anual, ¿durante cuántos años será necesario mantener 6.000,00 € a plazo fijo para obtener un capital de 7.000,00 €?

2. ¿Cuánto dinero se obtendrá de un plazo fijo en el que se impone hoy 15.000,00 al 3,00% de interés convertible anual, durante 6 años, si el interés se capitaliza por semestres?

3. ¿Cuántos años será necesario mantener un capital de 10.000,00 € para llegar a obtener 13.000,00, si el banco aplica un interés convertible anual del 6,00% y se capitaliza por trimestres?

4. ¿Qué interés mensual equivale a un TAE del 8,00%?

5. Un banco ofrece a sus clientes un TAE del 6,00% para imposiciones a 1 mes. Si un señor realiza una imposición de 20.000,00 €, ¿cuánto tendrá al cabo de un mes?

6. Un banco nos ofrece para un préstamo un interés convertible anual del 8,00%, calculándose por trimestres. Otro banco nos ofrece un interés compuesto anual del 7,90%, calculándose por meses, ¿cuál es más interesante a la hora de pedir el préstamo?

7. Realizamos una imposición a plazo fijo por 3 años, por un importe de 50.000,00 € y el banco nos ofrece un interés compuesto anual del 4,00%. ¿Cuánto nos reembolsará dentro de 3 años?

8. ¿Durante cuánto tiempo habrá que mantener un plazo fijo si, aportando inicialmente 30.000,00 €, queremos conseguir 36.000,00 €, sabiendo que el banco nos aplica un interés compuesto anual del 3,00%?

9. Con los mismos datos del ejercicio anterior (8), ¿cuánto tiempo sería necesario si es un interés convertible anual del 3,00% aplicado por trimestres?

10. ¿Cuánto habremos de imponer a plazo fijo durante 5 años para obtener 30.000,00 €, sabiendo que nos aplicarán un interés convertible anual del 4,00%, y que los intereses se calculan trimestralmente?

11. Nos ofrecen pagarnos 50.000,00 € dentro de 5 años o 35.000,00 € ahora. Suponiendo un interés compuesto anual del 6,00%, desde el punto de vista financiero calcula qué nos interesa más.

12. Tenemos ahorrados 10.000,00 € y pensamos invertirlos en Obligaciones del Estado a 4 años, con un interés convertible anual del 3,00%, calculado por trimestres, ¿cuánto nos devolverán pasados los 4 años?

13. ¿Cuánto habremos de imponer ahora en una imposición a plazo fijo si queremos tener 60.000,00 € dentro de 5 años, sabiendo que el tipo de interés convertible anual que nos ofrecen es del 3,00% y se calcula mensualmente?

14. Un banco ofrece a sus clientes un TAE del 5,00% para imposiciones a 1 mes. Si se realiza una imposición de 10.000,00 €, ¿cuánto se tendrá al cabo de un mes?

15. Un banco nos ofrece para una imposición a plazo fijo un interés convertible anual del 3,90%, calculándose por trimestres. Otro banco nos ofrece un interés compuesto anual del 3,80%, calculándose por meses, ¿cuál es más interesante a la hora de imponer el capital?

16. ¿Qué tipo de interés compuesto mensual nos han aplicado en una operación en la que entregamos 18.000,00 € y pasados 3 años nos han devuelto 20.000,00 €?

17. ¿Cuál es el tanto anual convertible aplicado a la operación anterior?

18. ¿Cuál es el TAE de la operación anterior?

19. Con 20.000,00 € queremos conseguir unos intereses totales de 5.000,00 € en 4 años, sabiendo que el banco nos calcula los intereses semestralmente, ¿qué tipo de interés nominal hemos de conseguir?

20. ¿Cuál es el TAE de la operación anterior?

SOLUCIONES DE CAPITALIZACIÓN COMPUESTA

1. $C_n = C_o (1 + i)^n$

   $7.000 = 6.000 (1 + 0,04)^n$

   $7.000/6.000 = (1 + 0,04)^n$

   $1,166666667 = (1,04)^n$

   $Log (1,166666667) = Log (1,04)^n$

   $Log (1,166666667) = n. Log (1,04)$

   $0,066946789 = n. 0,017033339$

   $n = 0,066946789/0,017033339$

   $n = 3,930338555$
   $n = 4$ años

2. $C_n = C_o (1 + i_m)^{n.m}$

   $C_n = 15.000 (1 + 0,015)^{6.2}$

   $C_n = 15.000 (1,015)^{12}$

   $C_n = 15.000. 1,195618171$

   $C_n = 17.934,27257$

   $C_n = 17.934,27 €$

3. $C_n = C_o (1 + i_m)^{n.m}$

   $13.000 = 10.000 (1 + 0,015)^{n.4}$

   $13.000/10.000 = (1,015)^{n.4}$

$$1,3 = (1,015)^{n.4}$$

$$Log\ (1,3) = Log\ (1,015)^{n.4}$$

$$Log\ (1,3) = n.\ 4.\ Log\ (1,015)$$

$$0,113943352 = n.\ 4.\ 0,006466042$$

$$0,113943352 = n.\ 0,025864169$$

$$n = 0,113943352/0,025864169$$

$$n = 4,405451882$$

$$n = 4\ años$$

4. $$i = (1 + i_m)^m - 1$$

$$0,08 = (1 + i_m)^{12} - 1$$
$$0,08 + 1 = (1 + i_m)^{12}$$

$$1,08 = (1 + i_m)^{12}$$

$$(1,08)^{1/12} = (1 + i_m)$$

$$1,00643403 = 1 + i_m$$

$$1,00643403 - 1 = i_m$$

$$i_m = 0,00643403$$

$$i_m = 0,64\%$$

5. $$Cn = Co\ (1 + i_m)^{n.m}$$

$$Cn = 20.000\ (1 + 0,06)^{1/12}$$

$$Cn = 20.000\ (1,06)^{1/12}$$

$Cn = 20.000. \ 1,004867551$

$Cn = 20.097,35101$

$Cn = 20.097,35 \ €$

6. a) $i = (1 + i_m)^m - 1$

$i = (1 + 0,02)^4 - 1$

$i = 1,08243216 - 1$

$i = 0,08243216$

$i = 8,24\% \ TAE$

b) $i = (1 + i_m)^m - 1$

$i = (1 + 0,079/12)^{12} - 1$
$i = 1,081924169 - 1$

$i = 0,081924169$

$i = 8,19\% \ TAE$

A la hora de pedir un préstamo es aconsejable el interés TAE más bajo, por tanto es mejor elegir la opción b).

7. $Cn = Co \ (1 + i)^n$

$Cn = 50.000 \ (1 + 0,04)^3$

$Cn = 50.000 \ (1,04)^3$

$Cn = 50.000. \ 1,124864$

$Cn = 56.243,20 \ €$

8. $Cn = Co \ (1 + i)^n$

$36.000 = 30.000 \ (1 + 0,03)^n$

$36.000/30.000 = (1 + 0,03)^n$

$1,2 = (1,03)^n$

$\text{Log} \ (1,2) = \text{Log} \ (1,03)^n$

$\text{Log} \ (1,2) = n. \ \text{Log} \ (1,03)$

$0,079181246 = n. \ 0,012837224$

$n = 0,079181246/0,012837224$

$n = 6,168097246$

n = 6 años, 2 meses y 1 día

9. $Cn = Co \ (1 + i_m)^{n.m}$

$36.000 = 30.000 \ (1 + 0,03/4)^{n.4}$

$36.000/30.000 = (1,0075)^{n.4}$

$1,2 = (1,0075)^{n.4}$

$\text{Log} \ (1,2) = \text{Log} \ (1,0075)^{n.4}$

$\text{Log} \ (1,3) = n. \ 4. \ \text{Log} \ (1,0075)$

$0,079181246 = n. \ 4. \ 0,003245054$

$0,079181246 = n. \ 0,012980219$

$n = 0,079181246/0,012980219$

$n = 6,100147155$

n = 6 años, 1 mes y 6 días

10. $Cn = Co (1 + i_m)^{n.m}$

$30.000 = Co (1 + 0,01)^{5.4}$

$30.000 = Co (1,01)^{20}$

$30.000 = Co. 1,22019004$

$Co = 30.000 / 1,22019004$

$Co = 24.551,91929$

$Co = 24.551,92 €$

11. Para poder compararlos, hemos de actualizar los 50.000,00 € del futuro.

$Cn = Co (1 + i)^n$

$50.000 = Co (1 + 0,06)^5$

$50.000 = Co (1,06)^5$

$50.000 = Co. 1,338225578$

$Co = 50.000 / 1,338225578$

$Co = 37.362,90863$

$Co = 37.362,91 €$

Desde el punto de vista financiero es mejor opción 50.000,00 € dentro de 5 años, ya que es más importe.

12. $Cn = Co (1 + i_m)^{n.m}$

$Cn = 10.000 (1 + 0,03/4)^{4.4}$

$Cn = 10.000 (1,0075)^{16}$

$Cn = 10.000. \, 1,126992114$

$Cn = 11.269,92114$

$Cn = 11.269,92 \, €$

13. $Cn = Co \, (1 + i_m)^{n.m}$

$60.000 = Co \, (1 + 0,03/12)^{5.12}$

$60.000 = Co \, (1,0025)^{60}$

$60.000 = Co. \, 1,161616782$

$Co = 60.000 \, / \, 1,161616782$

$Co = 51.652,14633$

$Co = 51.652,15 \, €$

14. Se puede realizar tal y como solucionamos el ejercicio 5, o bien calculando el interés mensual y aplicándolo en la fórmula de capitalización.

$i = (1 + i_m)^m - 1$

$0,05 = (1 + i_m)^{12} - 1$

$0,05 + 1 = (1 + i_m)^{12}$

$1,05 = (1 + i_m)^{12}$

$(1,05)^{1/12} = (1 + i_m)$

$1,004074124 = 1 + i_m$

$1,004074124 - 1 = i_m$

$i_m = 0,004074124$

$$Cn = Co \ (1 + i_m)^{n.m}$$

$$Cn = 10.000 \ (1 + 0,004074124)^1$$

$$Cn = 10.000. \ 1,004074124$$

$$Cn = 10.040,74124$$

$$Cn = 10.040,74 \ €$$

15.   a) $i = (1 + i_m)^m - 1$

$$i = (1 + 0,00975)^4 - 1$$

$$i = 1,039574091 - 1$$
$$i = 0,039574091$$

$$i = 3,96\% \ TAE$$

b) $i = (1 + i_m)^m - 1$

$$i = (1 + 0,038/12)^{12} - 1$$

$$i = 1,038668869 - 1$$

$$i = 0,038668869$$

$$i = 3,87\% \ TAE$$

A la hora de realizar una imposición a plazo fijo es aconsejable el interés TAE más alto, por tanto es mejor elegir la opción a).

16. $Cn = Co \ (1 + i_m)^{n.m}$

$$20.000 = 18.000 \ (1 + i_m)^{3.12}$$

$$20.000 \ / \ 18.000 = (1 + i_m)^{36}$$

$$1,1111111111 = (1 + i_m)^{36}$$

$$(1,1111111111)^{1/36} = 1 + i_m$$

$$1,002930968 = 1 + i_m$$

$$1,002930968 - 1 = i_m$$

$$i_m = 0,002930968$$

$$i_m = 0,29\%$$

17. $i_m = J_m / m$

$$0,0029 = J_m / 12$$

$$J_m = 0,0029.\ 12$$

$$J_m = 0,0348$$

$$J_m = 3,48\% \text{ nominal}$$

18. $i = (1 + i_m)^m - 1$

$$i = (1 + 0,0029)^{12} - 1$$

$$i = 1,035360461 - 1$$

$$i = 0,035360461$$

$$i = 3,54\% \text{ TAE}$$

19.   Si los intereses son 5.000,00 €, el capital final ha de ser 25.000,00 € (20.000,00 + 5.000,00).

$$Cn = Co\ (1 + i_m)^{n.m}$$

$$25.000 = 20.000\ (1 + i_m)^{4.2}$$

$$25.000 / 20.000 = (1 + i_m)^8$$

$$1,25 = (1 + i_m)^8$$

$$(1,25)^{1/8} = 1 + i_m$$

$$1,028285594 = 1 + i_m$$

$$1,028285594 - 1 = i_m$$

$$i_m = 0,028285594 \text{ semestral}$$

Calcularemos ahora el interés nominal:

$$i_m = J_m / m$$

$$0,028285594 = J_m / 2$$

$$J_m = 0,028285594. \, 2$$

$$J_m = 0,059571188$$

$$J_m = 5,96\% \text{ nominal}$$

20. $i = (1 + i_m)^m - 1$

$$i = (1 + 0,028285594)^2 - 1$$

$$i = 1,057371263 - 1$$

$$i = 0,057371262$$

$$i = 5,74\% \text{ TAE}$$

EJERCICIOS RESUELTOS DE DESCUENTO SIMPLE

1. Un comerciante ha recibido 1.550,00 € del banco al descontar una letra de cambio que vencía dentro de 90 días. El banco cobró unas comisiones de 70,00 € y aplicó una tasa de descuento del 7,00% anual, ¿cuál era el importe original de la letra de cambio?

2. Tenemos una letra de cambio de 6.000,00 € a 120 días y queremos descontarla en un banco para ofrecer el importe obtenido como préstamo a un amigo (también a 120 días). Si el banco nos aplica una tasa de descuento anual del 7,00%, ¿cuál ha de ser el interés simple anual que cobremos al amigo para no ganar ni perder nada en la operación?

3. Una determinada mercancía queremos venderla al contado por 4.000,00 €. Un cliente nos propone pagarnos a 90 días mediante un pagaré. ¿De cuánto ha de ser el importe del pagaré teniendo en cuenta que el banco nos cobraría una tasa de descuento del 6,00% anual más unas comisiones de 60,00 €?

4. Un banco nos entrega 1.000,00 € al descontar un efecto de 1.100,00 €. Sabemos que nos han cobrado 50,00 € en comisiones. El efecto vence dentro de 100 días. ¿Qué tasa de descuento anual nos han aplicado?

5. ¿Qué tipo de interés simple anual corresponde a una tasa de descuento anual del 8,00%, en operaciones a 120 días?

6. ¿Cuánto cobraremos por un pagaré de 2.000,00 € a 90 días descontado en un banco con una tasa de descuento del 7,00% anual, sabiendo que nos cobran un 1,50% de comisiones sobre el valor del pagaré, con un mínimo de 40,00 €?

7. Un banco nos entrega 6.200,00 € al descontar un efecto de 6.400,00 €. Sabemos que nos han cobrado 50,00 € en comisiones. El efecto vence dentro de 60 días. ¿Qué tasa de descuento anual nos han aplicado?

8. Qué tipo de interés simple anual corresponde a una tasa de descuento anual del 6,00%, en operaciones a 3 meses.

9. ¿Cuánto cobraremos por un pagaré de 5.000,00 € a 90 días descontado en un banco con una tasa de descuento del 7,00% anual, sabiendo que nos cobran un 1,00% de comisiones, con un mínimo de 20,00 €?

10. Un comerciante ha recibido 750,00 € del banco al descontar una letra de cambio que vencía dentro de 90 días. El banco cobró unas comisiones de 50 € y aplicó una tasa de descuento del 6,00% anual, ¿cuál era el importe original de la letra de cambio?

11. Tenemos una letra de cambio de 5.000,00 € a 90 días y queremos descontarla en un banco para ofrecer el importe obtenido como préstamo a un amigo (también a 90 días). Si el banco nos aplica una tasa de descuento del 6,00%, ¿cuál ha de ser el interés simple que cobremos al amigo para no ganar ni perder nada en la operación?

12. Descontamos en un banco un efecto a cobrar de un cliente por importe de 10.000,00 €, con vencimiento dentro de 3 meses. El banco nos aplica un 8,00% de tasa de descuento anual, además de 60,00 € de comisiones. ¿Cuánto recibiremos del banco al descontar el efecto hoy?

13. Una determinada mercancía queremos venderla al contado por 2.000,00 €. Un cliente nos propone pagarnos a 60 días mediante una letra de cambio. ¿De cuánto ha de ser el importe de la letra de cambio teniendo en cuenta que el banco nos cobraría una tasa de descuento del 8,00% anual más unas comisiones de 20,00 €?

14. Descontamos una letra de cambio a 90 días de 20.000,00 €, y el banco nos aplica un tipo de descuento anual del 9,00%, además de cobrarnos unos gastos que ascienden a 200,00 €. ¿Cuánto cobraremos hoy por ese descuento?

15. Un banco nos entrega 2.200,00 € al descontar un efecto de 2.300,00 €. Sabemos que nos han cobrado 20,00 € en comisiones. El efecto vence dentro de 90 días. ¿Qué tasa de descuento anual nos han aplicado?

16. Descontamos una letra de cambio por importe de 4.000,00 € y vencimiento a 60 días, con una tasa de descuento del 6,00% anual, sabiendo que el banco nos cobra unas comisiones del 1,00% sobre el importe de la letra de cambio. ¿Cuánto dinero recibiremos ahora?

17. Tenemos una letra de cambio por importe de 1.500,00 € que vence dentro de 120 días. Queremos descontarla en un banco que nos ofrece una tasa de descuento del 8,00% anual, además de cobrarnos 50,00 € de comisiones. ¿Cuánto cobraremos ahora si la descontamos en esas condiciones?

18. Tenemos una Letra de Cambio de 5.000,00 € con vencimiento a 90 días y queremos descontarla en un banco que nos aplica una tasa de descuento del 8,00% anual, entregándonos un importe neto de 4.800,00 €, ¿cuánto hemos pagado de comisión?

19. ¿A cuántos días vencía un pagaré de 1.300,00 € por el que hemos cobrado hoy 1.200,00 €, sabiendo que el banco nos ha aplicado unas comisiones de 50,00 € y que la tasa de descuento es del 9,00% anual?

20. De un cliente tenemos 2 pagarés: el primero vence dentro de 60 días y su importe es 2.000,00 €; el segundo vence dentro de 90 días y su importe es 3.000,00 €. El cliente nos propone cambiarlos por un único pagaré con vencimiento a 120 días. La tasa de descuento aplicada es del 7,00%, ¿cuál ha de ser el importe de ese pagaré?

SOLUCIONES DE DESCUENTO SIMPLE

1. $C_o = C_n (1 - d.t)$

$1.620 = C_n (1 - 0,07. 90 /360)$

$1.620 = C_n. 0,9825$

$C_n = 1.620 / 0,9825$

$C_n = 1.648,854962$

$C_n = 1.648,85 €$

2. $i = d / (1 - d.t)$

$i = 0,07 / (1 - 0,07. 120 / 360)$

$i = 0,07 / 0,9766666667$
$i = 0,071672355$

$i = 7,17\%$

3. $C_o = C_n (1 - d.t)$

$4.060 = C_n (1 - 0,06. 90 /360)$

$4.060 = C_n. 0,985$

$C_n = 4.060 / 0,985$

$C_n = 4.121,827411$

$C_n = 4.121,83 €$

4. $C_o = C_n (1 - d.t)$

$1.050 = 1.100 (1 - d. 100 /360)$

$1.050 / 1.100 = (1 - d. 100 /360)$

$0,954545454 = 1 - d. 100 /360$

$0,954545454 - 1 = - d. 100 /360$

$- 0,045454545 = - d. 100 /360$

$0,045454545 = d. 100 /360$

$0,045454545. 360 / 100 = d$

$d = 0,163636363$

$d = 16,36\%$

5. $i = d / (1 - d.t)$

$i = 0,08 / (1 - 0,08. 120 / 360)$
$i = 0,08 / 0,973333333$

$i = 0,08219178$

$i = 8,22\%$

6. $Co = Cn (1 - d.t)$

$Co = 2.000 (1 - 0,07. 90 /360)$

$Co = 2.000. 0,9825$

$Co = 1.965,00$

La comisión del 1,50% supone 30,00 €. Aplicamos, por tanto, el mínimo de 40,00 €.

$1.965,00 - 40,00 = 1.925,00 €$

7. $Co = Cn (1 - d.t)$

$6.250 = 6.400 \, (1 - d. \, 60 \, /360)$

$6.250 \, / \, 6.400 = (1 - d. \, 60 \, /360)$

$0,9765625 = 1 - d. \, 60 \, /360$

$0,9765625 - 1 = - \, d. \, 60 \, /360$

$- 0,0234375 = - \, d. \, 60 \, /360$

$0,0234375 = d. \, 60 \, /360$

$0,0234375. \, 360 \, / \, 60 = d$

$d = 0,140625$

$d = 14,06\%$

8. $i = d \, / \, (1 - d.t)$

$i = 0,06 \, / \, (1 - 0,06. \, 3 \, / \, 12)$

$i = 0,06 \, / \, 0,985$

$i = 0,060913705$

$i = 6,09\%$

9. $Co = Cn \, (1 - d.t)$

$Co = 5.000 \, (1 - 0,07. \, 90 \, /360)$

$Co = 5.000. \, 0,9825$

$Co = 4.912,50$

La comisión del 1,00% supone 50,00 €. Como el mínimo son 20,00 €, la comisión será de 50,00 €.

$$4.912,50 - 50,00 = 4.862,50 \text{ €}$$

10. $Co = Cn (1 - d.t)$

$$800 = Cn (1 - 0,06. \ 90 \ /360)$$

$$800 = Cn. \ 0,985$$

$$Cn = 800 / 0,985$$

$$Cn = 812,1827411$$

$$Cn = 812,18 \text{ €}$$

11. $i = d / (1 - d.t)$

$$i = 0,06 / (1 - 0,06. \ 90 / 360)$$

$$i = 0,06 / 0,985$$

$$i = 0,060913705$$

$$i = 6,09\%$$

12. $Co = Cn (1 - d.t)$

$$Co = 10.000 (1 - 0,08. \ 3 \ /12)$$

$$Co = 10.000. \ 0,98$$

$$Co = 9.800,00$$

$$9.800,00 - 60,00 = 9.740,00 \text{ €}$$

13. $Co = Cn (1 - d.t)$

$$2.020 = Cn (1 - 0,08. \ 60 \ /360)$$

$$2.020 = Cn. \ 0,986666667$$

Cn = 2.020 / 0,986666667

Cn = 2.047,297297

Cn = 2.047,30 €

14. Co = Cn (1 – d.t)

Co = 20.000 (1 – 0,09. 90 /360)

Co = 20.000. 0,9775

Co = 19.550,00

19.550,00 – 200,00 = 19.350,00 €

15. Co = Cn (1 – d.t)

2.220 = 2.300 (1 – d. 90 /360)

2.220 / 2.300 = (1 – d. 90 /360)

0,965217391 = 1 – d. 90 /360

0,965217397 - 1 = – d. 90 /360

- 0,034782608 = – d. 90 /360

0,034782608 = d. 90 /360

0,034782608. 360 / 90 = d

d = 0,139130434

d = 13,91%

16. Co = Cn (1 – d.t)

Co = 4.000 (1 – 0,06. 60 /360)

$Co = 4.000. \; 0,99$

$Co = 3.960,00$

$3.960,00 - 40,00 = 3.920,00 \; €$

17. $Co = Cn \; (1 - d.t)$

$Co = 1.500 \; (1 - 0,08. \; 120 \; /360)$

$Co = 1.500. \; 0,973333333$

$Co = 1.460,00$

$1.460,00 - 50,00 = 1.410,00 \; €$

18. $Co = Cn \; (1 - d.t)$

$Co = 5.000 \; (1 - 0,08. \; 90 \; /360)$

$Co = 5.000. \; 0,98$

$Co = 4.900,00$

Como hemos recibido $4.800,00 \; €$

$4.900,00 - 4.800,00 = 100,00 \; €$ de comisiones

19. $Co = Cn \; (1 - d.t)$

$1.250 = 1.300 \; (1 - 0,09. \; t \; /360)$

$1.250 \; / \; 1.300 = (1 - 0,09. \; t \; /360)$

$0,961538461 = 1 - 0,09. \; t \; /360$

$0,9615384614 - 1 = - \; 0,09. \; t \; /360$

$- \; 0,038461538 = - \; 0,09. \; t \; /360$

0,038461538 = 0,09. t /360

0,038461538. 360 / 0,09 = t

t = 153,8461538

t = 154 días

20.   2.000 (1 - 0,07.60/360) + 3.000 (1 - 0,07.90/360) = x (1 - 0,07.120/360)

1976,6666667 + 2.947,50 = x (0,97666666)

4.924,1666666 = x. 0,97666666

x = 4.924,1666666 / 0,97666666

x = 5.041,808876

x = 5.041,81 €

EJERCICIOS RESUELTOS DE RENTAS CONSTANTES

1. Para un plan de jubilación se aportan 1.800,00 € al año, a principios de cada año, durante 20 años. El banco aplica un interés anual del 4,00%, ¿cuánto habrá acumulado pasados los 20 años?

2. Decidimos entregar a nuestro banco 800,00 € al mes, a principios de cada período, durante 8 años, para recibir a cambio una renta mensual, a principios de cada período, durante 10 años. Si a toda la operación se le aplica un interés convertible del 2,40%, ¿cuánto recibiremos cada mes durante los 10 años?

3. Durante 35 años entregaremos 400,00 € a principios de cada mes en un plan de jubilación con un interés convertible estimado en 2,40% y después de ese tiempo dejaremos el dinero depositado al mismo interés durante 3 años más. Al finalizar el plan de jubilación recibiremos una renta que el banco estima de 23 años, con una cantidad mensual a principios de cada período y un interés convertible estimado en 4,80%, ¿cuánto recibiremos mensualmente en nuestra jubilación?

4. Queremos obtener una renta perpetua de 15.000,00 € al año, cada 31 de diciembre, sabiendo que el tipo de interés es del 2,00% anual, ¿cuánto habremos de entregar ahora para conseguirla, si estamos a 1 de enero?

5. Calcula cuál de las dos siguientes opciones ofrece mayor importe: a) renta perpetua prepagable diferida 2 años y constante de 6.000,00 € anuales o b) renta perpetua diferida 3 años, pospagable, constante de 5.000,00 € anuales. Utiliza en las operaciones un tipo de interés del 4,00%.

6. Un banco pide entregar cierta cantidad de dinero cada año, a principios del año, durante 12 años, para que, acabado el plan de ahorro, nos puedan ofrecer una renta pospagable durante 25 años. Si queremos que la renta que el banco nos entregue sea de 2.000,00 € al año, ¿cuánto debemos ir entregando durante cada uno de los 12 primeros años, sabiendo que el tipo de interés es del 5,00% anual?

7. Un coche valorado en 25.000,00 € nos ofrecen pagarlo en 8 cuotas anuales, a años vencidos, con 2 años de carencia, aplicándonos un interés del 7,00% anual, ¿de qué importe serán las cuotas anuales?

8. Si entregamos en un banco 3.000,00 € cada año, a años vencidos, durante 20 años, manteniendo luego el dinero acumulado durante 5 años más, todo con un tipo de interés del 4,00% anual, ¿cuánto dinero tendremos acabada la operación?

9. Una deuda de 30.000,00 € nos ofrecen pagarla en 6 cuotas anuales, prepagables, con 2 años de carencia, aplicándonos un interés del 7,00% anual, ¿de qué importe serán las cuotas anuales?

10. Hemos de pagar una máquina por valor de 25.000,00 € en 8 cuotas, una cada **año**, prepagables. El suministrador nos propone un interés anual del 5,00%, ¿de qué importe serán las cuotas?

11. Nos alquilan un negocio durante 5 años pagando, de forma **prepagable**, 3.000,00 € **al mes**. Decidimos pagar todo el arrendamiento en el momento actual y el propietario acepta un interés anual convertible del 6,00%, ¿cuánto habrá que pagarle ahora?

12. Un banco nos asegura un interés anual convertible del 2,40% para un plan de jubilación a 40 años. Queremos realizar aportaciones **mensuales** pospagables de manera que tengamos ahorrado dentro de 40 años 250.000,00 €, ¿cuál debe ser el importe de las aportaciones mensuales para poder conseguirlo?

13. Si abrimos una cuenta vivienda entregando cada **mes**, de forma prepagable, 1.000,00 €, aplicándonos el banco un interés anual convertible del 3,60%, ¿cuánto tendremos ahorrado para comprar una casa al cabo de 4 años?

14. En un plan de ahorro ingresamos de forma pospagable 8.000.00 € al **año** durante 8 años, dejando ese dinero en la cuenta durante 3 años más. Si el interés es del 2,00% anual, ¿cuánto habremos ahorrado después de los 11 años?

15. Durante 30 años entregaremos 150,00 € a principios de cada mes en un plan de jubilación con un interés convertible estimado en 2,40% y después de ese tiempo dejaremos el dinero depositado al mismo interés durante 3 años más. ¿Cuánto habremos ahorrado para nuestra jubilación?

16. Un banco pide entregar cierta cantidad de dinero cada año, a principios del año, durante 10 años, para que, acabado el plan de ahorro, mantengamos

el dinero durante 3 años más. El interés propuesto es del 3% anual. Si queremos tener ahorrados 120.000,00 € después de los 13 años, ¿cuánto habremos de ir imponiendo cada uno de los 10 primeros años en este plan de ahorro?

17. Nos alquilan una nave industrial durante 6 años pagando, de forma **prepagable**, 1.000,00 € al **mes, con 3 meses de carencia.** Decidimos pagar todo el arrendamiento en el momento actual y el propietario acepta un interés anual convertible del 4,80%, ¿cuánto habrá que pagarle ahora?

18. Si entregamos en un banco 4.000,00 € cada año, prepagables, durante 7 años, manteniendo luego el dinero acumulado durante 2 años más, todo con un tipo de interés del 6,00 % anual, ¿cuánto dinero tendremos acabada la operación?

19. Un familiar ha de devolvernos una deuda pagándonos 5.000,00 € al año **pospagables** durante 4 años. Como está falto de dinero, le proponemos pagarnos toda la deuda al final de los 4 años, ¿cuánto nos debe entregar dentro de 4 años si el interés que aplicamos a la operación es del 5,00% anual?

20. Debido a un accidente, el asegurado de una compañía debe recibir, de forma **prepagable**, 2.000,00 € al **mes** de manera perpetua. La compañía de seguros está obligada a ofrecer una alternativa: entregar todo el dinero ahora. Si a la operación le aplicamos un interés anual convertible de 2,40%, ¿cuánto ofrecerá ahora como máximo la compañía de seguros para no perder en la operación?

SOLUCIONES RENTAS CONSTANTES

1. Valor final de renta constante, prepagable, temporal e inmediata.

    $VF_p = (1 + i)(1 + i)^n VA$

    $VF_p = (1 + i)(1 + i)^n. a. [1 - (1 + i)^{-n}] / i$

    $VF_p = (1+0,04)(1+0,04)^{20}. 1.800. [1-(1+0,04)^{-20}] / 0,04$

    $VF_p = 2,278768069. 1.800. 13,59032634$

    $VF_p = 55.744,5631$

    $VF_p = 55.744,56 €$

2. Tenemos dos rentas. La primera consiste en constituir un capital final que se utilizará como valor actual en la segunda renta.

    La primera renta será valor final, renta constante, prepagable, temporal e inmediata.

    $VF_p = (1+i_m)(1 + i_m)^{nm} VA$

    $VF_p = (1+i_m)(1 + i_m)^{nm} a. [1 - (1 + i_m)^{-nm}] / i_m$

    $VF_p = (1,002)(1,002)^{8.12}.800. [1-(1,002)^{-8.12}] / 0,002$

    $VF_p = 1,002. 1.211438208. 69.813,94735$

    $VF_p = 84.744,43385$

    $VF_p = 84.744,43 €$

    La segunda renta es valor actual, renta constante, prepagable, temporal e inmediata.

    $VA_p = (1+i_m) VA$

$$VA_p = (1+i_m) . a . [1 - (1 + i_m)^{-nm}] / i_m$$

$$84.744,43 = (1+0,002) . a . [1 - (1 + 0,002)^{-10.12}] / 0,002$$

$$84.744,43 = (1,002) . a . 106,5917885$$

$$84.744,43 = a . 106,8049721$$

$$a = 84.744,43 / 106,8049721$$

$$a = 793,4502332$$

$$a = 793,45 €$$

3. Se trata de dos rentas. Con la primera se constituirá un capital final que servirá como valor actual de la segunda.

    La primera renta es valor final, renta constante, prepagable, temporal y anticipada.

    $$VD_p = (1+i_m) (1 + i_m)^{nm} (1+i_m)^{hm} VA$$

    $$VD_p = (1+i_m) (1+i_m)^{nm} (1+i_m)^{hm} . a . [1 - (1+i_m)^{-nm}] / i_m$$

    $$VD_p = (1+0,002) (1+0,002)^{35.12} (1+0,002)^{3.12} . 400 . [1 - (1+0,002)^{-35.12}] / 0,002$$

    $$VD_p = 2,492004027 . 400 . 283,9635853$$

    $$VD_p = 283.055,3592$$

    $$VD_p = 283.055,36 €$$

    La segunda renta es valor actual, renta constante, prepagable, temporal e inmediata.

    $$VA_p = (1+i_m) VA$$

    $$VA_p = (1+i_m) . a . [1 - (1 + i_m)^{-nm}] / i_m$$

$283.055,36 = (1+0,004). a. [1 - (1+0,004)^{-23.12}] / 0,004$

$283.055,36 = (1,004). a. 166.9317094$

$283.055,36 = a. 167,5994363$

$a = 283.055,36 / 167,5994363$

$a = 1.688,880144$

$a = 1.688,88 €$

4. Renta constante, pospagable, perpetua e inmediata.

$VA_{\infty} = a/i$

$VA_{\infty} = 15.000 / 0,02$

$VA_{\infty} = 750.000,00 €$

5. a) Renta constante, prepagable, perpetua y diferida.

$VD_{p\infty} = (1+i) (1+i)^{-d} VA_{\infty}$

$VD_{p\infty} = (1+i) (1+i)^{-d.} a / i$

$VD_{p\infty} = (1+0,04) (1+0,04)^{-2.} 6.000 / 0,04$

$VD_{p\infty} = 144.230,77 €$

b) Renta constante, pospagable, perpetua y diferida.

$VD_{\infty} = (1+i)^{-d} VA_{\infty}$

$VD_{\infty} = (1+i)^{-d.} a / i$

$VD_{\infty} = (1+0,04)^{-3.} 5.000 / 0,04$

$VD_{\infty} = 111.124,54 €$

6. Tenemos dos rentas. La primera es un plan de ahorro que constituirá un capital final. Ese capital final será el valor actual de la segunda renta. Como tenemos el dato de la anualidad de la segunda renta, hemos de comenzar calculando el valor actual de la misma para utilizar ese dato como valor final de la primera renta. De esa forma, podremos despejar la anualidad de la primera renta, que es lo que nos pide el ejercicio.

La segunda renta es valor actual, renta constante, pospagable, temporal e inmediata.

$$VA = a. [1 - (1 + i)^{-n}] / i$$

$$VA = 2.000. [1 - (1 + 0,05)^{-25}] / 0,05$$

$$VA = 28.187,89 €$$

La primera renta es valor final, renta constante, prepagable, temporal e inmediata.

$$VF_p = (1 + i)(1 + i)^n. VA$$

$$28.187,89 = (1+0,05)(1+0,05)^{12}. a. [1-(1+0,05)^{-12}] / 0,05$$

$$28.187,89 = 1,885649142. a. 8,863251636$$

$$28.187,89 = 16,71298284. a$$

$$a = 28.187,89 / 16,71298284$$

$$a = 1.686,59 €$$

7. Valor actual, renta constante, pospagable, temporal y diferida.

$$VD = (1+i)^{-d} VA$$

$$25.000 = (1+0,07)^{-2.} a. [1 - (1 + 0,07)^{-8}] / 0,07$$

$$25.000 = 0,873438728. a. 5,971298506$$

25.000 = a. 5,215563372

a = 25.000 / 5,215563372

a = 4.793,35 €

8. Valor final, renta constante, pospagable, temporal y anticipada.

$VH = (1 + i)^n (1+i)^h VA$

$VH = (1 + i)^n (1+i)^{h\cdot} a. [1 - (1 + i)^{-n}] / i$

$VH = (1+0,04)^{20} (1+0,04)^{5\cdot} 3.000. [1-(1+0,04)^{-20}] / 0,04$

$VH = 2,665836331\cdot 3.000. 13,59032634$

VH = 108.688,76 €

9. Valor actual, renta constante, prepagable, temporal y diferida.

$VD_p = (1+i) (1+i)^{-d} VA$

$VD_p = (1+i) (1+i)^{-d\cdot} a. [1 - (1 + i)^{-n}] / i$

$30.000 = (1+0,07) (1+0,07)^{-2\cdot} a. [1 - (1 + 0,07)^{-6}] / 0,07$

30.000 = 0,934579439. a. 4,76653966

30.000 = 4,454709961. a

a = 30.000 / 4,454709961

a = 6.734,45 €

10. Valor actual, renta constante, prepagable, temporal e inmediata.

$VA_p = (1+i) VA$

$VA_p = (1+i)\cdot a. [1 - (1 + i)^{-n}] / i$

$25.000 = (1+0,05) \cdot a. [1 - (1 + 0,05)^{-8}] / 0,05$

$25.000 = 1,05. a. 6,463212759$

$25.000 = 6,786373397. a$

$a = 25.000 / 6,786373397$

$a = 3.683,85$

11. Valor actual, renta constante, prepagable, temporal e inmediata.

$VA_p = (1+i_m) VA$

$VA_p = (1+i_m) \cdot a. [1 - (1 + i_m)^{-nm}] / i_m$

$VA_p = (1+0,005) \cdot 3.000. [1 - (1 + 0,005)^{-5.12}] / 0,005$

$VA_p = 155.952,57 €$

12. Valor final, renta constante, pospagable, temporal e inmediata.

$VF = (1 + i_m)^{nm} VA$

$VF = (1 + i_m)^{nm}. a. [1 - (1 + i_m)^{-nm}] / i_m$

$250.000 = (1 + 0,002)^{40.12}. a. [1 - (1 + 0,002)^{-40.12}] / 0,002$

$250.000 = 2,609193783. a. 308,3699251$

$250.000 = a. 804,5968914$

$a = 250.000 / 804,5968914$

$a = 310,71 €$

13. Valor final, renta constante, prepagable, temporal e inmediata.

$VF_p = (1+i_m) (1 + i_m)^{nm} VA$

$$VF_p = (1+i_m) (1 + i_m)^{nm} \; a. \; [1 - (1 + i_m)^{-nm}] / i_m$$

$$VF_p = (1,003) (1,003)^{4.12} \; 1.000. \; [1-(1,003)^{-4.12}]/0,003$$

$$VF_p = 51.699,69 \; €$$

14. Valor final, renta constante, pospagable, temporal y anticipada.

$$VH = (1 + i)^n (1+i)^h VA$$

$$VH = (1 + i)^n (1+i)^{h.} \; a. \; [1 - (1 + i)^{-n}] / i$$

$$VH = (1+0,02)^8 (1+0,02)^{3.} \; 8.000. \; [1 - (1+0,02)^{-8}] / 0,02$$

$$VH = 72.866,52 \; €$$

15. La renta es valor final, renta constante, prepagable, temporal y anticipada.

$$VH_p = (1+i_m) (1 + i_m)^{nm} (1+i_m)^{hm} VA$$

$$VH_p = (1+i_m) (1+i_m)^{nm} (1+i_m)^{hm.} \; a. \; [1 - (1+i_m)^{-nm}] / i_m$$

$$VH_p = (1,002)(1,002)^{360}(1,002)^{36}150[1-(1,002)^{-360}]/ 0,002$$

$$VH_p = 85.031,02 \; €$$

16. Valor final, renta constante, prepagable, temporal y anticipada.

$$VH_p = (1+i) (1 + i)^n (1 + i)^h VA$$

$$VH_p = (1+i) (1 + i)^n (1 + i)^h \; a. \; [1 - (1 + i)^{-n}] / i$$

$$120.000 = (1,03) (1,03)^{10} (1,03)^3. \; a. \; [1-(1,03)^{-10}] / 0,03$$

$$120.000 = 1,512589725. \; a. \; 8,530202837$$

$$120.000 = 12,90269716. \; a$$

$a = 120.000 / 12,90269716$

$a = 9.300,38 €$

17. Valor actual, renta constante, prepagable, temporal y diferida.

$VD_p = (1+i_m)(1+i_m)^{-dm} VA$

$VD_p = (1+i_m)(1+i_m)^{-dm} \cdot a. [1 - (1 + i_m)^{-nm}] / i_m$

$VD_p = (1,004)(1,004)^{-3.} 1.000. [1-(1,004)^{-6.12}] / 0,004$

El diferimiento (3 meses) no se ha multiplicado por 12 porque ya está expresado en meses.

$VD_p = 61.955,26 €$

18. Valor final, renta constante, prepagable, temporal y anticipada.

$VH_p = (1+i)(1 + i)^n (1 + i)^h VA$

$VH_p = (1,06)(1,06)^7 (1,06)^2 4.000. [1-(1,06)^{-7}] /0,06$

$VH_p = 39.988,78 €$

19. Valor final, renta constante, pospagable, temporal e inmediata.

$VF = (1 + i)^n VA$

$VF = (1 + i)^n. a. [1 - (1 + i)^{-n}] / i$

$VF = (1 + 0,05)^4. 5.000. [1 - (1 + 0,05)^{-4}] / 0,05$

$VF = 21.550,63 €$

20. Valor actual, renta constante, prepagable, perpetua e inmediata.

$VA_{p\infty} = (1+i_m) a/i_m$

$VA_{p\infty} = (1+0,002)\ 2.000\ /0,002$

$VA_{p\infty} = 1.002.000,00\ €$

EJERCICIOS RESUELTOS DE AMORTIZACIÓN DE PRÉSTAMOS

1. Por una hipoteca formalizada según el sistema francés hemos pagado en el último mes 850,00 € en total, con un interés anual convertible del 4,80% y quedan pendientes 150 mensualidades. Si queremos cancelar parcialmente por la cantidad de 30.000,00 €, ¿cuánto pagaremos el mes próximo si decidimos reducir cuota?

2. ¿Cuánto pagaremos en la cuota 31 por un préstamo de 60.000,00 € a 4 años con cuotas mensuales de capital constantes si el TAE es del 6%?

3. Por una hipoteca formalizada según el sistema francés hemos pagado el último mes 650,00 € en total y quedan pendientes 60 mensualidades. El interés anual convertible es del 3,60%. Si queremos cancelar la hipoteca, ¿cuánto habrá que pagar si además nos cobrarán un 0,2% de gastos de cancelación?

4. En una hipoteca con cuotas mensuales por el sistema francés, tenemos contratado un interés anual convertible de EURIBOR + 0,8%. Hemos pagado el último mes 510,00 €, con el EURIBOR al 4,00% y quedando pendientes 70 cuotas. Este mes ha subido el EURIBOR al 5,20%, ¿cuál será la nueva cuota total?

5. En un préstamo de 100.000,00 € por el sistema de cuotas mensuales de capital constantes a 6 años hemos pagado el mes 51 un total de 1.450,00 €. ¿Cuánto pagaremos el mes próximo?

6. Por una hipoteca formalizada según el sistema francés hemos pagado el último mes 820,00 € en total, con un interés anual convertible del 3,60% y quedan pendientes 75 mensualidades. Si queremos cancelar parcialmente por la cantidad de 10.000,00 €, ¿cuántos meses nos quedan por pagar si decidimos reducir plazo?

7. Construir la tabla de amortización de un préstamo a 6 años de 15.000,00 € con cuotas anuales de capital constantes a un interés fijo del 5% anual.

8. Construir la tabla de amortización de un préstamo a 5 años de 60.000,00 € con cuotas anuales según el sistema francés a un interés fijo del 6% anual.

9. Construir la tabla de amortización de un préstamo a 4 años de 50.000,00 € con cuotas anuales según el sistema americano a un interés fijo del 5% anual.

10. Construir la tabla de amortización de un préstamo a 3 años de 50.000,00 € con cuotas semestrales según el sistema alemán a un interés fijo del 6% anual.

11. Una empresa solicita un préstamo de 100.000 € a devolver en 6 años mediante el método americano, con devolución de intereses trimestral, siendo el tanto anual convertible (TIN) del 6%. ¿Cómo se pagará el préstamo?

12. ¿Cuánto se pagará mensualmente por un préstamo de 60.000,00 € según el sistema alemán, con un interés nominal del 4,80%, a 12 años?

13. ¿A cuánto ascenderán el 1.º, 8.º y 15.º pago de un préstamo de 36.000 € a 3 años, con cuotas de capital constantes y mensuales, siendo el tipo de interés anual convertible del 6%?

14. En un préstamo de 80.000 € a 6 años, que se amortiza mensualmente con un interés anual convertible del 5,40%, si se decidiera cancelarlo después de pagar la 50.ª cuota. ¿Cuánto habría que desembolsar siguiendo el método americano, francés y de cuotas de amortización de capital constantes?

15. Compramos una vivienda por 220.000 €, y queremos hipotecar una parte de dicha cantidad durante 25 años, pagando mensualmente 1.000 € por el método francés, siendo el interés anual convertible del 4,80%. ¿A cuánto ascenderá el importe de la hipoteca?

16. Una hipoteca por el sistema francés a 25 años, con pagos mensuales, contratada al tipo nominal de EURIBOR + 0,50%, se pagó el mes anterior, cuota 90, un total de 500,00 €, estando el EURIBOR al 4,30%. Ahora el EURIBOR está al 1,90%, ¿cuánto pagaremos este mes?

17. En un préstamo por el método de cuotas de capital constantes de 250.000,00 € a 20 años, con cuotas mensuales, hemos pagado el mes 60 un total de 1.360,00 €. ¿Cuánto pagaremos el mes 61?

18. Una hipoteca mensual por el método francés por la que hemos pagado 720,00 € en la cuota 90, quedando pendientes 80 cuotas, contratada a un interés nominal del 6,00%, decidimos cancelarla parcialmente por

35.000,00 €. ¿Cuánto pagaremos el mes próximo si decidimos reducir cuota?

19. Una hipoteca mensual por el sistema francés por la que hemos pagado 810,00 € en la cuota 60, quedando pendientes 90 cuotas, contratada a un interés nominal del 4,80%, decidimos cancelarla parcialmente por 15.000,00 €. ¿Cuántas cuotas quedarán pendientes si decidimos reducir plazo?

20. ¿Qué tipo de interés nominal nos están aplicando en un préstamo de 150.000,00 € a 10 años, con cuotas mensuales de capital constantes, si en el mes 50 hemos pagado un total de 1.400,00 €?

SOLUCIONES DE AMORTIZACIÓN DE PRÉSTAMOS

1. $i_m = J_m / m$

$i_m = 0,048 / 12 = 0,004$

a) Aplicamos la fórmula de capital pendiente:

$$a = \frac{Cp \times i_m}{1 - (1+i_m)^{-p}}$$

$$850 = \frac{Cp \times 0,004}{1 - (1+0,004)^{-150}}$$

$Cp = 95.737,87 \text{ €}$

b) Restamos al capital pendiente el importe de la cancelación parcial:

$95.737,87 - 30.000,00 = 65.737,87 \text{ €}$

c) Calculamos la nueva cuota total:

$$a = \frac{Cp \times i_m}{1 - (1+i_m)^{-p}}$$

$$a = \frac{65.737,87 \times 0,004}{1 - (1+0,004)^{-150}}$$

$a = 262,95148 / 0,450531147$

$a = 583,65 \text{ €}$

2.   a) Cálculo del importe de las cuotas de capital.

k_i = importe del préstamo / número de cuotas

$$k_i = 60.000 / 48 = 1.250,00 \text{ €}$$

b) Cálculo del capital pendiente anterior a la cuota que deseamos conocer, o sea, calcularemos el capital pendiente de la cuota 30.

$$Cp = k_i \times \text{número de cuotas pendientes}$$

$$Cp = 1.250 \times 18 = 22.500,00 \text{ €}$$

Hemos calculado 18 cuotas pendientes, ya que se han pagado 30 cuotas de un total de 48.

c) Cálculo del interés mensual, dado el TAE del 6%.

$$i = (1+i_m)^m - 1$$

$$0,06 = (1+i_m)^m - 1$$

$$1,06 = (1+i_m)^m$$

$$(1,06)^{1/12} = 1+i_m$$

$$1,004867551 = 1+i_m$$

$$i_m = 0,004867551$$

d) Aplicamos el tipo de interés:

Cuota de interés $= i_m \times$ capital pendiente período anterior

Cuota de interés $= 0,004867551 \times 22.500 = 109,52$ €

e) La cuota total 31 será la suma de la cuota de capital (1.250,00 €) y la cuota de interés (109,52 €). Por tanto, la solución es 1.359,52 €.

3. $i_m = J_m / m$

$$i_m = 0,036 / 12 = 0,003$$

Aplicamos la fórmula de capital pendiente:

$$a = \frac{Cp \times i_m}{1 - (1+i_m)^{-p}}$$

$$650 = \frac{Cp \times 0,003}{1 - (1+0,003)^{-60}}$$

$$650 = \frac{Cp \times 0,003}{0,164504685}$$

$650. \ 0,164504685 = Cp. \ 0,003$

$106,9280455 = Cp. \ 0,003$

$Cp = 35.642,68 \ €$

Como, además, cobran un 0,20% de comisión de cancelación, que se aplica sobre el capital pendiente ($0,002 \times 35.642,68 = 71,29$), en total habrá que pagar:

$35.642,68 + 71,29 = 35.713,97 \ €$

4. $J_m \text{ anterior} = 4,00 + 0,8 = 4,80\%$

$i_m \text{ anterior} = J_m \ / \ m$

$i_m \text{ anterior} = 0,048 \ / \ 12 = 0,004$

$J_m \text{ nuevo} = 5,20 + 0,8 = 6,00\%$

$i_m \text{ nuevo} = J_m \ / \ m$

$i_m \text{ nuevo} = 0,06 \ / \ 12 = 0,005$

a) Calculamos el capital pendiente, sabiendo que nos quedan 70 cuotas, aplicando el i_m anterior:

$$a = \frac{Cp \times i_m}{1 - (1+i_m)^{-p}}$$

$$510 = \frac{Cp \times 0,004}{1 - (1+0,004)^{-70}}$$

$Cp = 31.083,74 \ €$

b) Calculamos la nueva cuota, manteniendo los mismos datos, excepto el interés, ya que utilizaremos el nuevo i_m:

$$a = \frac{Cp \times i_m}{1 - (1+i_m)^{-p}}$$

$$a = \frac{31.083,74 \times 0,005}{1 - (1+0,005)^{-70}}$$

$a = 527,38 \ €$

5.   a) Calcular el importe de las cuotas de capital:

k_i = importe del préstamo / número de cuotas

$k_i = 100.000 / 72 = 1.388,89 \ €$

b) Restar al importe dado de la cuota total el importe de la cuota de capital y obtener la cuota de interés (y_i), o sea, despejar y_i de la fórmula:

$a_i = k_i + y_i$

$1.450 = 1.388,89 + y_i$

$y_i = 61,11 \ €$

c) Calcular el capital pendiente de la cuota anterior (o sea, de la 50):

$$Cp = k_i \times \text{número de cuotas pendientes}$$

$$Cp = 1.388,89 \times 22 = 30.555,58 \text{ €}$$

Hemos calculado 22 cuotas pendientes, ya que de un total de 72, se han pagado 50 cuotas.

d) Calcular el tipo de interés i_m, despejándolo de la fórmula:

Cuota de interés $= i_m \times$ capital pendiente del período anterior

$$61,11 = i_m \times 30.555,58$$

$$i_m = 0,001999962$$

e) Calculamos el capital pendiente anterior a la cuota que deseamos conocer, o sea, calcularemos el capital pendiente de la cuota 51.

$$Cp = k_i \times \text{número de cuotas pendientes}$$

$$Cp = 1.388,89 \times 21 = 29.166,69 \text{ €}$$

Hemos calculado 21 cuotas pendientes, ya que se han pagado 51 cuotas de un total de 72.

Ahora aplicamos el tipo de interés hallado en el paso d) al capital pendiente hallado en el paso e):

Cuota de interés $= i_m \times$ capital pendiente del período anterior

Cuota de interés $= 0,001999962 \times 29.166,69 = 58,33 \text{ €}$

f) La cuota total 52 será la suma de la cuota de capital (1.388,89 €, hallada en el paso "a") y la cuota de interés (58,33 €). Por tanto, la solución es 1.447,22 €.

6. $i_m = J_m / m$

$i_m = 0,036 / 12 = 0,003$

a) Ahora aplicamos la fórmula de capital pendiente:

$$a = \frac{Cp \times i_m}{1 - (1+i_m)^{-p}}$$

$$820 = \frac{Cp \times 0,003}{1 - (1+0,003)^{-75}}$$

$Cp = 54.998,71 \text{ €}$

b) Restamos al capital pendiente el importe de la cancelación parcial:

$54.998,71 - 10.000,00 = 44.998,71 \text{ €}$

c) Calculamos el nuevo plazo:

$$a = \frac{Cp \times i_m}{1 - (1+i_m)^{-p}}$$

$$820 = \frac{44.998,71 \times 0,003}{1 - (1+0,003)^{-p}}$$

$1 - (1+0,003)^{-p} = 134,99613 / 820$

$1 - (1+0,003)^{-p} = 0,164629426$

$- (1+0,003)^{-p} = 0,164629426 - 1$

$- (1+0,003)^{-p} = - 0,835370573$

$(1+0,003)^{-p} = 0,835370573$

Aplicamos logaritmos:

- p. Log (1,003) = Log (0,835370573)

- p. 0,001300933 = - 0,078120827

p. 0,001300933 = 0,078120827

p = 0,078120827 / 0,001300933

p = 60,004984559

Como son meses, redondeamos y la solución es 61 cuotas. Conviene redondear en exceso puesto que serán 60 cuotas enteras más una última de menor importe, o sea, en total 61.

7.

k = 15.000/ 6 = 2.500,00

Cuota interés (CI) = i_m capital pendiente del período anterior

CI (1) = 0,05. 15.000 = 750,00 €

Cuota total (a) = Cuota de capital (CC) + Cuota de interés (CI)

a (1) = 2.500 + 750 = 3.250,00 €

Período	Cuota de interés	Cuota de capital	Cuota total	Capital amortizado	Capital pendiente
0					15.000,00
1	750,00	2.500,00	3.250,00	2.500,00	12.500,00
2	625,00	2.500,00	3.125,00	5.000,00	10.000,00
3	500,00	2.500,00	3.000,00	7.500,00	7.500,00
4	375,00	2.500,00	2.875,00	10.000,00	5.000,00
5	250,00	2.500,00	2.750,00	12.500,00	2.500,00
6	125,00	2.500,00	2.625,00	15.000,00	0

8.   La cuota total se calcula con la fórmula:

$$a = \frac{C \times i_m}{1 - (1+i_m)^{-n.m}}$$

$$a = \frac{60.000 \times 0,06}{1 - (1+0,06)^{-5}}$$

$$a = 14.243,78 \; €$$

Las cuotas de interés se calculan aplicando el tipo de interés al capital pendiente anterior, con lo que tendrá que calcularse para cada período.

Cuota interés (CI) = i_m capital pendiente del período anterior

CI (1) = 0,06. 60.000 = 3.600,00 €

Las cuotas de capital se calculan restando a la cuota total la cuota de interés. Como la cuota de interés será distinta en cada período, se debe calcular la cuota de capital para cada uno de los períodos.

Cuota de capital (CC) = Cuota total (a) - Cuota de interés (CI)

CC (1) = 14.243,78 – 3.600,00 = 10.643,78 €

Período	Cuota de interés	Cuota de capital	Cuota total	Capital amortizado	Capital pendiente
0					60.000,00
1	3.600,00	10.643,78	14.243,78	10.643,78	49.356,22
2	2.961,37	11.282,41	14.243,78	21.926,19	38.073,81
3	2.284,43	11.959,35	14.243,78	33.885,54	26.114,46
4	1.566,87	12.676,91	14.243,78	46.562,45	13.437,55
5	806,25	13.437,55	14.243,80	60.000,00	0

En la última cuota de capital colocaremos la cantidad de capital pendiente de la penúltima para que se amortice todo el préstamo.

9.

Las cuotas de interés se calculan aplicando el tipo de interés al capital pendiente anterior, que en este caso siempre será el total prestado, ya que no se amortiza capital

Cuota interés (CI) = i_m. capital pendiente del período anterior

CI = 0,05. 50.000 = 2.500,00 €

Período	Cuota de interés	Cuota de capital	Cuota total	Capital amortizado	Capital pendiente
0					50.000,00
1	2.500,00		2.500,00		50.000,00
2	2.500,00		2.500,00		50.000,00
3	2.500,00		2.500,00		50.000,00
4	2.500,00	50.000,00	52.500,00	50.000,00	0

10.

$$a = \frac{C \times s}{1 - (1-s)^{nm}}$$

$$a = \frac{50.000 \times 0,03}{1 - (1-0,03)^6} = 8.980,53 \text{ €}$$

Período	Cuota de interés	Cuota de capital	Cuota total	Capital amortizado	Capital pendiente
0	1.500,00		1.500,00		50.000,00
1	1.268,64	7.711,89	8.980,53	7.711,89	42.288,11
2	1.030,13	7.950,40	8.980,53	15.662,29	34.337,71
3	784,24	8.196,29	8.980,53	23.858,58	26.141,41
4	530,75	8.449,78	8.980,53	32.308,36	17.691,64
5	269,42	8.711,11	8.980,53	41.019,47	8.980,53
6	0	8.980,53	8.980,53	50.000,00	0

11.

$$i_m = J_m / m$$

$$i_m = 0,06 / 4 = 0,015$$

Cada trimestre se devolverá:

$$a = Co.i \; ; a = 100.000 * 0,015; a = 1.500,00$$

Hasta el penúltimo mes se irá entregando la misma cantidad y en el último mes se entregará todo el capital más el interés del trimestre.

100.000 + 1.500 = 101.500,00 €

12.

$$a = \frac{C \times s}{1 - (1-s)^{nm}}$$

$$a = \frac{60.000 \times 0,004}{1 - (1-0,004)^{144}} = 547,31 \ €$$

13.

$$i_m = J_m / m$$

$$i_m = 0,06 / 12 = 0,005$$

La cuota de capital se calcula dividiendo el importe del préstamo entre el número de cuotas:

$$k = 36.000 / 36 = 1.000,00$$

Las cuotas de interés se calculan aplicando el tipo de interés al capital pendiente anterior, con lo que tendrá que calcularse para cada período.

Cuota interés $(CI) = i_m$. capital pendiente del período anterior

a) Para la cuota 1:

$$CI\ (1) = 0,005. \ 36.000 = 180,00 \ €$$

La cuota total 1 será la suma de interés y capital:

$$CT(1) = 180,00 + 1.000,00 = 1.180,00 \ €$$

b) Para la cuota 8, hemos de calcular primero el capital pendiente anterior, o sea de la 7:

$$Cp = k_i \times \text{número de cuotas pendientes}$$

$$Cp(7) = 1.000 \times 29 \ (36-7) = 29.000,00 \ €$$

La cuota de interés 8 será:

CI (8) = 0,005. 29.000 = 145,00 €

La cuota total 8 será la suma de interés y capital:

CT(8) = 145,00 + 1.000,00 = 1.145,00 €

c) Para la cuota 15, hemos de calcular primero el capital pendiente anterior, o sea, de la 14:

Cp = k_i x número de cuotas pendientes

Cp(14) = 1.000 x 22 (36-14) = 22.000,00 €

La cuota de interés 15 será:

CI (15) = 0,005. 22.000 = 110,00 €

La cuota total 15 será la suma de interés y capital:

CT(15) = 110,00 + 1.000,00 = 1.110,00 €

14.   a) Método americano: como no se paga capital, queda pendiente todo el préstamo, o sea, 80.000,00 €.

b) Método francés:

$i_m = J_m / m$

$i_m = 0,054 / 12 = 0,0045$

Como no conocemos el importe de los términos amortizativos "a", aplicaremos la fórmula del método francés para calcularlo:

$$a = \frac{C \times i_m}{1 - (1+i_m)^{-n.m}}$$

$$a = \frac{80.000 \times 0,0045}{1 - (1+0,0045)^{-6.12}}$$

$$a = \frac{360}{1 - 0,723776106}$$

$$a = \frac{360}{0,276223893}$$

a= 1.303,29 €

Con este dato, ya podemos aplicar la fórmula de capital pendiente, sabiendo que quedan pendientes 22 cuotas ya que se ha pagado la cuota 50 (72 – 50 = 22).

$$a = \frac{Cp \times i_m}{1 - (1+i_m)^{-p}}$$

$$1.303,29 = \frac{Cp \times 0,0045}{1 - (1+0,0045)^{-22}}$$

$$1.303,29 = \frac{Cp * 0,0045}{0,094056118}$$

$$122,5823989 = Cp. \, 0,0045$$

$$Cp = 27.240,53 \text{ €}$$

c) Método cuotas capital constantes:

k_i = importe del préstamo / número de cuotas

k_i = 80.000 / 72 = 1.111,11 €

El préstamo originalmente era de 72 cuotas (6 x 12), pero ya hemos pagado la cuota 50, por tanto, quedan pendientes de pagar 22 cuotas (72 – 50). El capital pendiente será:

$Cp = k_i$ x número de cuotas pendientes

$Cp = 1.111,11$ x $22 = 22.222,22$ €

15.

$$a = \frac{C \times i_m}{1 - (1+i_m)^{-n.m}}$$

$$1.000 = \frac{Cp \times 0,004}{1 - (1+0,004)^{-25.12}}$$

$$1.000 = \frac{Cp \times 0,004}{0,69808398}$$

$1.000. \ 0,69808398 = Cp. \ 0,004$

$698,0839803 = Cp. \ 0,004$

$Cp = 174.521,00$ €

16. J_m anterior $= 4,30 + 0,5 = 4,80\%$

i_m anterior$= J_m \ / \ m$

i_m anterior$= 0,048 \ / \ 12 = 0,004$

J_m nuevo $= 1,90 + 0,5 = 2,40\%$

i_m nuevo$= J_m \ / \ m$

i_m nuevo$= 0,024 \ / \ 12 = 0,002$

a) Calculamos el capital pendiente, sabiendo que nos quedan 210 cuotas ($25 \times 12 - 90 = 210$), aplicando el i_m anterior:

$$a = \frac{Cp \times i_m}{1 - (1+i_m)^{-p}}$$

$$500 = \frac{Cp \times 0,004}{1 - (1+0,004)^{-210}}$$

Despejamos Cp y obtenemos:

$$Cp = 70.945,69 \ €$$

b) Calculamos la nueva cuota, manteniendo los mismos datos, excepto el interés, ya que utilizaremos el nuevo i_m:

$$a = \frac{Cp \times i_m}{1 - (1+i_m)^{-p}}$$

$$a = \frac{70.945,69 \times 0,002}{1 - (1+0,002)^{-210}}$$

$$a = 141,89138 / 0,34267753$$

$$a = 414,07 \ €$$

17. a) Calculamos el importe de las cuotas de capital:

$$k_i = \text{importe del préstamo / número de cuotas}$$

$$k_i = 250.000 / 240 = 1.041,67 \ €$$

b) Restamos al importe dado de la cuota total el importe de la cuota de capital y obtenemos la cuota de interés (y_i), o sea, despejamos y_i de la fórmula:

$$a_i = k_i + y_i$$

$$1.360,00 = 1.041,67 + y_i$$

$$y_i = 318,33 \ €$$

c) Calculamos el capital pendiente de la cuota anterior (o sea, de la 59), con lo que quedarán 181 cuotas pendientes (240-59):

$$Cp = k_i \ x \ número \ de \ cuotas \ pendientes$$

$$Cp = 1.041,67 \ x \ 181 = 188.542,27 \ €$$

d) Calculamos el tipo de interés i_m, despejándolo de la fórmula:

Cuota de interés = i_m x capital pendiente del período anterior

$$318,33 = i_m \ x \ 188.542,27$$

$$i_m = 0,001688374$$

e) Calculamos el capital pendiente anterior a la cuota que deseamos conocer, o sea, calcularemos el capital pendiente de la cuota 60.

$$Cp = k_i \ x \ número \ de \ cuotas \ pendientes$$

$$Cp = 1.041,67 \ x \ 180 = 187.500,60 \ €$$

Hemos calculado 180 cuotas pendientes, ya que se han pagado 60 cuotas de un total de 240.

Ahora aplicamos el tipo de interés hallado en el paso d) al capital pendiente hallado en el paso e).

Cuota de interés = i_m x capital pendiente del período anterior

Cuota de interés = 0,001688374 x 187.500,60 = 316,57 €

f) La cuota total 61 será la suma de la cuota de capital (1.041,67 €) y la cuota de interés (316,57 €). Por tanto, la solución es 1.358,24 €.

18.

$$i_m = J_m / m$$

$$i_m = 0,06 / 12 = 0,005$$

a) Ahora aplicamos la fórmula de capital pendiente:

$$a = \frac{Cp \times i_m}{1 - (1+i_m)^{-p}}$$

$$720 = \frac{Cp \times 0,005}{1 - (1+0,005)^{-80}}$$

$$Cp = 47.377,66 \text{ €}$$

b) Restamos al capital pendiente el importe de la cancelación parcial:

$$47.377,66 - 35.000,00 = 12.377,66 \text{ €}$$

c) Calculamos la nueva cuota total:

$$a = \frac{Cp \times i_m}{1 - (1+i_m)^{-p}}$$

$$a = \frac{12.377,66 \times 0,005}{1 - (1+0,005)^{-80}}$$

$$a = 61,8883 / 0,329011526$$

$$a = 188,10 \text{ €}$$

19.

$$i_m = J_m / m$$

$i_m = 0,048 / 12 = 0,004$

a) Ahora aplicamos la fórmula de capital pendiente:

$$a = \frac{Cp \times i_m}{1 - (1+i_m)^{-p}}$$

$$810 = \frac{Cp \times 0,004}{1 - (1+0,004)^{-90}}$$

$Cp = 61.119,06 €$

b) Restamos al capital pendiente el importe de la cancelación parcial:

$61.119,06 - 15.000,00 = 46.119,06 €$

c) Calculamos el nuevo plazo:

$$a = \frac{Cp \times i_m}{1 - (1+i_m)^{-p}}$$

$$810 = \frac{46.119,06 \times 0,004}{1 - (1+0,004)^{-p}}$$

$1 - (1+0,004)^{-p} = 184,47624 / 810$

$1 - (1+0,004)^{-p} = 0,227748444$

$- (1+0,004)^{-p} = 0,227748444 - 1$

$- (1+0,004)^{-p} = - 0,772251555$

$(1+0,004)^{-p} = 0,772251555$

Aplicamos logaritmos:

- p. Log (1,004) = Log (0,772251555)

- p. 0,001733712 = - 0,112241208

p. 0,001733712 = 0,112241208

p = 0,112241208 / 0,001733712

p = 64,74036958

Como son meses, redondeamos y la solución es 65 meses.

20.

a) Calculamos el importe de las cuotas de capital:

k_i = importe del préstamo / número de cuotas

k_i = 150.000 / 120 = 1.250,00 €

b) Restamos al importe dado de la cuota total el importe de la cuota de capital y obtenemos la cuota de interés (y_i), o sea, despejamos y_i de la fórmula:

$a_i = k_i + y_i$

1.400 = 1.250 + y_i

y_i = 150,00 €

c) Calculamos el capital pendiente de la cuota anterior, o sea, de la 49, con lo que quedarán 71 cuotas pendientes (120 – 49):

Cp = k_i x número de cuotas pendientes

Cp = 1.250 x 71 = 88.750,00 €

d) Calculamos el tipo de interés i_m, despejándolo de la fórmula:

Cuota de interés $= i_m$ x capital pendiente del período anterior

$150 = i_m$ x 88.750

$i_m = 0,00169014$

El ejercicio nos pide el TIN, por tanto:

$i_m = J_m / m$

$0,00169014 = J_m / 12$

$J_m = 0,02028169$

Multiplicando por 100 y redondeando, el TIN será del 2,03%.

EJERCICIOS RESUELTOS DE RENTAS VARIABLES EN PROGRESIÓN GEOMÉTRICA

1. Decidimos ingresar en un plan de ahorro 500,00 € al mes de forma prepagable que se incrementará un 6,00% cada año durante 4 años. Después dejaremos ese dinero durante 2 años más. El banco nos asegura un TAE del 4,00%. ¿Cuánto tendremos pasados los 6 años?

2. El marqués de Guiñol entrega a un banco 1.500.000,00 € ahora para recibir a cambio una renta perpetua cobrando cada mes, de forma pospagable, una cantidad que se incremente un 2,00% cada año, aplicando el banco un interés convertible del 3,60%, ¿cuánto cobrará el primer mes? ¿Y el 25.º mes?

3. ¿Cuánto habrá que entregar al banco para recibir, de forma prepagable, una renta perpetua mensual de 1.000,00 €, que se incremente un 4,00% cada año, con 2 años de carencia, aplicando un interés TAE del 5,00%?

4. En un plan de pensiones ingresaremos 250,00 € al mes de forma prepagable que se incrementarán un 5% cada año durante 35 años. Al finalizar, recibiremos una renta pospagable durante 25 años, con 1 año de carencia, con cuotas mensuales que se incrementarán un 3,00% cada año. El banco aplicará a toda la operación un interés del 4,00% TAE. ¿Cuánto recibiremos en la segunda renta el primer mes? ¿Y el 40.º mes?

5. Un padre decide prestar a su hijo cierta cantidad para abrir un negocio que le ingresará mensualmente en su cuenta de forma prepagable durante 5 años, cantidad que se irá incrementando en un 6% al año, hasta acumular un total de 300.000,00 € al finalizar los 5 años. Al acabar los 5 años, el hijo le devolverá el préstamo, permitiéndole 2 años de carencia, con cuotas mensuales pospagables, durante 8 años (en total 10 años), cuotas que se incrementarán un 4,00% cada año. A la operación deciden aplicarle un interés nominal del 6,00%, ¿cuánto deberá entregar el padre el primer mes? ¿Y el 26.º mes? ¿Cuánto devolverá el hijo el primer mes? ¿Y el 46.º mes?

6. Nos conceden una hipoteca de 150.000,00 € a 15 años, pagándola en cuotas mensuales pospagables que se incrementarán un 5,00% cada año.

El banco nos aplica un interés convertible anual del 5,40%. ¿Cuánto pagaremos el primer mes? ¿Y el 6.º mes? ¿Y el 65.º mes?

7. Contratamos un plan de pensiones en el que ingresaremos durante 35 años una cantidad mensual prepagable que se incrementará un 4,00% cada año. El banco nos asegura una rentabilidad nominal del 3,60%. Si al finalizar el plan de pensiones queremos tener ahorrados 200.000,00 €, ¿cuánto habremos de imponer el primer mes? ¿Y el 25.º mes? ¿Y el 80.º mes?

8. Un banco presta a un cliente 150.000,00 €. El cliente devolverá el préstamo, permitiéndole 1 año de carencia, con cuotas mensuales pospagables, durante 8 años (en total 9 años), cuotas que se incrementarán un 4,00% cada año. A la operación deciden aplicarle un interés nominal del 6%, ¿cuánto deberá devolver el primer mes? ¿Y el mes 56?

9. Nos conceden una hipoteca de 120.000,00 € a 25 años, pagándola en cuotas mensuales pospagables que se incrementarán un 5,00% cada año. El banco nos aplica un interés convertible anual del 4,80%. ¿Cuánto pagaremos el primer mes? ¿Y el 9.º mes? ¿Y el 45.º mes?

10. Contratamos un plan de pensiones en el que ingresaremos durante 40 años una cantidad mensual prepagable que se incrementará un 3,00% cada año. El banco nos asegura una rentabilidad nominal del 3,60%. Si al finalizar el plan de pensiones queremos tener ahorrados 250.000,00 €, ¿cuánto habremos de imponer el primer mes? ¿Y el 15.º mes? ¿Y el 100.º mes?

11. Compramos un vehículo que nos financian con un préstamo de 18.000,00 € durante 6 años, con 4 meses de carencia. Pagaremos con cuotas mensuales pospagables que se incrementarán un 4,00% cada año. El interés anual es del 6,00% TAE. ¿Cuánto pagaremos el primer mes? ¿Y el 50.º mes?

12. Decidimos ingresar en un plan de ahorro 1.500,00 € al mes de forma prepagable que se incrementará un 6,00% cada año durante 8 años. Después dejaremos ese dinero durante 2 años más. El banco nos asegura un TAE del 4,50%. ¿Cuánto tendremos pasados los 10 años?

13. A un señor le toca la lotería y entrega a un banco 2.000.000,00 € ahora para recibir a cambio una renta perpetua cobrando cada mes, de forma prepagable, una cantidad que se incremente un 4,00% cada año, aplicando

el banco un interés convertible del 4,80%, ¿cuánto cobrará el primer mes? ¿Y el 35.º mes?

14. ¿Cuánto habrá que entregar al banco para recibir, de forma prepagable, una renta perpetua mensual de 3.000,00 €, que se incremente un 5,00% cada año, con 4 años de carencia, aplicando un interés TAE del 4,00%?

15. ¿Cuánto habrá que entregar al banco para recibir, de forma prepagable, una renta perpetua mensual de 2.000,00 €, que se incremente un 3,00% cada año, con 5 años de carencia, aplicando un interés TAE del 4,00%?

16. Un empresario decide prestar a un amigo 300.000,00 € para que empiece a devolvérselo a partir del 4.º año. Al acabar los 4 años, el amigo le devolverá el préstamo con cuotas mensuales pospagables, durante 6 años, cuotas que se incrementarán un 5,00% cada año. A la operación deciden aplicarle un interés TAE del 6,00%, ¿cuánto devolverá el amigo el primer mes? ¿Y el 46.º mes?

17. ¿A cuántos años habrá que pedir un préstamo de 130.000,00 € para pagar cada mes de forma pospagable 800,00 €, cantidad que se incrementará un 4,00% cada año, si el interés convertible es del 5,40%?

18. En un plan de pensiones ingresaremos 200,00 € al mes de forma prepagable que se incrementarán un 2,00% cada año durante 35 años. Al finalizar, recibiremos una renta pospagable durante 15 años, con 3 años de carencia, con cuotas mensuales que se incrementarán un 3,00% cada año. El banco aplicará a toda la operación un interés del 4,00% TAE. ¿Cuánto recibiremos en la segunda renta el primer mes? ¿Y el 40.º mes?

19. Un señor presta a su sobrino 150.000,00 € para que se compre una casa. El sobrino le devolverá el préstamo, permitiéndole 4 años de carencia, con cuotas mensuales pospagables, durante 8 años (en total 12 años), cuotas que se incrementarán un 2,00% cada año. A la operación deciden aplicarle un interés TAE del 6,00%, ¿cuánto devolverá el sobrino el primer mes? ¿Y el 36.º mes?

20. ¿A cuánto tiempo habrá que pedir un préstamo de 250.000,00 € para pagar cada mes de forma pospagable 1.200,00 €, cantidad que se incrementará un 4,00% cada año, si el interés nominal es del 6,00%?

SOLUCIONES RENTAS VARIABLES EN PROGRESIÓN GEOMÉTRICA

1. Valor final, renta variable en progresión geométrica, prepagable, temporal y anticipada.

   En primer lugar calcularemos el interés mensual a partir del TAE 4,00%:

   $i = (1+i_m)^m - 1$

   $0,04 = (1+i_m)^{12} - 1$

   $1,04 = (1+i_m)^{12}$

   $(1,04)^{1/12} = 1+i_m$

   $1,00327374 = 1+i_m$

   $i_m = 0,00327374$

   Ahora, calcularemos el incremento:

   $q = q_m^m$

   $1,06 = q_m^{12}$

   $q_m = 1,06^{1/12}$

   $q_m = 1,004867551$

   Con ello, aplicaremos la fórmula:

   $$VHG_p = (1+i_m)(1+i_m)^{nm+hm} C \; \frac{1 - (q_m/(1+i_m))^{n.m}}{(1+i_m - q_m)}$$

   $$VHG_p = (1,00327374)^{73.} 500. \; \frac{1 - (1,00486751/(1,00327374))^{4.12}}{(1+0,00327374 - 1,00486751)}$$

$VHG_p = 1,269461364. 500. 49,67372568$

$VHG_p = 31.529,44 €$

2. Valor actual, renta variable en progresión geométrica, pospagable, perpetua e inmediata.

En primer lugar, calcularemos el interés mensual:

$i_m = J_m / m = 0,036 / 12 = 0,003$

Ahora, calcularemos el incremento:

$q = q_m{}^m$

$1,02 = q_m{}^{12}$

$q_m = 1,02^{1/12}$

$q_m = 1,001651581$

Con ello, aplicaremos la fórmula:

$$VAG_\infty = C \frac{1}{(1+i_m - q_m)}$$

$$1.500.000 = C \frac{1}{(1+0,003 - 1,001651581)}$$

$1.500.000 = C \times 741,6092476$

$C = 2.022,63 €$ el primer mes

El 25.º mes se encuentra en el año 3.º, con lo que multiplicaremos C por q^2:

$C(25) = q^2 \times 2.022,63 = (1,02)^2 \times 2.022,63 = 2.104,34 €$

3. Valor actual, renta variable en progresión geométrica, prepagable, perpetua y diferida.

En primer lugar, calcularemos el interés mensual:

$i = (1+i_m)^m - 1$

$0,05 = (1+i_m)^{12} - 1$

$1,05 = (1+i_m)^{12}$

$(1,05)^{1/12} = 1+i_m$

$1,004074124 = 1+i_m$

$i_m = 0,004074124$

Ahora, calcularemos el incremento:
$q = q_m^m$

$1,04 = q_m^{12}$

$q_m = 1,04^{1/12}$

$q_m = 1,00327374$

Con ello, aplicaremos la fórmula:

$$VDG_{p\infty} = (1+im)(1+im)^{-d.m.}C \cdot \frac{1}{(1+i_m - q_m)}$$

$$VDG_{p\infty} = (1,004074124)^{-2.12+1}. C \cdot \frac{1}{(1,004074124 - 1,00327374)}$$

$VDG_{p\infty} = 0,910724824. 1.000. 1.249,400288$

$VDG_{p\infty} = 1.137.859,86 €$

4. Se trata de dos rentas. La primera consiste en obtener un capital final que servirá como valor actual de la segunda.

La primera es valor final, renta variable en progresión geométrica, prepagable, temporal e inmediata.

En primer lugar calcularemos el interés mensual a partir del TAE 4,00%:

$$i = (1+i_m)^m - 1$$

$$0,04 = (1+i_m)^{12} - 1$$

$$1,04 = (1+i_m)^{12}$$

$$(1,04)^{1/12} = 1+i_m$$

$$1,00327374 = 1+i_m$$

$$i_m = 0,00327374$$

Ahora, calcularemos el incremento:

$$q = q_m^{\,m}$$

$$1,05 = q_m^{\,12}$$

$$q_m = 1,05^{1/12}$$

$$q_m = 1,004074124$$

Con ello, aplicaremos la fórmula:

$$VFG_p = (1+i_m)(1+i_m)^{nm}\,C \; \frac{1 - (q_m/(1+i_m))^{n.m}}{(1+i_m - q_m)}$$

$$VFG_p = (1,00327374)^{421.}\,250.\; \frac{1 - (1,004074124/1,00327374)^{35.12}}{(1+0,00327374 - 1,004074124)}$$

$VFG_p = 3,959007825. 250. 497,0659451$

$VFG_p = 491.971,99 €$

La segunda es valor actual, renta variable en progresión geométrica, pospagable, temporal y diferida.

Primero calcularemos el incremento:

$q = q_m^m$

$1,03 = q_m^{12}$

$q_m = 1,03^{1/12}$

$q_m = 1,00246627$

Con ello, aplicaremos la fórmula:

$$VDG_{p\infty} = (1+im)^{-d.m.}C \frac{1 - (q_m/(1+i_m))^{n.m}}{(1+i_m - q_m)}$$

$$491.971,99 = (1,00327374)^{-12}C \frac{1-(1,00246627/1,00327374)^{25.12}}{(1,00327374 - 1,00246627)}$$

$491.971,99 = 0,961538459. C. 265,7544132$

$491.971,99 = 255,533089. C$

$C = 1.925,28 €$ el primer mes

Para el 40.º mes, nos encontraremos en el 4.º año, con lo que hemos de multiplicar C por q^3:

$C(40) = 1.925,28. q^3 = 1.925,28 (1,03)^3 = 2.103,81 €$

5. Se trata de dos rentas. En la primera conocemos el valor final (300.000,00 €) y en la segunda conocemos el valor actual (la misma cantidad).

La primera es valor final, renta variable en progresión geométrica, prepagable, temporal e inmediata.

En primer lugar, calcularemos el interés mensual a partir del nominal del 6,00%:

$i_m = J_m / m = 0,06 / 12 = 0,005$

Ahora, calcularemos el incremento:

$q = q_m^{\,m}$

$1,06 = q_m^{\,12}$
$q_m = 1,06^{1/12}$

$q_m = 1,004867551$

Con ello, aplicaremos la fórmula:

$$VFG_p = (1+i_m)(1+i_m)^{nm}\, C\ \frac{1 - (q_m/(1+i_m))^{n.m}}{(1+i_m - q_m)}$$

$$300.000 = (1,005)\,(1,005)^{60.}\, C.\ \frac{1 - (1,004867551/1,005)^{5.12}}{(1+0,005 - 1,004867551)}$$

$300.000 = 1,355594403.\ C.\ 59,46997509$

$300.000 = 80,61716538.\ C$

$C = 3.721,29\ €$ (es lo que entrega el padre el primer mes)

$C(26) = 3.721,29.\ (1,06)^2 = 4.181,24\ €$ (el mes 26)

La segunda es valor actual, renta variable en progresión geométrica, pospagable, temporal y diferida.

Calculamos el incremento:

$q = q_m{}^m$

$1,04 = q_m{}^{12}$

$q_m = 1,04^{1/12}$

$q_m = 1,00327374$

Con ello, aplicaremos la fórmula:

$$VDG_p = (1+im)^{-d.m} \cdot C \; \frac{1 - (q_m/(1+i_m))^{n.m}}{(1+i_m - q_m)}$$

$$300.000 = (1,005)^{-2.12} \cdot C \; \frac{1-(1,00327374/1,005)^{8.12}}{(1,005 - 1,00327374)}$$

$300.000 = 0,887185668. \, C. \, 88,13199337$

$300.000 = 78,18944141. \, C$

$C = 3.836,84 \, €$ (es lo que devolverá el hijo el primer mes)

Para el 46.º mes, nos encontraremos en el 4º año, con lo que hemos de multiplicar C por q^3:

$C(46) = 3.836,84. \, q^3 = 3.836,84 \, (1,04)^3 = 4.3915,92 \, €$

6. Valor actual, renta variable en progresión geométrica, pospagable, temporal e inmediata.

En primer lugar calcularemos el interés mensual a partir del nominal del 5,40%:

$i_m = J_m / m = 0,054 / 12 = 0,0045$

Ahora, calcularemos el incremento:

$q = q_m{}^m$

$1,05 = q_m{}^{12}$

$q_m = 1,05^{1/12}$

$q_m = 1,004074124$

Con ello, aplicaremos la fórmula:

$$VAG = C \; \frac{1 - (q_m/(1+i_m))^{n.m}}{(1+i_m - q_m)}$$

$$150.000 = C \; \frac{1 - (1,004074124/(1+0,0045))^{15.12}}{(1+0,0045- 1,004074124)}$$

$150.000 = C. \, 172,5619836$

$C = 869,25 \; €$ el primer mes

El 6.º mes está dentro del primer año, con lo que se pagará la misma cantidad anterior (869,25 €).

El 65.º mes corresponde al 6.º año, con lo que multiplicaremos C por q^5:

$C(65) = 869,25. \, q^5 = 869,25. \, (1,05)^5 = 1.109,41 \; €$

7. Valor final, renta variable en progresión geométrica, prepagable, temporal e inmediata.

    En primer lugar, calcularemos el interés mensual a partir del nominal del 3,60%:

    $i_m = J_m / m = 0,036 / 12 = 0,003$

    Ahora, calcularemos el incremento:

    $q = q_m{}^m$

$1,04 = q_m{}^{12}$

$q_m = 1,04^{1/12}$

$q_m = 1,00327374$

Con ello, aplicaremos la fórmula:

$$VFG_p = (1+i_m)(1+i_m)^{nm}\, C\ \frac{1 - (q_m/(1+i_m))^{n.m}}{(1+i_m - q_m)}$$

$$200.000 = (1,003)\,(1,003)^{420.}\, C.\ \frac{1 - (1,00327374/1,003)^{35.12}}{(1+0,003 - 1,00327374)}$$

$200.000 = 3,529334338.\ C.\ 443,6232364$

$200.000 = 1.565,694721.\ C$

$C = 127,74\ €$ (el primer mes)

El mes 25.º está en el año 3.º, con lo que multiplicamos C por q^2:

$C(25) = 127,74.\ (1,04)^2 = 138,16\ €$ (el mes 25)

El mes 80.º está en el año 7.º, con lo que multiplicamos C por q^6:

$C(80) = 127,74.\ (1,04)^6 = 161,63\ €$ (el mes 80)

8. Valor actual, renta variable en progresión geométrica, pospagable, temporal y diferida.

En primer lugar, calcularemos el interés mensual a partir del nominal del 6,00%:

$i_m = J_m\ /\ m = 0,06\ /\ 12 = 0,005$

Calculamos el incremento:

$$q = q_m^{\,m}$$

$$1,04 = q_m^{\,12}$$

$$q_m = 1,04^{1/12}$$

$$q_m = 1,00327374$$

Con ello, aplicaremos la fórmula:

$$VDG_p = (1+im)^{-d.m.}C \ \frac{1 - (q_m/(1+i_m))^{n.m}}{(1+i_m - q_m)}$$

$$150.000 = (1,005)^{-1.12}.\ C \ \frac{1-(1,00327374/1,003)^{8.12}}{(1,003 - 1,00327374)}$$

$$150.000 = 0,941905339.\ C.\ 96,96433598$$

$$150.000 = 91,33122575.\ C$$

$$C = 1.642,37 \text{ € (el primer mes)}$$

Para el 56.º mes, nos encontraremos en el 5.º año, con lo que hemos de multiplicar C por q^4:

$$C(56) = 1.642,37.\ q^4 = 1.642,37\ (1,04)^4 = 1.921,34 \text{ €}$$

9. Valor actual, renta variable en progresión geométrica, pospagable, temporal e inmediata.

En primer lugar calcularemos el interés mensual a partir del nominal del 4,80%:

$$i_m = J_m\ /\ m = 0,048\ /\ 12 = 0,004$$

Ahora, calcularemos el incremento:

$q = q_m{}^m$

$1,05 = q_m{}^{12}$

$q_m = 1,05^{1/12}$

$q_m = 1,004074124$

Con ello, aplicaremos la fórmula:

$$VAG = C \; \frac{1 - (q_m/(1+i_m))^{n.m}}{(1+i_m - q_m)}$$

$$120.000 = \quad C \; \frac{1 - (1,004074124/(1+0,004))^{25.12}}{(1+0,004 - 1,004074124)}$$

$120.000 = C.\ 302,1271032$

$C = 397,18\ €$ el primer mes

El 9.º mes está dentro del primer año, con lo que se pagará la misma cantidad anterior (397,18 €).

El 45.º mes corresponde al 4.º año, con lo que multiplicaremos C por q^3:

$C(65) = 397,18.\ q^5 = 397,18.\ (1,05)^3 = 459,79\ €$

10. Valor final, renta variable en progresión geométrica, prepagable, temporal e inmediata.

En primer lugar, calcularemos el interés mensual a partir del nominal del 6,00%:

$i_m = J_m\ /\ m = 0,036\ /\ 12 = 0,003$

Ahora, calcularemos el incremento:

$$q = q_m^{\ m}$$

$$1{,}03 = q_m^{\ 12}$$

$$q_m = 1{,}03^{1/12}$$

$$q_m = 1{,}00246627$$

Con ello, aplicaremos la fórmula:

$$VFG_p = (1+i_m)(1+i_m)^{nm}\,C \quad \frac{1 - (q_m/(1+i_m))^{n.m}}{(1+i_m - q_m)}$$

$$250.000 = (1{,}003)\,(1{,}003)^{480.}\,C.\quad \frac{1 - (1{,}00246627+/1{,}003)^{480}}{(1+0{,}003 - 1{,}00246627)}$$

$$250.000 = 4{,}224241928.\ C.\ 422{,}4322296$$

$$250.000 = 1.784{,}455936.\ C$$

$$C = 140{,}10 \text{ € (el primer mes)}$$

El 15.º mes estamos en el 2.º año, con lo que multiplicaremos C por q:
$$C(15) = 140{,}10.\ (1{,}03) = 144{,}30 \text{ € (el mes 15)}$$

El mes 100 estamos en el 9.º año, con lo que multiplicaremos C por q^8:

$$C(100) = 140{,}10.\ (1{,}03)^8 = 177{,}47 \text{ € (el mes 100)}$$

11. Valor actual, renta variable en progresión geométrica, pospagable, temporal y diferida.

En primer lugar, calcularemos el interés mensual a partir del TAE del 6,00%:

$$i = (1+i_m)^m - 1$$

$$0,06 = (1+i_m)^{12} - 1$$

$$1,06 = (1+i_m)^{12}$$

$$(1,06)^{1/12} = 1+i_m$$

$$1,004867551 = 1+i_m$$

$$i_m = 0,004867551$$

Calculamos el incremento:

$$q = q_m{}^m$$

$$1,04 = q_m{}^{12}$$

$$q_m = 1,04^{1/12}$$

$$q_m = 1,00327374$$

Con ello, aplicaremos la fórmula:

$$VDG = (1+im)^{-d.m.}C \ \frac{1-(q_m/(1+i_m))^{n.m}}{(1+i_m-q_m)}$$

$$18.000 = (1,004867551)^{-4}.\ C\ \frac{1-(1,00327374/1,004867551)^{6.12}}{(1,004867551-1,00327374)}$$

$$18.000 = 0,980764439.\ C.\ 67,76213415$$

$$18.000 = 66,45869149.\ C$$

$$C = 270,84\ € \text{ (el primer mes)}$$

Para el 50.º mes, nos encontraremos en el 5.º año, con lo que hemos de multiplicar C por q^4:

$C(50) = 270,84$. $q^4 = 270,84 \, (1,04)^4 = 316,84 \, €$

12. Valor final, renta variable en progresión geométrica, prepagable, temporal y anticipada.

En primer lugar calcularemos el interés mensual a partir del TAE 4,50%:

$i = (1+i_m)^m - 1$

$0,045 = (1+i_m)^{12} - 1$

$1,045 = (1+i_m)^{12}$

$(1,045)^{1/12} = 1+i_m$

$1,00374229 = 1+i_m$

$i_m = 0,00374229$

Ahora, calcularemos el incremento:

$q = q_m{}^m$

$1,06 = q_m{}^{12}$

$q_m = 1,06^{1/12}$

$q_m = 1,004867551$

Con ello, aplicaremos la fórmula:

$$VHG_p = (1+i_m)(1+i_m)^{nm+hm} \, C \, \frac{1 - (q_m/(1+i_m))^{n.m}}{(1+i_m - q_m)}$$

$$VHG_p = (1,00374229)^{121.} \, 1.500. \, \frac{1-(1,00486751/1,00374229)^{8.12}}{(1+0,00374229 - 1,00486751)}$$

$VHG_p = 1,571407809. 1.500. 100,9185416$

$VHG_p = 237.876,28 €$

13. Valor actual, renta variable en progresión geométrica, prepagable, perpetua e inmediata.

En primer lugar, calcularemos el interés mensual a partir del nominal del 4,80%:

$i_m = J_m / m = 0,048 / 12 = 0,004$

Ahora, calcularemos el incremento:

$q = q_m{}^m$
$1,04 = q_m{}^{12}$

$q_m = 1,04^{1/12}$

$q_m = 1,00327374$

Con ello, aplicaremos la fórmula:

$$VAG_{p\infty} = (1+im).C \cfrac{1}{(1+i_m - q_m)}$$

$$2.000.000 = (1,004). C \cfrac{1}{(1,004 - 1,00327374)}$$

$2.000.000 = 1,004. C. 1.376,917357$

$2.000.000 = C. 1.382,425027$

$C = 1.446,73 €$ el primer mes

El mes 35 se encuentra en el año 3.º, con lo que multiplicaremos C por q^2:

$$C(35) = 1.446,73. \ (1,04)^2 = 1.564,78 \ €$$

14. Valor actual, renta variable en progresión geométrica, prepagable, perpetua y diferida.

En primer lugar, calcularemos el interés mensual:

$$i = (1+i_m)^m - 1$$

$$0,04 = (1+i_m)^{12} - 1$$

$$1,04 = (1+i_m)^{12}$$

$$(1,04)^{1/12} = 1+i_m$$
$$1,00327374 = 1+i_m$$

$$i_m = 0,00327374$$

Ahora, calcularemos el incremento:

$$q = q_m^m$$

$$1,05 = q_m^{12}$$

$$q_m = 1,05^{1/12}$$

$$q_m = 1,004074124$$

Como podemos comprobar, $q_m > 1+i_m$, con lo que esta renta no tiene solución al ser perpetua.

15. Valor actual, renta variable en progresión geométrica, prepagable, perpetua y diferida.

En primer lugar, calcularemos el interés mensual:

$$i = (1+i_m)^m - 1$$

$$0,04 = (1+i_m)^{12} - 1$$

$1,04 = (1+i_m)^{12}$

$(1,04)^{1/12} = 1+i_m$

$1,00327374 = 1+i_m$

$i_m = 0,00327374$

Ahora, calcularemos el incremento:

$q = q_m^{\,m}$

$1,03 = q_m^{\,12}$
$q_m = 1,03^{1/12}$

$q_m = 1,00246627$

Con ello, aplicaremos la fórmula:

$$VDG_{p\infty} = (1+im)(1+im)^{-d.m.}C \; \frac{1}{(1+i_m - q_m)}$$

$$VDG_{p\infty} = (1,00327374)^{-5.12+1}.\,2.000 \; \frac{1}{(1,00327374-1,00246627)}$$

$VDG_{p\infty} = 0,824617871.\,2.000.\,1.238,436103$

$VDG_{p\infty} = 2.042.473, 09 \; €$

16. Valor actual, renta variable en progresión geométrica, pospagable, temporal y diferida.

En primer lugar, calcularemos el interés mensual a partir del TAE del 6,00%:

$i = (1+i_m)^m - 1$

$0,06 = (1+i_m)^{12} - 1$

$$1,06 = (1+i_m)^{12}$$

$$(1,06)^{1/12} = 1+i_m$$

$$1,004867551 = 1+i_m$$

$$i_m = 0,004867551$$

Calculamos el incremento:

$$q = q_m{}^m$$

$$1,05 = q_m{}^{12}$$

$$q_m = 1,05^{1/12}$$

$$q_m = 1,004074124$$

Con ello, aplicaremos la fórmula:

$$VDG = (1+im)^{-d.m.}C \;\; \frac{1 - (q_m/(1+i_m))^{n.m}}{(1+i_m - q_m)}$$

$$300.000 = (1,004867551)^{-48}.C \;\; \frac{1-(1,004074124/1,004867551)^{6.12}}{(1,004867551 - 1,004074124)}$$

$$300.000 = 0,792093646.\ C.\ 69,67933755$$

$$300.000 = 55,19256053.\ C$$

$$C = 5.435,52 \text{ € (el primer mes)}$$

Para el 46.º mes, nos encontraremos en el 4.º año, con lo que hemos de multiplicar C por q^3:

$$C(46) = 5.435,52.\ q^3 = 5.435,52\ (1,05)^3 = 6.292,29\ €$$

17. Valor actual, renta variable en progresión geométrica, pospagable, temporal e inmediata.

En primer lugar calcularemos el interés mensual a partir del nominal del 5,40%:

$$i_m = J_m / m = 0,054 / 12 = 0,0045$$

Ahora, calcularemos el incremento:

$$q = q_m{}^m$$

$$1,04 = q_m{}^{12}$$
$$q_m = 1,04^{1/12}$$

$$q_m = 1,00327374$$

Con ello, aplicaremos la fórmula:

$$VAG = \quad C \quad \frac{1 - (q_m/(1+i_m))^{n.m}}{(1+i_m - q_m)}$$

$$130.000 = \quad 800 \quad \frac{1 - (1,00327374/1+0,0045)^{n.12}}{(1+0,0045 - 1,00327374)}$$

$$130.000 / 800 = \quad \frac{1 - (1,00327374/1+0,0045)^{n.12}}{(1,0045 - 1,00327374)}$$

$$162,50 = \quad \frac{1 - (1,00327374/1,0045)^{n.12}}{0,00122626}$$

$$162,50 \cdot 0,00122626 = 1 - (1,00327374/1,0045)^{n.12}$$

$$0,19926725 = 1 - (0,998779233)^{n.12}$$

$0,19926725 - 1 = -(0,998779233)^{n.12}$

$-0,80073275 = -(0,998779233)^{n.12}$

$0,80073275 = (0,998779233)^{n.12}$

$Log\ (0,80073275) = Log\ (0,998779233)^{n.12}$

$Log\ (0,80073275) = n.12.Log\ (0,998779233)$

$-0,096512408 = n.12.(-0,000530496)$

$0,096512408 = n.\ 12.\ 0,000530496$
$0,096512408 = n.\ 0,006365952$

$n = 15,16071877$

$n = 15$ años

18. Tenemos dos rentas. Con la primera se constituye un capital final que corresponderá al valor actual de la segunda renta.

La primera es valor final, renta variable en progresión geométrica, prepagable, temporal e inmediata.

En primer lugar, calcularemos el interés mensual a partir del TAE del 4,00%:

$i = (1+i_m)^m - 1$

$0,04 = (1+i_m)^{12} - 1$

$1,04 = (1+i_m)^{12}$

$(1,04)^{1/12} = 1+i_m$

$1,00327374 = 1+i_m$

$i_m = 0,00327374$

Ahora, calcularemos el incremento:

$q = q_m{}^m$

$1,02 = q_m{}^{12}$

$q_m = 1,02^{1/12}$

$q_m = 1,001651581$

Con ello, aplicaremos la fórmula:

$$VFG_p = (1+i_m)(1+i_m)^{nm}\,C \; \frac{1 - (q_m/(1+i_m))^{n.m}}{(1+i_m - q_m)}$$

$$VFG_p = (1,00327374)^{421.}\,200.\;\frac{1 - (1,001651581/1,00327374)^{35.12}}{(1+0,00327374 - 1,001651581)}$$

$VFG_p = 3,959007825.\ 200.\ 304,0374945$

$VFG_p = 240.737,36\ €$

La segunda es valor actual, renta variable en progresión geométrica, pospagable, temporal y diferida.

Calculamos el incremento

$q = q_m{}^m$

$1,03 = q_m{}^{12}$

$q_m = 1,03^{1/12}$

$q_m = 1,00246627$

Con ello, aplicaremos la fórmula:

$$VDG = (1+im)^{-d.m.}C \cdot \frac{1 - (q_m/(1+i_m))^{n.m}}{(1+i_m - q_m)}$$

$$240.737,36 = (1,00327374)^{-36}.C \cdot \frac{1-(1,00246627/1,00327374)^{180}}{(1,00327374 - 1,00246627)}$$

$$240.737,36 = 0,888996351. \, C. \, 167,0848398$$

$$240.737,36 = 148,5378129. \, C$$

$C = 1.620,71 \, €$ (el primer mes)
Para el 40.º mes, nos encontraremos en el 4.º año, con lo que hemos de multiplicar C por q^3:

$$C(40) = 1.620,71. \, q^3 = 1.620,71 \, (1,03)^3 = 1.770,99 \, €$$

19. Valor actual, renta variable en progresión geométrica, pospagable, temporal y diferida.

En primer lugar, calcularemos el interés mensual a partir del TAE del 6,00%:

$$i = (1+i_m)^m - 1$$

$$0,06 = (1+i_m)^{12} - 1$$

$$1,06 = (1+i_m)^{12}$$

$$(1,06)^{1/12} = 1+i_m$$

$$1,004867551 = 1+i_m$$

$$i_m = 0,004867551$$

Calculamos el incremento:

$$q = q_m^m$$

$$1,02 = q_m^{12}$$

$$q_m = 1,02^{1/12}$$

$$q_m = 1,001651581$$

Con ello, aplicaremos la fórmula:

$$VDG = (1+im)^{-d.m.} \cdot C \; \frac{1 - (q_m/(1+i_m))^{n.m}}{(1+i_m - q_m)}$$

$$150.000 = (1,004867551)^{-48} \cdot C \; \frac{1-(1,001651581/1,004867551)^{8.12}}{(1,004867551 - 1,001651581)}$$

$$150.000 = 0,792093646 . \; C . \; 82,3659615$$

$$150.000 = 65,14624202 . \; C$$

$$C = 2.302,51 \; € \text{ (el primer mes)}$$

Para el 36.° mes, nos encontraremos en el año 3.°, con lo que hemos de multiplicar C por q^2:

$$C(36) = 2.302,51 . \; q^2 = 2.302,51 \; (1,02)^2 = 2.395,53 \; €$$

20. Valor actual, renta variable en progresión geométrica, pospagable, temporal e inmediata.

En primer lugar calcularemos el interés mensual a partir del nominal del 5,40%:

$$i_m = J_m / m = 0,06 / 12 = 0,005$$

Ahora, calcularemos el incremento:

$q = q_m{}^m$

$1,04 = q_m{}^{12}$

$q_m = 1,04^{1/12}$

$q_m = 1,00327374$

Con ello, aplicaremos la fórmula:

$$VAG = C \frac{1 - (q_m/(1+i_m))^{n.m}}{(1+i_m - q_m)}$$

$$250.000 = 1.200 \frac{1 - (1,00327374/1+0,005)^{n.12}}{(1+0,005 - 1,00327374)}$$

$$250.000 / 1.200 = \frac{1 - (1,00327374/1+0,005)^{n.12}}{(1,005 - 1,00327374)}$$

$$208,333333333 = \frac{1 - (1,00327374/1,005)^{n.12}}{0,00172626}$$

$208,333333333 . 0,00172626 = 1 - (1,00327374/1,005)^{n.12}$

$0,359637499 = 1 - (0,998282328)^{n.12}$

$0,359637499 - 1 = - (0,998282328)^{n.12}$

$- 0,640362501 = - (0,998282328)^{n.12}$

$0,640362501 = (0,998282328)^{n.12}$

$Log (0,640362501) = Log (0,998282328)^{n.12}$

Log (0,640362501) = n.12.Log (0,998282328)

- 0,193574107 = n.12.(-0,000746616)

0,193574107 = n. 12. 0,000746616

0,193574107 = n. 0,008959402

n = 21,60569375

n = 21 años, (0,605693751x12=7,268325018) 7 meses, (0,268325018x30=8,04975054) 8 días.

n = 21 años, 7 meses y 8 días

EJERCICIOS RESUELTOS DE RENTAS VARIABLES EN PROGRESIÓN ARITMÉTICA

1. Se compra una vivienda con una hipoteca de 200.000,00 € en 25 años, pagando una cantidad anual por anticipado, y que irá incrementándose en 100,00 € anuales. El interés anual es un 6,00%. ¿Cuánto pagará el primer año?

2. Por ceder el uso de unas tierras, el propietario pide una renta perpetua de 3.000,00 € al año, a principios de cada año, que se incremente en 20,00 € anuales. Si se estima un tipo de interés del 4,00%, ¿a cuánto equivaldría esa renta en dinero actual?

3. Una empresa obtiene un préstamo por el que paga 35.000,00 € anuales, al final de cada año, durante 10 años, que empezará a pagar dentro de 2 años (o sea, la duración total es de 12 años), importe que se incrementará en 2.500,00 € anuales. El tipo de interés aplicado es del 6,00%, ¿cuál es el importe del préstamo?

4. Un coche que cuesta 20.000,00 € se ofrece a pagar en 5 cuotas al final de cada año, con 2 años de carencia (duración total de la financiación 7 años). Las cuotas se incrementarán en 1.500,00 € anuales, y el tipo de interés de la operación es del 4,00%. ¿A cuánto ascenderá la primera cuota?

5. Un premio consiste en recibir 45.000,00 € anuales pospagables que se incrementan 2.500,00 € anuales durante 15 años. Considerando un tipo de interés del 2,00%, ¿cuál es el valor actual de dicho premio?

6. Por una casa con una hipoteca de 250.000,00 € en 20 años, se paga una cantidad anual por anticipado, y que irá incrementándose en 1.000,00 € anuales. El interés anual es un 6,00%. ¿Cuánto se pagará el primer año?

7. Un señor ha recibido una herencia consistente en una renta a 15 años de 12.000,00 € anuales, que las cobrará al final de cada uno de los años, incrementándose en 1.000,00 € anuales, y le ofrecen la posibilidad de cambiarla por una cantidad de dinero hoy. Sabiendo que el IPC estimado medio para los próximos 15 años es del 2,00%. ¿Cuánto dinero tendrían que ofrecerle hoy por esa renta?

8. Un banco ofrece a sus clientes un tipo de inversión en la que se depositan anualmente, al principio de cada período, 12.000,00 €, durante 4 años que se incrementarán en 250,00 € anualmente, con un tipo de interés anual del 4,00%. ¿Cuánto tendrá el cliente pasados los 4 años?

9. A cambio de un terreno, una promotora de viviendas ofrece a su propietario una renta perpetua de 6.000,00 € anuales, al final de cada período (año), que se incrementarán en 500,00 € cada año. Considerando un IPC del 2,50%, ¿cómo se ha valorado el terreno?

10. En un plan de jubilación se decide aportar 300,00 € al mes pospagables, incrementando esa cantidad en 10,00 € cada mes, manteniendo el plan durante 15 años. El banco garantiza un interés del 2,40% nominal. ¿Cuál será el valor final de ese plan suponiendo ese tipo de interés garantizado?

11. Un señor ha de pagar una deuda de 120.000,00 € entregando mensualmente una cantidad pospagable que se incrementará en 10,00 € al mes, durante 10 años. El interés nominal de la operación se pacta en el 5,40%. ¿Cuánto ha de pagar el primer mes? ¿Y el 50.º mes?

12. Por un derecho de paso a una finca, el propietario pide una renta perpetua de 3.000,00 € al año, a principios de cada año, que se incremente en 50,00 € anuales. Si se estima un tipo de interés del 3,00%, ¿a cuánto equivaldría esa renta en dinero actual?

13. Una empresa obtiene un préstamo por el que paga 20.000,00 € anuales, al final de cada año, durante 10 años, que empezará pagar dentro de 2 años (o sea, la duración total es de 12 años), importe que se incrementará en 2.000,00 € anuales. El tipo de interés aplicado es del 6,00%, ¿cuál es el importe del préstamo?

14. Un coche que cuesta 30.000,00 € se ofrece a pagar en 6 cuotas a pagar al final de cada año, con 2 años de carencia (duración total de la financiación 8 años). Las cuotas se incrementarán en 1.000,00 € anuales, y el tipo de interés de la operación es del 4,00%. ¿A cuánto ascenderá la primera cuota?

15. En un premio se ofrecen dos posibilidades: una es recibir una renta pospagable de 30.000,00 € anuales de forma perpetua y otra es recibir

25.000,00 € anuales pospagables que se incrementan 1.000,00 € anuales durante 25 años. Considerando un tipo de interés del 3,00%, ¿cuál es más ventajosa?

16. Un banco ofrece a sus clientes un tipo de inversión en la que se depositan anualmente, al principio de cada período, 6.000,00 €, durante 10 años que se incrementarán en 300,00 € anualmente, con un tipo de interés anual del 3,00%. ¿Cuánto tendrá el cliente pasados los 10 años?

17. A cambio de una cantera, una empresa ofrece a su propietario una renta perpetua de 60.000 € anuales, al final de cada período (año), que se incrementarán en 3.000,00 € cada año. Considerando un IPC del 2,00%, ¿cómo se ha valorado la cantera?

18. En un plan de jubilación se decide aportar 100,00 € al mes pospagables, incrementando esa cantidad en 2,00 € cada mes, manteniendo el plan durante 25 años. Después, se mantendrá el dinero durante 3 años más. El banco garantiza un interés del 1,80% nominal. ¿Cuál será el valor final del plan suponiendo ese tipo de interés garantizado?

19. Un premio consiste en una renta a 15 años de 3.000,00 € anuales, que las cobrará al final de cada uno de los años, incrementándose en 100,00 € anuales, y ofrecen la posibilidad de cambiarla por una cantidad de dinero hoy. Sabiendo que el IPC estimado medio para los próximos 15 años es del 2,00%. ¿Cuánto dinero tendrían que ofrecer hoy por esa renta?

20. Un señor ha de pagar una deuda de 600.000,00 € entregando mensualmente una cantidad pospagable que se incrementará en 200,00 € al mes, durante 6 años. El interés nominal de la operación se pacta en el 5,40%. ¿Cuánto ha de pagar el primer mes? ¿Y el 60.º mes?

SOLUCIONES RENTAS VARIABLES EN PROGRESIÓN ARITMÉTICA

1. Valor actual, renta variable en progresión aritmética, prepagable, temporal e inmediata.

$$VAA_p = (1+i) [(C+d/i+dn)(1-(1/(1+i)^n))/i - dn/i]$$

$$200.000 = (1,06)[(C+100/0,06+100.25)(1-(1/(1,06)^{25}))/0,06 - 100.25/0,06]$$

$$200.000 = (1,06)[(C+4.166,666667)(12,78335616)-41.666,66667]$$

$$200.000/1,06+41.666,66667 = 12,78335616.(C+4.166,666667)$$

$$230.345,912 / 12,78335616 = C + 4.166,666667$$

$$18.019,20474 = C + 4.166,666667$$

$$C = 13.852,54 €$$

2. Valor actual, renta variable en progresión aritmética, prepagable, perpetua e inmediata.

$$VAA_{p\infty} = (1+i)(C/i + d/i^2)$$

$$VAA_{p\infty} = (1+0,04)(3.000/0,04 + 20/0,04^2)$$

$$VAA_{p\infty} = (1,04)(75.000 + 12.500)$$

$$VAA_{p\infty} = 91.000,00 €$$

3. Valor actual, renta variable en progresión aritmética, pospagable, temporal y diferida.

$$VDA = (1+i)^{-d}[(C+d/i+dn)(1-(1/(1+i)^n))/i - dn/i]$$

$$VDA = (1,06)^{-2}[(35.000+2.500/0,06+2.500.10).$$
$$.(1-(1/(1,06)^{10}))/0,06 - 2.500.10/0,06]$$

$$VDA= (0,88999644)[(101.666,6667)(7,360087051) - 416.666,6667]$$

$$VDA = (0,88999644)(331.608,8504)$$

$$VDA = 295.130,70 €$$

4. Valor actual, renta variable en progresión aritmética, pospagable, temporal y diferida.

$$VDA = (1+i)^{-d}[(C+d/i+dn)(1-(1/(1+i)^n))/i - dn/i]$$

$$20.000= (1,04)^{-2}[(C+1.500/0,04+1.500.5).$$
$$.(1-(1/(1,04)^5))/0,04 - 1.500.5/0,04]$$

$$20.000= (0,924556213)[(C+45.000)(4,451822331)-187.500]$$

$$20.000/0,924556213+187.500= (C+45.000)(4,451822331)$$

$$209.132= (C+45.000)(4,451822331)$$

$$209.132 /4,451822331 = C + 45.000$$

$$46.976,7175 - 45.000 = C$$

$$C = 1.976,72 €$$

5. Valor actual, renta variable en progresión aritmética, pospagable, temporal e inmediata.

$$VAA = (C+d/i+dn)(1-(1/(1+i)^n))/i - dn/i$$

$$VAA = (45.000+2.500/0,02+2.500.15)(1-(1/(1,02)^{15}))/0,02 - 2.500.15/0,02$$

$$VAA =(207.500)(12,8492635)-1.875.000$$

VAA = 791.222,18 €

6. Valor actual, renta variable en progresión aritmética, prepagable, temporal e inmediata.

VAA_p =(1+i) [(C+d/i+dn)(1-(1/(1+i)^n))/i – dn/i]

250.000=(1,06)[(C+1.000/0,06+1.000.20).
.(1-(1/(1,06)^{20}))/0,06 – 1.000.20/0,06]
250.000=(1,06)[(C+36.666,66667)(11,46992122)-333.333,3333]

250.000/1,06+333.333,3333=12,15811649.(C+36.666,6666)

569.182,3899 / 12,15811649 = C + 36.666,6666

46.815,01369 = C + 36.666,6666

C = 10.148,35 €

7. Valor actual, renta variable en progresión aritmética, pospagable, temporal e inmediata.

VAA = (C+d/i+dn)(1-(1/(1+i)^n))/i – dn/i

VAA = (12.000+1.000/0,02+1.000.15)(1-(1/(1,02)^{15}))/0,02 –
1.000.15/0,02

VAA =(77.000)(12,8492635)-750.000

VAA = 293.393,29 €

8. Valor final, renta variable en progresión aritmética, prepagable, temporal e inmediata.

VFA_p = (1+i)(1+i)^n[(C+d/i+dn)(1-(1/(1+i)^n))/i – dn/i]

VFA_p = (1,04)(1,04)^4[(12.000+250/0,04+250.4).
.(1-(1/(1,04)^4))/0,04 – 250.4/0,04]

$VFA_p = (1,216652902)[(19.250)(3,629895224) - 25.000]$

$VFA_p = 54.597,89$ €

9. Valor actual, renta variable en progresión aritmética, pospagable, perpetua e inmediata.

$VAA_{p\infty} = (C/i + d/i^2)$

$VAA_{p\infty} = (6.000/0,025 + 500/0,025^2)$

$VAA_{p\infty} = (240.000 + 800.000)$

$VAA_{p\infty} = 1.040.000$ €

10. Valor final, renta variable en progresión aritmética, pospagable, temporal e inmediata.

Calculamos el interés mensual:

$i_m = J_m / m = 0,024 / 12 = 0,002$

Ahora aplicamos la fórmula:

$VFA = (1+i_m)^{nm}[(C+d/i_m+dnm)(1-(1/(1+i_m)^{nm}))/i_m - dnm/i_m]$

$VFA = (1,002)^{180}[(300+10/0,002+10.15.12).$
$.(1-(1/(1,002)^{180}))/0,002 - 10.15.12/0,002]$

$VFA=(1,432814196)[(7.100)(151,0363999)-900.000]$

$VFA = 246.957,62$ €

11. Valor actual, renta variable en progresión aritmética, pospagable, temporal e inmediata.

Calcularemos el interés mensual:

$i_m = J_m / m = 0,054 / 12 = 0,0045$

Ahora aplicamos la fórmula:

$$VAA = (C+d/i_m+dnm)(1-(1/(1+i_m)^{nm}))/i_m - dnm/i_m$$

$$120.000 = (C+10/0,0045+10.10.12)(1-(1/(1,0045)^{120}))/0,0045 - 10.10.12/0,0045$$

$$120.000 = (C+3.422,222222)(92,56564394)-266.666,6667$$
$$120.000+266.666,6667 = (C+3.422,222222)(92,56564394)$$

$$386.666,6667 / 92,56564394 = C+3.422,222222$$

$$4.177,21576 = C+3.422,222222$$

$$C = 754,99 \ € \text{ el primer mes}$$

El 50.º mes se habrá incrementado la cuota 49 veces en 10,00 €, o sea, 490,00 €.

$$C(50) = 754,99 + 490 = 1.244,99 \ €$$

12. Valor actual, renta variable en progresión aritmética, prepagable, perpetua e inmediata.

$$VAA_{p\infty} = (1+i)(C/i + d/i^2)$$

$$VAA_{p\infty} = (1+0,03)(3.000/0,03 + 50/0,03^2)$$

$$VAA_{p\infty} = (1,03)(100.000 + 55.555,55556)$$

$$VAA_{p\infty} = 160.222,22 \ €$$

13. Valor actual, renta variable en progresión aritmética, pospagable, temporal y diferida.

$$VDA = (1+i)^{-d}[(C+d/i+dn)(1-(1/(1+i)^n))/i - dn/i]$$

$$VDA = (1,06)^{-2}[(20.000+2.000/0,06+2.000.10).$$
$$.(1-(1/(1,06)^{10}))/0,06 - 2.000.10/0,06]$$

VDA = (0,88999644)[(73.333,33333)(7,360087051) –
333.333,3333]

VDA = (0,88999644)(206.406,3837)

VDA = 183.700,95 €

14. Valor actual, renta variable en progresión aritmética, pospagable, temporal y diferida.

$VDA = (1+i)^{-d}[(C+d/i+dn)(1-(1/(1+i)^n))/i – dn/i]$

$30.000 = (1,04)^{-2}[(C+1.000/0,04+1.000.6).$
$.(1-(1/(1,04)^6))/0,04 – 1.000.6/0,04]$

30.000 = (0,924556213)[(C+31.000)(5,242136857)–150.000]

30.000/0,924556213+150.000 = (C+31.000)(5,242136857)

182.448 = (C+31.000)(5,242136857)

182.448 / 5,242136857 = C+31.000

C = 34.804,12759 – 31.000

C = 3.804,13 €

15. La primera renta es valor actual, renta constante, pospagable, perpetua e inmediata.

$VA_{p\infty} = a/i_m$

$VA_{p\infty}$ = 30.000 /0,03

$VA_{p\infty}$ = 1.000.000,00 €

La segunda renta es valor actual, renta variable en progresión aritmética, pospagable, temporal e inmediata.

VAA = (C+d/i+dn)(1-(1/(1+i)^n))/i – dn/i

VAA = (25.000+1.000/0,03+1.000.25)(1-(1/(1,03)^{25}))/0,03 – 1.000.25/0,03

VAA =(83.333,33333)(17,41314769)-833.333,3333

VAA = 617.762,31 €

Es mayor premio la primera renta.

16. Valor final, renta variable en progresión aritmética, prepagable, temporal e inmediata.

VFA$_p$ = (1+i)(1+i)^n[(C+d/i+dn)(1-(1/(1+i)^n))/i – dn/i]

VFA$_p$ = (1,03)(1,03)^{10}[(6.000+300/0,03+300.10).
.(1-(1/(1,03)^{10}))/0,03 – 300.10/0,03]

VFA$_p$ = (1,384233871)[(19.000)(8,530202837)–100.000]

VFA$_p$ = 85.924,73 €

17. Valor actual, renta variable en progresión aritmética, pospagable, perpetua e inmediata.

VAA$_\infty$ = (C/i + d/i^2)

VAA$_\infty$ = (60.000/0,02 + 3.000/0,02^2)

VAA$_\infty$ = (3.000.000 + 7.500.000)

VAA$_\infty$ = 10.500.000,00 €

18. Valor final, renta variable en progresión aritmética, pospagable, temporal y anticipada.

Calcularemos el interés mensual:

$i_m = J_m / m = 0,018 / 12 = 0,0015$

Ahora aplicamos la fórmula:

$$VHA = (1+i_m)^{h.m}(1+i_m)^{n.m}[(C+d/i_m+dnm).$$
$$.(1-(1/(1+i_m)^{n.m}))/i_m - dnm/i_m]$$

$$VHA = (1,0015)^{36}(1,0015)^{300}[(100+2/0,0015+2.25.12)$$
$$(1-(1/(1,0015)^{300}))/0,0015 - 2.25.12/0,0015]$$

$$VHA = (1,654704392)[(2.033,333333)(241,4378851)-$$
$$400.000]$$

$$VHA = 150.451,85 €$$

19. Valor actual, renta variable en progresión aritmética, pospagable, temporal e inmediata.

$$VAA = (C+d/i+dn)(1-(1/(1+i)^n))/i - dn/i$$

$$VAA = (3.000+100/0,02+100.15)(1-(1/(1,02)^{15}))/0,02-$$
$$100.15/0,02$$

$$VAA =(9.500)(12,8492635)-75.000$$

$$VAA = 47.068,00 €$$

20. Valor actual, renta variable en progresión aritmética, pospagable, temporal e inmediata.

Calcularemos el interés mensual:

$i_m = J_m / m = 0,054 / 12 = 0,0045$

Ahora aplicamos la fórmula:

$$VAA = (C+d/i_m+dnm)(1-(1/(1+i_m)^{nm}))/i_m - dnm/i_m$$

600.000 = (C+200/0,0045+200.6.12).
.(1-(1/(1,0045)^{72}))/0,0045 – 200.6.12/0,0045

600.000 = (C+58.844,44444)(61,38308745)-3.200.000

600.000+3.200.000 = (C+58.844,44444)(61,38308745)

3.800.000 / 61,38308745 = C+58.844,44444

61.906,30282 = C+58.844,44444

C = 3.061,86 € el primer mes

El 60.º mes se habrá incrementado la cuota 59 veces en 200,00 €, o sea, 11.800,00 €.

C(60) = 3.061,86 + 11.800,00 = 14.861,86 €

ÍNDICE